# 审判中心主义视野下的案卷移送制度研究

王震 著

SHENPANZHOGNXINZHUYISHIYEXIADE

ANJUANYISONGZHIDUYANJIU

中国政法大学出版社

2023·北京

**图书在版编目（CIP）数据**

审判中心主义视野下的案卷移送制度研究/王震著. —北京:中国政法大学
出版社,2023.7
ISBN 978-7-5764-1086-0

Ⅰ.①审… Ⅱ.①王… Ⅲ.①审判－案卷－司法制度－研究－中国
Ⅳ.①D925.04

中国国家版本馆 CIP 数据核字(2023)第 169949 号

-------------------------------------------------------------------------------------------------

| | |
|---|---|
| 出　版　者 | 中国政法大学出版社 |
| 地　　　址 | 北京市海淀区西土城路 25 号 |
| 邮寄地址 | 北京 100088 信箱 8034 分箱　邮编 100088 |
| 网　　　址 | http://www.cuplpress.com (网络实名: 中国政法大学出版社) |
| 电　　　话 | 010-58908586(编辑部) 58908334(邮购部) |
| 编辑邮箱 | zhengfadch@126.com |
| 承　　　印 | 固安华明印业有限公司 |
| 开　　　本 | 880mm×1230mm　1/32 |
| 印　　　张 | 9 |
| 字　　　数 | 230 千字 |
| 版　　　次 | 2023 年 7 月第 1 版 |
| 印　　　次 | 2023 年 7 月第 1 次印刷 |
| 定　　　价 | 49.00 元 |

　　2012 年我国《刑事诉讼法》第二次大修重新确立了全案移送主义制度，在制度史上呈现出"初创—改革—回归"的曲折变革。改革的反复性与复杂性既构成案卷移送制度研究的意义，同时也成为促使研究视角和范式转换的动因。在审判中心主义改革的视野下重新审视案卷移送制度，探索其在刑事诉讼体系中与各相关程序合理嵌套、协调融贯的路径，才有可能使改革避免走入"屡改屡败"的泥淖。我国审判中心主义理论聚焦司法权力结构配置，指向整个诉讼制度的建构和诉讼活动的展开，而作为改革话语，庭审实质化是目前实务部门最倾向的观点。本书以审判中心主义为理论基础和研究视角，将分别从庭审实质化和刑事诉讼格局中审判中心地位两种维度对案卷移送制度的具体制度、规则的建构和完善提供理论动力和指导性解释。

　　域外案卷移送制度一度成为国内理论研究和司法改革的迷雾，在重新思考我国案卷移送制度之时，有必要先澄清"它山之石"的本来面貌。英美法系案卷移送制度有其特殊的存在形式，呈现出受审前重心化影响、陪审团与案卷绝缘等特点。素有卷宗传统的大陆法系，其诉讼阶段的分化和科层型诉讼程序，书面证据形式与证据贯通的程序建构决定了全案移送与直接言词原则并行以及严格限制陪审员阅卷权的制度特点。近年来，日本起诉状一本主义改革中证据开示和审前整理程序的发展变化值得重视和借鉴。

我国全案移送主义受到的主要诘难是庭审"走过场"，但司法实践对立法的扭曲才是造成这一现象的主要原因。独具改革特色的复印件移送主义关于"主要证据"界定不明是该制度毋庸讳言的内在缺陷，但其在实践中并未被严格贯彻实施的事实不应在过度理论化中被忽略。全案移送主义制度回归之后，法官庭前阅卷作为"隐性程序"存在，因而其与庭审实质化的紧张关系并未消除。当前，案卷移送制度改革应被作为刑事诉讼制度体系的有机组成部分进行考察，使之与其他各关联程序相互协调融贯，助益审判中心主义诉讼格局的构成。

庭前程序性审查条款的既有解释使得其退变为单纯的庭前准备活动，造成立法体系内部的冲突紧张，且致使审查结果缺乏法律效力。合理解释的价值立场在于发挥庭前审查防止检察机关滥行起诉和维系控审分离诉讼架构的制度功能，形塑审判中心主义的控审关系。通过文义解释，庭前审查条款宜被解释为法院在全面审查完案卷、证据等完整呈现指控事实的材料后，综合判断起诉书中指控的犯罪事实是否明确。基于离谱控制的目的，"明确"的内涵宜作"证据之形式上有罪"的解释。解释还有必要强化庭前审查结论的法律效力，完善法院针对不同情形的审查处理方式。

庭前会议使得庭前准备模式发生了转变，为解决全案移送主义中的法官预断问题提供了可行路径。庭前会议既可以承担审判准备功能，同时具备通过人员或案卷分离的制度建构防止法官预断的功能。证据开示的完善可以避免阅卷权制度依赖全案移送主义的问题。非法证据采行"移送加说明但不出示"的方式将有可能影响审判人员的心证形成，对此，完善的重点在于保障程序审查优先原则。

最终，庭审实质化应当瞄准案卷笔录中心主义这一症结。在庭前程序和各类简易型审判程序中，法院使用案卷材料是合理且必要的。在适用普通程序的审判中，应当限制案卷的广泛使用，具体可以通过确立直接言词审理原则、保障对质权、限制证人证言证据能力和被告人庭前供述的证明力实现。在人民陪审员参与的普通程序审判中，实质参审的目标不宜简单通过强化庭前阅卷来实现，反而在改革后的大合议庭陪审机制下，限制或禁止陪审员阅卷更有利于获得庭审实质化的效果。

# Contents
# 目 录

# I ▶导　论
## ntroduction

## 一、研究的缘起

2012 年修正的《中华人民共和国刑事诉讼法》（以下简称新《刑事诉讼法》[1]）对我国案卷移送制度的再次修改最值得关注的原因在于，其经过两次改革之后，似乎又重新回到了改革前的原点。回顾刑事诉讼制度改革，其中尚未有何种制度像案卷移送制度一样经历了如此波折又如此充满争议的改革历程。而且，即使在以全案移送主义取代复印件移送主义之后，有关案卷移送制度的争议与批判并没有因此停止或者暂时缓和。除了对全案移送主义进行讨论，作为一个从未离开、却也从未进入我国案卷移送制度改革的"理想"制度——起诉状一本主义再次成为支持者呼吁的对象。此外，意大利双重案卷移送制度则成为前两种案卷移送制度模式之外的折中方案的代表。案卷移送话题的讨论似乎又陷入了一场没有结论而又意义不大的，关于制度模式孰优孰劣的争论。然而，作为上一次改革启动的主要原因，庭审"走过场"问题没有也不会因为全案移送主义的回归而得以自解，其依旧是困扰我国刑事庭审改革的顽疾。

关于案卷移送制度问题的部分既有研究，局限于一种较为片面、孤立的观察视角。然而，我们应当充分认识到，案卷移

---

[1]　为论述方便，本书中所涉及中华人民共和国法律法规及政策名称，统一省略"中华人民共和国"字样，下不赘述。

送制度并非一个纯技术性的问题，也不仅仅是一个关乎法官偏见的问题。相反，它关系侦查与审判在刑事诉讼格局中的地位，关系控辩审定位从而影响刑事诉讼构造，关系庭前程序的安排与运行，还关系庭审方式、被告人防御权保护以及更为具体的证据规则。因此，案卷移送制度的研究有必要摒弃片面、孤立的观察视角，跳脱纯粹案卷移送模式间的纠结，转换研究视角和范式。具体路径可以是，在明确案卷移送制度改革目标的基础上，将案卷移送制度放入刑事诉讼制度体系之中，研究其如何与刑事诉讼其他制度协调运作进而最大限度地达到预设目标，最终为避免案卷移送制度走入"屡改屡败"的改革泥潭提供一种思路。

就案卷移送制度改革的目标而言，不仅是要解决过去一直未能解决的旧问题，同时又因为其处于诉讼制度改革的新时期，还有必要与我国近来审判中心主义诉讼制度改革相契合。自"以审判为中心的诉讼制度改革"的顶层设计出台之后，审判中心主义成为当前我国刑事诉讼制度改革的重要命题。因此，相关刑事诉讼制度的建构、法律条款的解释和修改都不能不放在审判中心主义这一命题的视野中进行审视。案卷移送制度作为衔接审前阶段和庭审阶段的重要制度，既关系庭审方式，更关乎审判在整个诉讼格局中的地位，因此更有必要在审判中心主义视野中进行研究。审判中心主义要求重构以审判为中心的刑事诉讼格局，而其反映在庭审阶段则表现为庭审实质化的具体要求。然而，审判中心主义、庭审实质化与实践中的侦查中心主义、案卷笔录中心主义形成了对立和冲突，由于后者通常被归咎于全案移送主义制度，因此，全案移送主义成了本次改革与旧传统冲突的"风暴眼"。全案移送主义与庭审虚化之间的逻辑关系需要重新得到认真对待，但无论如何，全案移送主义与审判中心主义以及庭审实质化之间的确存在着某种程度的紧张关系。因而，如何厘清二者之间的关系并化解可能存在的矛盾便成为案卷移送制度面临的新问题。

## 二、国内外文献综述

### (一) 国内文献综述

1. 审判中心主义

国内学界对审判中心主义理论较早的讨论，主要是围绕"审判中心说"与"诉讼阶段说"两种对立理论展开的。"审判中心说"的研究主要是将其作为一种落后的资产阶级刑事诉讼理念进行批判。周士敏教授认为审判中心说否定了侦查、起诉和执行程序的诉讼性质，忽视了刑事诉讼法的程序意义，而且束缚了刑事诉讼法学的发展，其存在诸多缺陷，并不适应现代刑事诉讼实践和刑事诉讼理论的发展，因而主张诉讼阶段说取代审判中心说才是历史的发展要求和现实的需要。[1]尹伊君则从制度背景角度出发，认为审判中心理论并不适合我国的政治体制。[2]总之，随着诉讼阶段和程序种类逐渐增多，审判成为诉讼诸阶段中之一种，传统的审判中心论因不适应现代刑事诉讼制度而被诉讼阶段说取代。然而，与"取代说"的预期不同，审判中心主义理论的价值逐步受到研究者的重视。孙长永教授提出审判中心主义是一条基本的刑事司法原则，主张我国应当逐步由侦查中心主义向审判中心主义转变。[3]陈瑞华教授则从

---

〔1〕 参见周士敏："刑事诉讼法学发展的必由之路——由审判中心说到诉讼阶段说"，载《中央检察官管理学院学报》1993年第2期，第49页以下。

〔2〕 尹伊君："检法冲突与司法制度改革"，载《中外法学》1997年第4期，第43页以下。

〔3〕 孙长永："审判中心主义及其对刑事程序的影响"，载《现代法学》1999年第4期，第93页。

诉讼构造角度提倡"以裁判为中心"的诉讼构造，批判实践中存在的"流水作业"构造。[1]

最近的审判中心主义研究是在"以审判为中心的诉讼制度改革"的背景下兴起的，因而其描述和解释的问题也是以当前司法改革为语境的。樊传明博士指出，"以审判为中心"与审判中心主义是两套存在诸多分歧的话语体系，二者是竞争性地存在于刑事诉讼理论体系中的。[2]不过，大部分研究仍然是以审判中心主义作为"以审判为中心"改革的理论表述来对待的。虽然学界就审判中心主义是彻底的刑事诉讼命题达成共识，但对于审判中心主义理论的具体范畴却存在不同的见解。有部分论者认为审判中心主义的核心是庭审实质化，最终落脚是在庭审中贯彻落实证据裁判原则。因而其研究主要围绕证明标准、证据规则、证人出庭作证以及刑事辩护等问题。[3]王敏远教授认为审判中心主义应当是对刑事诉讼格局的重构，强调审判在整个刑事诉讼格局中的决定性地位。[4]此外，左卫民教授还认为审判中心主义应当是司法体制的改革，目的在于建立发挥法院中心性制约功能的司法体制。[5]

---

〔1〕 陈瑞华："从'流水作业'走向'以裁判为中心'——对中国刑事司法改革的一种思考"，载《法学》2000年第3期，第24页。

〔2〕 樊传明："审判中心论的话语体系分歧及其解决"，载《法学研究》2017年第5期，第192页以下。

〔3〕 参见张吉喜："论以审判为中心的诉讼制度"，载《法律科学（西北政法大学学报）》2015年第3期，第46~47页；叶青："以审判为中心的诉讼制度改革之若干思考"，载《法学》2015年第7期，第3~4页。

〔4〕 王敏远："以审判为中心的诉讼制度改革问题初步研究"，载《法律适用》2015年第6期，第2页。

〔5〕 左卫民："审判如何成为中心：误区与正道"，载《法学》2016年第6期，第4页以下。

2. 案卷移送制度

　　学界对案卷移送制度的集中关注始于刑事庭审方式改革的启动，研究内容主要是对复印件移送主义的批判和反思。刘根菊教授对审判方式改革与案件材料移送的关系进行了探讨，认为我国案卷移送制度的转变是我国审判方式由强职权主义向当职权主义与当事人主义结合转变的表现，新制度存在减少法官预断等方面的好处。同时深刻地指出司法解释在庭前移送和庭后移送规定上的不合理之处，在庭后移送制度方面提出了"区分案情、分别对待"的原则和构想。[1]周世勋教授也从防止主观预断和庭审形式化的功能出发，对"主要证据"范围进行了廓清，认为应当包括必须全部移送的证据复印件或照片与择要移送的证据复印件两类，同时就重大、复杂、疑难案件的庭后案卷移送进行了专门讨论。[2]姚莉教授认为，主要证据范围的界定应当符合"防止法官庭前过多地接触卷证材料，防止不利于被告的预断"的庭审方式改革目标。而庭后案卷移送应当仅限于审判委员会讨论决定的重大、疑难、复杂案件，而且法院要认定未经法庭调查核实的证据和事实时，应再次开庭调查核实。[3]陈永生教授以直接言词原则为理论基础，认为主要证据只应包括定罪证据，并具体界定了四种类型，同时主张庭后移送制度问题的最终解决需要确立证据展示制度。[4]总之，对复

　　〔1〕　刘根菊："刑事审判方式改革与案卷材料的移送"，载《中国法学》1997年第3期，第96~105页。

　　〔2〕　周世勋："论刑事公诉案件的案卷材料移送"，载《中国刑事法杂志》1998年第3期，第70~73页；周世勋："论刑事案卷材料的庭后移送"，载《中央政法管理干部学院学报》1998年第6期，第31~32页。

　　〔3〕　姚莉："论人民检察院卷证材料的移送范围"，《中国刑事法杂志》1998年第5期，第75~78页。

　　〔4〕　陈永生："论直接言词原则与公诉案卷的移送及庭前审查"，载《法律科学》2001年第3期，第73页以下。

印件移送主义的反思多集中在主要证据的范围和庭后移送问题两大方面。

部分对复印件移送主义持否定立场的学者，认为案卷移送制度改革不彻底，主张我国应当改采起诉状一本主义。陈卫东教授认为复印件移送主义严重违背基本诉讼理念应当予以废止，同时主张确立严格的起诉书一本主义，禁止在起诉书中记载可能使法官先入为主的材料，确立诉因制度以及建立证据展示制度。[1]张泽涛教授认为起诉状一本主义是对抗制大厦的基石，是对抗制庭审改革落实的保障，我国应当实行起诉状一本主义、证据展示制度以及预审法官与庭审法官分离制度。[2]李奋飞教授认为从复印件主义走向起诉状一本主义是我国对抗制改革进一步深化的根本出路。[3]邓思清研究员认为我国应当在证据展示制度的前提下，实行起诉状一本主义的案卷移送制度。[4]

不过，也有部分论者并不赞成改采起诉状一本主义，对案卷移送制度的进一步改革提出了不同观点。龙宗智教授主张以复印件移送主义为过渡，未来逐步减少移送材料，最终切断庭审法官与案卷的接触的渐进式改革。[5]仇晓敏认为，起诉状一本主义不能完全消除法官预断、不能解决集中审理问题，也无

---

〔1〕 陈卫东、郝银钟："我国公诉方式的结构性缺陷及其矫正"，《法学研究》2000年第4期，第110~115页。

〔2〕 张泽涛："我国现行《刑事诉讼法》第150条亟需完善"，载《法商研究（中南财经政法大学学报）》2001年第1期，第130~131页。

〔3〕 李奋飞："从'复印件主义'走向'起诉状一本主义'——对我国刑事公诉方式改革的一种思考"，载《国家检察官学院学报》2003年第2期，第57页以下。

〔4〕 邓思清："对我国案件移送方式的检讨"，载《法学杂志》2002年第4期，第18页。

〔5〕 参见龙宗智：《刑事庭审制度研究》，中国政法大学出版社2001年版，第166~168页。

法防止检察院滥用公诉权，而且我国诉讼环境也不适合选择起诉状一本主义。其主张在我国适用全案移送主义更具有合理性，这种观点在学界属于少数。[1]李国强等认为起诉状一本主义对相关配套制度的要求颇高，从我国法律文化、诉讼模式和司法人员总体水平等方面来说，实行该制度为时尚早，但主张进一步完善复印件移送主义。[2]

　　上述研究均有对域外的案卷移送制度进行详略不一的介绍和分析。除此之外，国内研究中还有专门以域外案卷移送制度为对象的比较法研究。其中，针对日本起诉状一本主义的研究最为集中。陈岚教授较早地将日本起诉状一本主义视为一种不同英美起诉方式的案卷移送制度，并对其进行了系统介绍，同时指出日本起诉状一本主义存在的四个方面的问题。[3]孙长永教授结合日本立法和判例深入剖析了起诉状一本主义对审判程序和审判前准备程序的影响，以及起诉状一本主义在日本的适用界限和例外。[4]莫丹谊教授从日本法中的预断排除原则角度出发，探讨了起诉状一本主义以及其他防止法官预断的制度和规则。[5]陈卫东指出了起诉状一本主义存在的三种缺陷，并以日本法为例对起诉状一本主义下的公诉审查问题、庭前准备

---

　　〔1〕仇晓敏："论我国刑事公诉案件移送方式的弊端与选择"，载《中国刑事法杂志》2006年第5期，第93~98页。主张全案移送主义的观点另参见梁玉霞：《论刑事诉讼方式的正当性》，中国法制出版社2002年版，第293~295页；李新枝："恢复卷宗移送主义不会影响裁判公正"，载《检察日报》2005年10月10日。

　　〔2〕李国强、李荣楠："证据移送制度研究——兼驳起诉书一本主义"，载《中国刑事法杂志》2007年第2期，第85~88页。

　　〔3〕陈岚："日本起诉状一本主义评介"，载《中央检察官学院学报》1993年第Z1期，第89~91页。

　　〔4〕孙长永："日本起诉状一本主义研究"，载《中国法学》1994年第1期，第103~110页。

　　〔5〕莫丹谊："试析日本刑事诉讼中的预断排除原则"，载《现代法学》1996年第4期，第122~124页。

程序等进行了考察。[1]章礼明教授指出日本起诉状一本主义虽然在排除预断和防止偏见等方面取得了有限的成效，但存在损害实体真实和诉讼效率的弊端，值得注意。[2]此外，唐治祥教授还分别就意大利"两步式"刑事卷证移送制度、英国的刑事卷证移送机制进行了分析，提出我国建构"两步式"案卷移送制度的基本思路和配套制度建设。[3]

在系统反思案卷移送制度方面，陈瑞华教授早先提出了"案卷笔录中心主义"的学术概括，批判全案移送主义所导致的公诉案卷对法庭审理流于形式的影响。之后又提出了"新间接审理主义"，认为我国当前刑事诉讼虽然进行了庭审实质化改革，但仍未摆脱间接审理的困扰，通过阅卷来形成裁判结论的裁判方式依旧是庭审实质化改革面临的最大障碍。其在系统论述"侦查中心主义"时，将侦查案卷笔录的庭前移送归纳为程序内侦查中心主义的基本特征之一。在对案卷移送制度的演变进行反思时，陈瑞华教授认为若不将公诉方案卷笔录阻挡在一审法院之外，法庭审判流于形式的问题就不可能得到根本解决。[4]郭华教授对全案移送制度在修法后的新环境中的功能进行了反思，主张应当以现代程序理念予以理解和解释，提倡将

---

[1] 陈卫东、韩红兴："慎防起诉状一本主义下的陷阱——以日本法为例的考察"，载《河北法学》2007年第9期，第24~30页。

[2] 章礼明："日本起诉书一本主义的利与弊"，载《环球法律评论》2009年第4期，第81~89页。

[3] 唐治祥："意大利刑事卷证移送制度及其启示"，载《法商研究》2010年第2期，第143~151页；唐治祥："英国刑事卷证移送机制与启示"，载《湘潭大学学报（哲学社会科学版）》2013年第3期，第56~59页。

[4] 陈瑞华：《刑事诉讼的前沿问题》（下册），中国人民大学出版社2016年版，第519页以下；陈瑞华："新间接审理主义——'庭审中心主义改革'的主要障碍"，载《中外法学》2016年第4期，第845页以下；陈瑞华："论侦查中心主义"，载《政法论坛》2017年第2期，第3页以下。

案卷移送制度与辩护律师阅卷制度、庭前审查制度、庭前会议制度和庭审方式结合起来的考察视角。[1]胡莲芳博士认为全案移送主义与起诉状一本主义、复印件主义之间是并列而非递进的关系，因而重新选择全案移送主义并非历史的倒退。同时论证了新《刑事诉讼法》确立全案移送主义的理论与实践的正当性。[2]张青博士分别从公诉方式变革的宏观场域和制度逻辑的视角分析，指出政法传统下的一体化司法权力结构和国家主义的诉讼结构是全案移送制度的根源，配套措施和技术细节的完善才是公诉方式变革应当注重的问题，如独立庭前审查程序的构建、卷宗偏见过滤机制以及直接言词原则的确立等。[3]

　　在《刑事诉讼法》修改并确立全案移送主义的背景下，有部分研究者开始将研究重点转向全案移送主义的制度建构和运行的完善。孙远副教授探讨了全案移送主义之下，控方卷宗笔录在庭前环节和庭审环节的使用，主张庭前依托案卷笔录进行实质审查，而在庭审环节，则应区分程序事实之证明与实体性事实之证明，并对证人出庭条款进行了解释。[4]刘译矾博士主张在全案移送主义的制度之下，从四个方面限制案卷笔录对裁判方式的负面影响，分别包括对庭前法官接触案卷范围的限制，对法官阅卷的预断的限制，对案卷笔录证据能力的否定以及对集

〔1〕　郭华："我国案卷移送制度功能的重新审视"，载《政法论坛》2013年第3期，第151~159页。

〔2〕　胡莲芳："卷宗移送主义：对理想的妥协还是对现实的尊重——2012年刑事诉讼法确立卷宗移送的正当性"，载《西北大学学报（哲学社会科学版）》2013年第3期，第84~89页。

〔3〕　张青："政法传统、制度逻辑与公诉方式之变革"，载《华东政法大学学报》2015年第4期，第108页。

〔4〕　孙远："全案移送背景下控方卷宗笔录在审判阶段的使用"，载《法学研究》2016年第6期，第155~174页。

中审理原则的贯彻。[1]

3. 庭前程序

复印件移送主义改革后，程序性公诉审查改革受到学者关注。陈国庆教授认为公诉审查中，法院对不符合开庭条件的起诉采取"驳回起诉"的方式不妥当，主张应当通过协商的办法妥善处理，退回检察院补充提供。[2]姚莉教授指出程序性公诉审查淡化了审判权对起诉权的制约，削弱了对被告人合法权益的保障，但认为人民法院在公诉审查中以裁定驳回检察机关起诉缺乏法律依据。[3]王洪宇教授认为最高人民法院的司法解释违背了刑事诉讼法弱化庭前审查的趋势，主张庭前审查的最佳选择是过渡到程序性审查，仅审查起诉案件是否具备开庭审判要求的内容。[4]吴宏耀教授将公诉制度分为司法控权与检察控权两种模式，认为我国庭前审查制度虽然具有司法控权的外观，但实质上属于检察控权模式，主张实行彻底的起诉状一本主义，弱化庭前审查功能。[5]谢小剑教授对各国省略公诉审查程序的制度和实践进行了考察，主张在我国简易程序中，基于犯罪嫌疑人的同意可以省略公诉审查，在庭前程序中实现繁简分流。[6]

〔1〕 刘译矾："论对公诉方案卷笔录的法律限制——审判中心主义改革视野下的考察"，载《政法论坛》2017年第6期，第121~130页。

〔2〕 陈国庆："刑事庭审改革试点中若干问题之我见"，载《政法论坛》1996年第5期，第28~32页。

〔3〕 姚莉、卞建林："公诉审查制度研究"，载《政法论坛》1998年第3期，第72~79页。

〔4〕 王洪宇："论公诉案件庭前审查程序"，载《现代法学》1999年第5期，第83~86页。

〔5〕 吴宏耀："我国刑事公诉制度的定位与改革——以公诉权与审判权的关系为切入点"，载《法商研究》2004年第5期，第103~110页。

〔6〕 谢小剑："公诉审查略式程序研究——省略我国审查起诉程序的思考"，《法学论坛》2005年第2期，第117~123页。

相反，有学者指出了庭前审查程序形式化存在的弊端，通过考察域外公诉审查或预审制度，主张强化司法审查公诉的功能。张旭教授认为西方社会的预审制度兼顾了防止起诉失误和防止法官预断的功能，主张保留我国公诉审查程序，倾向于全案移送主义之下，由不担任开庭审判任务的法官从实体和程序上进行全面审查。[1]肖念华教授认为公诉审查应当审查控方证据是否足够以决定是否将被告人交付审判，审查结果包括终止诉讼和退回补充侦查。而且其主张审查之前的诉讼程序，宣告违法程序及相关证据的无效，同时主张审查法官和审理法官的分离。[2]龙宗智在庭前审查程序问题上采取一贯的相对合理主义立场，主张逐步减少材料移送，实行程序审，最终建立独立的预审法官制度。[3]汪建成教授认为庭前审查程序缺乏对公诉权制约等四种缺陷，指出刑事诉讼庭前审查程序的三项原则包括防止预断、明晰争议和促进效率，应当拥有过滤、分流、庭前准备、司法审查等基本功能，最后提出了将庭前审查程序改造为预审程序的构想。[4]

陈卫东教授认为为防止公诉权的滥用，必须使公诉权受到司法审查，主张构建独立的中间程序，不仅对公诉进行司法审查，而且对侦查程序进行司法控制。[5]闵春雷教授主张庭前审

---

〔1〕　张旭："公诉审查程序改革的选择"，载《法学研究》1996 年第 2 期，第96 页。

〔2〕　肖念华："我国公诉审查制度之现状及其重构"，载《政法论丛》1998 年第 3 期，第 7 页。

〔3〕　龙宗智："刑事诉讼庭前审查程序研究"，载《法学研究》1999 年第 3期，第 60 页。

〔4〕　汪建成、杨雄："比较法视野下的刑事庭前审查程序之改造"，载《中国刑事法杂志》2002 年第 6 期，第 52 页。

〔5〕　陈卫东："初论我国刑事诉讼中设立中间程序的合理性"，载《当代法学》2004 年第 4 期，第 21 页。

查应当包含实体性审查，法院审查后可以作出不予交付审判、中止审理、终止诉讼等裁决结果，而法官助理制度则为庭前程序的确立提供了现实基础。[1]韩红兴教授指出在起诉状一本主义之下建构庭前审查程序的必要性，主张设立刑事起诉审查庭，通过书面审查和听证审查裁定交付审判、驳回起诉、不予受理或排除非法证据。同时，其认为公诉审查有赖于独立的审查机构、法官独立和审判中心主义的确立。[2]陈岚教授提出了二元公诉方式的构建设想，主张以预审程序衔接初步公诉和正式公诉，预审程序对初步公诉移送的全部案卷材料进行审查，而在正式公诉中则采起诉状一本主义。[3]田力男副教授认为新《刑事诉讼法》修改后的全案移送会使法官偏离中立角色，主张在普通程序中适用庭前审查，并实现审查法官与庭审法官的分离，庭前审查法官除承担庭前审查职能之外，还承担庭前会议等庭前程序功能。[4]孙远副教授认为程序性庭前审查的观点只是一种建立在若干重大误解上的理论学说，并无法律依据；在职权主义诉讼中，庭前实质审查程序发挥着诸多功能，而法官预断则被直接审理原则等多项配套制度最大限度地避免。[5]

庭前会议是新《刑事诉讼法》修正后新增加的一项制度，汪建成教授指出庭前会议的功能和价值在于，使得庭前程序向三方参与的诉讼构造、程序性的庭审预备程序以及相对独立的

---

〔1〕 闵春雷："刑事庭前程序研究"，载《中外法学》2007年第2期，第161页。

〔2〕 韩红兴："我国刑事公诉审查程序的反思与重构"，载《法学家》2011年第2期，第116页。

〔3〕 陈岚、高畅："试论我国公诉方式的重构"，载《法学评论》2010年第4期，第46页。

〔4〕 田力男："论公诉审查程序中法官角色的改革"，载《中国刑事法杂志》2013年第5期，第78页。

〔5〕 孙远："论犯罪地的确定——兼论庭前审查程序的实质化"，载《法律适用》2016年第8期，第106页。

审前程序转变。[1]陈卫东教授认为庭前会议的适用需要明确启动方式、主持者、处理对象的范围以及处理方式和效力问题。[2]魏晓娜副教授认为庭前会议有无法作出实质性处理的功能"缺省"以及讨论实体性问题的功能"溢出"两方面的问题,主张庭前会议应能就程序性问题作出具有约束力的实质处理,但应将讨论解决限于附带争点。[3]汪海燕教授认为在审判中心主义背景下庭前会议功能包括繁简分流、证据开示、争点整理以及附带民事诉讼调解与刑事和解等,指出处理事项和程序效力是庭前会议的两大要害问题,重点就程序效力探讨了会商模式和裁决模式,主张庭前会议的效力机制向"程序控制"与"实体准备"的裁决模式过渡。[4]

有关庭前会议中非法证据排除的问题,叶青教授主张庭前会议应当以庭审效率为出发点,现有立法定位使其在非法证据排除方面具有局限性,因此不宜直接对证据作出排除与否的决定。[5]施鹏鹏教授认为庭前会议涉及证据争议的内容应仅限于证据资格的争议,包括证据合法性和关联性,但不应涉及对证明力即证据真实性的争议。[6]牟绿叶博士赞同尽早处理取证合

〔1〕 汪建成:"刑事审判程序的重大变革及其展开",载《法学家》2012年第3期,第89页。

〔2〕 陈卫东、杜磊:"庭前会议制度的规范建构与制度适用——兼评《刑事诉讼法》第182条第2款之规定",载《浙江社会科学》2012年第11期,第39页。

〔3〕 魏晓娜:"庭前会议制度之功能'缺省'与'溢出'——以审判为中心的考察",载《苏州大学学报(哲学社会科学版)》2016年第1期,第65页。

〔4〕 汪海燕:"庭前会议制度若干问题研究——以'审判中心'为视角",载《中国政法大学学报》2016年第5期,第132页。

〔5〕 叶青:"庭前会议中非法证据的处理",载《国家检察官学院学报》2014年第4期,第132页。

〔6〕 施鹏鹏、陈真楠:"刑事庭前会议制度之检讨",载《江苏社会科学》2014年第1期,第156页。

法性争议的观点，主张在庭前会议中排除非法证据，应实行由控辩双方主导的案卷分离。[1]

此外，还有不少学者运用实证研究方法研究庭前会议在实践中的运作情况。左卫民教授指出庭前会议适用率较低，整体效果并未完全实现立法目的，其主要原因在于庭前会议的"职权性"、庭前会议效力的"非完整性"、庭前会议适用的"策略化"以及庭审中心主义诉讼理念的缺失。[2]莫湘益教授发现地方司法机关在适用庭前会议方面进行了各种探索，指出庭前会议在实践中的制度生长应当合理把握庭前会议与法庭审判的平衡关系。[3]贾志强博士将实践中作为专门程序性争议解决程序的庭前会议称为庭前会议听证模式，与双方或多方共同商量的会商模式相对，认为前者是程序性争议解决机制更优的路径选择。并进一步主张将庭前会议听证模式发展成为一种专门、独立、常态化的庭前听证程序。[4]

（二）国外文献综述

达玛什卡在有关司法与国家权力的经典阐述中，将卷宗管理归纳为科层式司法系统的程序安排之一。科层式结构由一系列前后相继的步骤组成，这使得卷宗成为整个程序的神经中枢。在科层式司法系统中，不同阶段官员的行动依赖于书面信息的读取，而信息的保存与连续均依赖于案卷。卷宗的证据意义被完

---

〔1〕 牟绿叶："论非法证据排除规则和印证证明模式的冲突及弥合路径"，载《中外法学》2017年第4期，第1085页。

〔2〕 左卫民："未完成的变革——刑事庭前会议实证研究"，载《中外法学》2015年第2期，第469页。

〔3〕 莫湘益："庭前会议：从法理到实证的考察"，载《法学研究》2014年第3期，第45页。

〔4〕 贾志强："从实证到理论：论我国刑事庭前会议的听证模式"，载《新疆大学学报（哲学社会科学版）》2015年第4期，第49页。

全地、有效地否定了，科层式程序也就无法存续了。[1]

　　贝恩德·许乃曼运用还原真实审判场景的实验方法，就案卷信息导致法官偏见的问题进行了实证研究。依据认知失调理论，在初步实验中证实了案卷信息和开启审判程序的决定对判决结果具有巨大影响。改进后的实验设置了以"案卷信息"和"审判程序中的参与权力"为自变量的四种实验条件，实验结果表明无论是否具备询问证人的机会，事先知道案卷信息的所有刑事法官均作出了有罪判决，而在不知道案卷信息的情况下，被试的刑事法官中绝大多数作出无罪判决。进而验证了"知道案卷信息的刑事法官比不知道案卷信息者更常作出有罪判决"的假设。[2]

　　米海伊·戴尔玛斯·玛蒂（Mireille Delmas-Marty）在对欧陆国家刑事诉讼程序进行介绍时，关注了德国、法国以及意大利等大陆法系主要国家的案卷移送制度，为了解各国案卷移送制度背景及其各自制度演进提供了比较详细的资料。[3]亚伯拉罕·戈德斯坦特（Abraham S. Goldsteint）选择法国、意大利以及德国三国作为研究对象，剖析了其各自刑事诉讼程序的样态结构，在批判职权主义诉讼模式所谓"司法监督"失范时，指出大陆法系国家的刑事案卷通常由法官主导产生的特点，从而解释了其案卷移送实践背后独特的制度逻辑。[4]马库斯·德克·

----

　　[1]　[美] 米尔伊安·R. 达玛什卡：《司法和国家权力的多种面孔：比较视野中的法律程序》，郑戈译，中国政法大学出版社 2015 年版，第 39~40 页。

　　[2]　[德] 贝恩德·许乃曼等："案卷信息导致的法官偏见：关于与英美模式比较下德国刑事诉讼程序优缺点的实证研究"，刘昶译，载何挺等编译：《外国刑事司法实证研究》，北京大学出版社 2014 年版，第 74 页。

　　[3]　Mireille Delmas-Marty & J. R. Spencer, *European Criminal Procedures*, Cambridge University Press, 2002.

　　[4]　Abraham S. Goldstein, Martin Marcus, "The Myth of Judicial Supervision in Three Inquisitorial Systems: France, Italy, and Germany", 87 Yale L. J., 240, 247 (1977).

杜伯（Markus Dirk Dubber）在研究德国刑事诉讼中的陪审制度时，特别关注到德国陪审员与职业法官在接触案卷信息方面的差异，并试图对这一差异的原因进行解释。[1]

菲尼与赫尔曼的合作从比较法角度出发，以一起虚构的刑事案件为主线，分别对美国与德国的刑事诉讼的实践样态进行了比较研究，反映出了美德两国案卷制度在规范与实践层面的不同，尤其是对美国案卷制度的深刻描述为了解真实的英美法系案卷制度提供了可靠素材。[2] 马文·弗兰科尔（Marvin E. Frankel）在反思对抗式诉讼模式对待实体真实的态度时，同样对美国与大陆法系的案卷制度进行了比较，指出美国庭审法官对于大陆法系法官所熟悉的案卷概念极为陌生，将其形象地比喻成法庭上一个既盲又笨的闯入者。[3] 雷蒙德·托尼（Raymond J. Toney）回顾了英国刑事诉讼中警察角色重要性的提升过程，解释了英国刑事案卷制度起步迟缓，以及得以出现的制度根源。[4] 大卫·奥默罗德（David Ormerod）所编写的英国刑事诉讼相关规则中，专门对审前程序的规范进行了系统性的梳理，其中的一些文献均及时反映了英国审前案件管理程序的新近发展。[5]

在有关日本起诉状一本主义的研究中，川出敏裕、内田一

---

〔1〕 Markus Dirk Dubber, "The German Jury and the Metaphysical Volk: From Romantic Idealism to Nazi Ideology", 43 Am. J. Comp. L., 227, 240 (1995).

〔2〕 参见［美］弗洛伊德·菲尼、［德］约阿希姆·赫尔曼、岳礼玲：《一个案例 两种制度——美德刑事司法比较》，郭志媛译，中国法制出版社 2006 年版。

〔3〕 Marvin E. Frankel, "The Search for Truth: An Umpireal View", 123 U. Pa. L. Rev., 1031 (1975).

〔4〕 See Raymond J. Toney, "English Criminal Procedure under Article 6 of the European Convention on Human Rights: Implications for Custodial Interrogation Practices, Houston Journal of International Law", 24 Hous. J. Int'l L. 411, 416 (2002).

〔5〕 David Ormerod, *Blackstone's Criminal Practice 2017*, Oxford University Press, 2017.

郎考察了日本刑事诉讼法近代化过程以及其中的外国法继受问题，指出日本战前刑事诉讼中具体制度的形成受到法国与德国刑事诉讼制度的影响，解释了旧法中"一件记录"案卷移送方式的制度背景。[1]松代刚枝、庭山英雄和冈部泰昌等人的研究，分别阐述了日本采行起诉状一本主义制度的理由在于，宪法层面上的公平法院，侦查结果与法院的隔绝以及直接审理主义与审判中心主义的实现。[2]佐伯千仭探讨了违反起诉状一本主义的情形，对余事记载问题持"消极说"，认为只有余事记载有可能导致法官产生预断效果时，才属于违反起诉状一本主义。[3]

平野龙一批判了日本起诉状一本主义在实践中存在的"调书裁判"现象，指出日本法官在评价证据证明力时往往表现出对书面证据的不当偏好。[4]石松竹雄同样指出，日本法官在实践中通常是继续接受侦查卷宗中的证据，而不是在法庭调查中发现裁判所需的事实。[5]井户田侃则指出起诉状一本主义的另一局限性，即在定罪与量刑混同的庭审程序设计中，法官对情节证据的了解在一定程度上消解了起诉状一本主义禁止余事记

〔1〕 川出敏裕「外国法の継受という観点から見た日本の刑事訴訟法と刑事手続」早稲田大学比較法研究所編『日本法の中の外国法』（成文堂、2014 年）280 頁。内田一郎「刑事裁判の近代化——明治初期から旧刑訴まで」比較法学 3 巻 2 号（1967 年）2 頁。

〔2〕 松代剛枝「起訴状における余事記載」『刑事訴訟法判例百選（第 7 版）』（有斐閣、1998 年）。庭山英雄、岡部泰昌『刑事訴訟法』（青林書院、2002 年）。

〔3〕 佐伯千仭「起訴状一本主義」日本刑法学会編『刑事訴訟法講座（2）』（有斐閣、1965 年）11 頁以下。

〔4〕 Hirano Rūychi, "Diagnosis of the Current Code of Criminal Procedure", 22 Law Japan, 129, 139（1989）.

〔5〕 Takeo Ishimatsu, "Are Criminal Defendants in Japan Truly Receiving Trial by Judge?", 22 Univ. of Tokyo: An Annual, 143, 143（1989）.

载的效果。[1]三井诚、酒卷匡对作为起诉状一本主义配套机制
的审前整理程序及其相关判例进行了研究,指出法院对个别证
据开示的判例仅具有督促当事人双方整理争点和开示证据的规
范作用。[2]渊野贵生在阐述起诉状一本主义制度下审前整理程
序与预断排除原则的关系时,认为二者之间并不存在矛盾和冲
突,但其特别强调原因在于,法官在心证形成之前就因为知晓
了不同主张和评价而能够抑制心证的形成,而非后出现的其他
心证打消了先前形成的心证。[3]

### 三、研究角度与方法

#### (一) 研究角度

1. 多学科交叉研究视角

多学科交叉研究是当前中国学术研究在方法论方面的更新,
促进了现代学科研究范围的扩张和研究内容的深入。广义而言,
多学科交叉研究同时包括了不同门类学科间的交叉研究和同门
类学科内的交叉研究。就法学研究而言,社科法学的方法论即
是法学学科与社会学、统计学、经济学、管理学,甚至心理学
和脑科学等外部学科的交叉研究。本书在对实践中案卷移送制
度的运作进行观察时,尝试运用了部分社会学的观察视角。而
法学学科内部交叉研究则涉及不同法学专业之间的交叉。本书
虽是对刑事诉讼具体制度进行研究,但涉及了诉讼法学、司法
制度、法理学等不同部门法学科。因而,在写作中尝试结合不

---

[1] 井戸田侃「起訴状一本主義」佐伯千仭編『刑事訴訟法の考え方』(有斐閣、1980 年) 71 頁以下。

[2] 三井誠、酒巻匡『入門刑事手続法』(有斐閣、2006 年) 108 頁。

[3] 渕野貴生「裁判員制度と予断排除原則の本質——裁判員制度の見直しに向けて」立命館法学 5 巻 6 号 (2012 年) 675 頁以下。

同法学专业领域的理论和知识，对案卷移送相关制度进行深入观察与研究，使得本书研究内容更为丰富，说服力更强。

2. 历史与比较研究视角

某一具体制度既是处在历史演进的"时间维度"之中，同时也与域外制度共生于特定的"空间维度"之中。因而，历史与比较研究视角对于更好地观察与分析某项制度很有必要。而且就案卷移送制度而言，其制度演进在刑事诉讼制度史上具有极大的特殊性，因而既是本书的重点研究内容，同时更是本书研究的动机之一。比较法学研究方法对于拓宽研究视野和研究思路均有极大的帮助。我国法治发展历程较短，诸多司法制度尚不成熟，法治发达国家的相关经验或教训值得我们借鉴。通过检索和研读英文与日文一手文献，对英美国家和日本案卷移送制度的样态进行准确解读，同时及时反映其案卷移送制度方面的新近发展。此外，借助大量翻译文献，对多国案卷移送制度以及与之相关的起诉审查、庭前会议以及庭审程序的内容进行比较研究，总结其制度模式并分析制度存在的背景基础，为理性地评价我国案卷移送制度提供参考，同时也为合理地完善我国案卷移送制度提供智力支持。

（二）研究方法

1. 规范分析研究方法

规范分析法学以法律规范体系为研究对象，其主要内容包括对法律规范和法律体系、法律体系的效力与范围、法律概念、法律推理机制等方面的分析，目的在于获得以法律规范为核心的法律知识。规范分析方法主要是以法律规范和法学原理为分析工具对制度事实所进行的评价，是法学研究方法中重要的分析工具。本书由于聚焦刑事诉讼中具体制度与程序的研究，因而不仅涉及刑事诉讼法等法律以及司法解释，同时还涉及各类改革政策文件和试点规范等；不仅涉及现行的法律规范，在制度沿革的研究中还涉及对旧法、旧制度规范的解读。通过对这些相关的法律和其他制度规范的合法性、合理性、运行效果进行规范分析，对案卷移送制度进行细致的观察和深入的分析。

另外，本书还特别运用了法教义学的研究方法。在刑事诉讼法学研究领域中，法教义学在逐渐得到提倡的同时也受到质疑，运用法教义学的研究成果并不多见。法教义学乃是一门将现行实在法秩序作为坚定信奉而不加怀疑的前提，并以此为出发点开展体系化与解释工作的规范科学，因而值得在强调程序法定的刑事诉讼法学中倡导。[1]本书怀着一种对法教义学的"学术憧憬"，尝试运用该方法对刑事诉讼法中的具体条文进行解释，希望穿过"理论迷雾"，在解决问题的同时，摸索法教义学方法在刑事诉讼法学研究中的应用。[2]

2. 实证研究方法

实证研究方法是当前法学研究尤其是刑事诉讼法学研究中的重要方法。通过文本实证、调查问卷、实地调研、参与式观察以及个别访谈等方式，获得对研究对象更为客观的认知，为整体研究提供可信素材和资料。文本实证主要包括对司法统计资料、裁判文书、试点调研报告等文本进行分析和研究。参与式观察是指研究者融入研究对象的情景之中，在实际参与群体、组织的日常生活或运作的同时进行有目的、无先见的观察。笔者利用在基层法院调研期间同刑庭法官共同工作，以田野调查中常用的参与式观察方法对基层法院办理刑事案件的全流程进

---

〔1〕 参见白斌："论法教义学：源流、特征及其功能"，载《环球法律评论》2010年第3期，第8页。

〔2〕 参见谢澍："刑事诉讼法教义学：学术憧憬抑或理论迷雾"，载《中国法律评论》2016年第1期，第153页以下。

行了深入观察。此外，笔者还对该基层法院刑事法庭庭长、法官、人民陪审员以及书记员等进行了深入访谈。本书还借助既有实证研究中的数据为书中的论证和判断进行验证，提供支撑。

3. 案例研究方法

案例研究方法是在近来国内法学研究领域迅速兴起的一种研究方法。通过以司法实务中的案例为观察媒介，一方面，以解剖麻雀的研究态度细致解读权威媒体登载的典型案例的裁判过程与裁判结果；另一方面，目光穿梭于个案与规范之间，以案例素材解释法律规范在审判当中的运用，甚至提炼在实践中生长出的制度功能和规则，进而推动法律制度的创新。刑事诉讼法虽然属于程序法，但案例研究方法仍然有充分的应用空间，媒体报道、庭审直播以及裁判文书都可以作为案例研究的素材。以庭前会议的研究为例，本书选取了典型案例，并通过梳理权威媒体上对庭前会议的报道以及裁判文书中对庭前会议内容的说明，对个案中庭前会议的实际运作进行了分析。对案例研究方法的运用也是就刑事诉讼法学研究方法实现多元化的一种努力。

**四、基本概念的界定**

**（一）"案卷"**

本书中的案卷特指刑事诉讼之中的案卷。在我国刑事诉讼语境当中，广义的案卷是指侦查机关、公诉机关以及审判机关等专门机关在刑事诉讼过程当中制作形成的，汇集各类诉讼文书和证据材料的档案。案卷是刑事诉讼程序的流转以及司法决策作出的重要载体。按照制作机关不同，刑事案卷包括了侦查案卷、起诉案卷以及审判案卷。具体到本书讨论的案卷移送制度之中的案卷，则是指《刑事诉讼法》第176条中公诉机关移送给法院的"案卷材料、证据",在实务中主要包括侦查卷和公诉卷。更进一步讲,案卷移送制度关注的案卷,其实主要是侦查卷的证据卷。原因在于,案卷移送制度连接侦查、起诉与审判的重要载体便是证据卷,同时也是证据卷对案件的实体处置发挥实质性作用。不过,脱离我国刑事诉讼语境,尤其在英美法系语境中,案卷的概念可能稍显模糊,以致产生争议。因此,本书将在专门章节中对英美法系的案卷概念进行说明。

(二)"案卷移送制度"与"全案移送主义"

在我国刑事诉讼法学界,研究者们使用案卷移送制度、卷宗移送制度与卷证移送制度等不同的术语描述公诉机关是否以及具体如何向法院移送案卷材料的制度。[1]但实质上,这三个概念所指是相同的。不过,与卷宗相比,案卷一词比较能够明确其刑事诉讼的问题范畴;而与卷证相比,案卷则能够为我国研究者普遍接受。因此,本书中使用了案卷移送制度作为对案卷移送不同模式的统称,包括了起诉状一本主义、全案移送主义以及我国的复印件移送主义等。特别需要强调的是,此处案卷移送制度并不是指称一种具体的案卷移送方式,因为个别研究者已经在如此意义上使用了案卷移送制度概念,故需特别强调。

其实,这反映出一个问题,就是尽管研究者基本不会对现行立法采行的是何种案卷移送制度产生分歧,但对案卷移送制度相关概念的使用却并不很统一。就《刑事诉讼法》规定的,检察机关在向人民法院提起公诉时,"并将案卷材料、证据移送

---

[1] 此处就不同称谓,仅各举一例,如陈瑞华:"案卷移送制度的演变与反思",载《政法论坛》2012年第5期,第14页以下;孙远:"卷宗移送制度改革之反思",载《政法论坛》2009年第1期,第167页以下;唐治祥:"刑事卷证移送制度研究——以公诉案件一审普通程序为视角",西南政法大学2011年博士学位论文,第40页。

人民法院"的起诉程式，即有全案移送主义、全案卷证移送主义、卷宗移送主义和案卷移送主义/制度等不同称谓。[1]特别是案卷移送主义/制度很容易和作为统称的案卷移送制度相混淆。本书为避免行文时所指不清，引起歧义，统一使用了全案移送主义的术语指称大陆法系主要国家和我国刑事诉讼中，检察机关在提起公诉时将全部案卷材料一并移送法院的制度。

## 五、章节体系

除导论和结语之外，本书主体部分一共由六个章节组成，其结构又大致可以分为总论与分论。总论部分以理论阐释、域外制度比较、国内制度沿革为内容对案卷移送制度进行了分析，而分论部分则以我国刑事审判流程的三个阶段为框架，研究全案移送主义在庭前审查程序、庭前会议程序与庭审程序中的实际运行样态，探讨了全案移送主义运作机制的完善。具体而言：

第一章"案卷移送制度的理论基础与价值目标"：对作为案卷移送制度的研究视角和理论基础的审判中心主义，从改革话语与学理概念两个不同的话语体系进行了解读。从庭审实质化和刑事诉讼格局中审判中心地位两种不同的维度，就审判中心主义与案卷移送制度的关系进行了讨论，认为案卷移送制度的目标主要在于庭审实质化和侦查中心主义格局的消解。

第二章"域外案卷移送制度的比较研究"：分别对英美法系和大陆法系的代表性国家英国、美国、法国和德国的案卷移送

---

[1] 参见仇晓敏："刑事公诉方式：复印件移送主义、起诉状一本主义抑或全案移送主义"，载《中国地质大学学报（社会科学版）》2007年第3期，第73页以下；陈瑞华：《刑事诉讼中的问题与主义》，中国人民大学出版社2013年版，第176页以下；胡莲芳："卷宗移送主义：对理想的妥协还是对现实的尊重——2012年刑事诉讼法确立卷宗移送的正当性"，载《西北大学学报（哲学社会科学版）》2013年第3期，第84页以下。

制度进行了分析，通过一手资料的运用澄清了部分既有研究中对两大法系卷宗制度的误读，及时更新了域外案卷移送制度的新近发展，通过归纳与比较总结了两大法系案卷移送制度的特点与差异。此外，鉴于起诉状一本主义在我国案卷移送制度研究中的特殊意义，本章还以日文文献为主要研究素材，以单独一节重点分析了日本近来针对起诉状一本主义制度的弊端作出的完善与发展。

第三章"我国案卷移送制度的变革与争议"：细致梳理了我国案卷移送制度历经初创、改革失败以及回归的曲折历程，分析了不同时期塑造我国案卷移送制度的深层次因素，总结造成制度运作失范、制度改革失败的原因。同时结合立法与技术的新发展，重新深入理解现行立法采行的全案移送制度的内容，解读新旧全案移送主义制度之间的差别。最后提出全案移送主义问题的解决在于探索案卷移送制度与其他诉讼制度的合理嵌套方式，从而实现整个刑事诉讼体系的科学化、合理化。

第四章"全案移送制度下的庭前审查"：《刑事诉讼法》第186条既有解释使得庭前审查退变为单纯的庭前准备活动，造成立法体系内部的冲突紧张，且致使审查结果缺乏法律效力。合理解释的价值立场在于发挥庭前审查防止检察机关滥行起诉和维系控审分离诉讼架构的制度功能，形塑审判中心主义的控审关系。通过文义解释，庭前审查条款宜被解释为法院在全面审查完案卷、证据等完整呈现指控事实的材料后，综合判断起诉书中指控的犯罪事实是否明确。基于离谱控制的目的，"明确"的内涵宜作"证据之形式上有罪"的解释。解释还有必要强化庭前审查结论的法律效力，完善法院针对不同情形的审查处理方式。

第五章"裁决型庭前会议与案卷移送制度"：对紧接庭前审查程序之后的庭前会议程序与全案移送主义的问题进行了分析。

首先简单介绍了庭前会议的制度规范，并通过对典型案例的分析观察了其在司法实践中的运行，发现庭前会议在实践中生长出的新功能正在推动着庭前准备模式的转变。这一转变加上庭前会议程序的结构特点以及新功能的发展空间，将对全案移送主义正当化理由和制度基础产生不小的影响。此外，裁决型庭前会议的建构使案卷移送制度面临非法证据移送的新问题也是本章讨论的重要内容之一。

第六章"第一审程序中案卷的使用与限制"：本部分最终回归到全案移送主义制度最受关注的问题。首先对全案移送主义导致庭审虚化的逻辑推断进行了质疑和回应。然后按照审判程序种类的区别，分别探讨了认罪认罚从宽型简易程序和普通程序中案卷材料的使用与限制，其中重点讨论了普通审理程序庭审阶段案卷材料的限制。就案卷笔录中心主义传统造成案卷不合理的地位和作用，从直接言词审理原则、对质权保障以及案卷材料证据能力和证明力的限制等方面逐一展开论述。最后，从限制非职业法官接触案卷的域外经验出发，探讨了我国人民陪审员使用案卷的问题，对当前人民陪审员提前阅卷机制的改革进行了反思。

# C

**Chapter 1**

## 案卷移送制度的理论基础与价值目标

审判中心主义作为当前刑事诉讼制度改革的重要命题，为案卷移送制度的研究提供了新的视角。目前，已经有诸多研究围绕审判中心主义进行了讨论，但就学理层面与司法改革层面分别形成了两套存在一定分歧和错位的话语体系。作为案卷移送制度研究的价值目标，审判中心主义的内涵还需要得到进一步的阐释。审判中心主义理论为案卷移送制度提供理论动力和指导性解释，也需要搭建更为具体的路径。

### 第一节 审判中心主义：一种学理 概念意义上的考察

#### 一、审判中心论与"取代说"

尽管当前有关审判中心主义的讨论是在最近的司法体制改革过程中兴起的，但是审判中心主义的概念在我国刑事诉讼法学研究领域中的出现并不是第一次，在学术史上可以追溯到更早。而且刑事司法改革中"以审判为中心"的改革举措与法学研究中的"审判中心主义"理论，虽然具有相近的语义且彼此呼应，但本质上它们是在不同的语境中被提出、建构并倡导的改革话语和理论话语体系。[1]作为学理概念的审判中心主义，最初被称为"审判中心说"或"审判中心论"，并被作为一种落后的资产阶级刑事诉讼理念受到批判。批判者认为审判中心所主张的"侦查和起诉只不过是发动审判，是审判的条件和准备活动，其本身并不是诉讼活动，执行只是实现判决所确定的内容，也不是诉讼活动"，[2]不当地否认了侦查、起诉和执行程序的诉讼性质，忽视了刑事诉讼法的程序意义，也束缚了刑事诉讼法学的发展。另有论者从政治体制角度论述了"中国的法院既不能扮演如西方三权分立制度中同议会和政府相制衡的政治角色，在具体的司法体制中也不能如普通法系法官那样以法院的司法审判为中心"，因而认为审判中心论是不适合中国的现实司法状况的。[3]

"资产阶级刑事诉讼理念"的审判中心说实际上反映的是英美法系刑事诉讼结构的特点。严格地说，是早期阶段的英美刑事诉讼结构以及由当前英美法系国家刑事诉讼制度部分承继的典型特征。一般认为，英美法系国家的刑事审判程序有一个显著的特征就是固守口头主义，裁判者裁断案件的基础主要是当事人在庭上当即提出的证据。这一司法传统的形成有其特殊的历史原因，其中最重要的就是审判中心的诉讼结构。作为英美法系源头的英格兰，其刑事司法制度几乎从成型开始就呈现为以审判为中心的制度样态，甚至其最初的制度模式可以称为

---

〔1〕　樊传明："审判中心论的话语体系分歧及其解决"，载《法学研究》2017年第5期，第193页。

〔2〕　周士敏："刑事诉讼法学发展的必由之路——由审判中心说到诉讼阶段说"，载《中央检察官管理学院学报》1993年第2期，第49页。

〔3〕　尹伊君："检法冲突与司法制度改革"，载《中外法学》1997年第4期，第43~44页。

"唯审判中心主义"。[1]在英格兰早期的刑事司法制度中，没有审前调查事实真相的明确要求，也不存在能够开展专业、细致的刑事调查工作的机构，真相要到审判中通过控辩双方的争执才能得以显现。[2]由于英格兰保留的古老的私人控诉制度，使得诉讼的面貌更像是民事诉讼。因此，与民事诉讼类似，当事人在法庭上的诉讼活动才是整个诉讼的中心。不过，随着专业警察和检控机构的出现以及因此发达的审前程序，最终导致了这种"唯审判中心主义"诉讼结构的式微。这种转变在英国尤为明显。随着英国城市化和犯罪激增，建立一支专业化的警察队伍变得日益紧要。1829年和1856年之间的立法为英格兰和威尔士创建了专业警察。而迟至1984年的《警察与刑事证据法》才正式赋予了警方留置并讯问犯罪嫌疑人的权力。在1879年检察长办公室成立之前，检控都是由警方自行完成的。在检察长办公室成立后的一百年间，检察长也并不指挥检控，而只是为警方提供指导和建议。自1985年皇室检控署建立，英国才开始出现了专门的检控机构。专业警察和检察官开始逐渐被课以侦查犯罪、筛除指控不充分或缺乏公共利益的案件的职责，确保进入审判的案件质量。由此，诉讼不再是"唯审判中心"，法院审判之前的诉讼活动开始变得专业而复杂。同时，为提高司法效率，一系列旨在更好地管理案件的审前程序也在逐渐形成。在英国，刑事法官负有积极管理案件的职责，特别体现为主持开展各类审前准备程序。通过审前准备程序，使得庭审流程和

---

〔1〕 笔者用"唯审判中心主义"描述早期英格兰刑事诉讼制度模式，意在强调英格兰早期刑事司法缺乏审前阶段，而直接呈现为私人间的诉讼。正是这一雏形在很大程度上塑造了英美法系刑事诉讼在之后的制度演变中始终未完全偏离审判中心的诉讼结构。

〔2〕 ［美］兰博约:《对抗式刑事审判的起源》，王志强译，复旦大学出版社2010年版，第31页。

案件争点在庭前尽可能地得到明确，并裁决部分争议，为正式审判的顺畅进行扫清障碍，达到提高庭审效率的目的。当然，审前阶段的不断强化和膨胀，只是削弱了"唯审判中心"的诉讼结构，并不意味着而且实际上也没有使得英美法系刑事诉讼偏离审判中心的诉讼结构。当前英美法系国家的刑事诉讼仍然强烈地显示着审判中心诉讼结构的诸多特征。

　　与作为批判对象的审判中心论相对，有论者结合我国刑事诉讼程序的特点，针对审判中心论提出了诉讼阶段论。诉讼阶段论认为随着诉讼职能的不断分化、发展和整合，诉讼阶段和程序种类逐渐增多，刑事诉讼程序不再是传统的以审判为中心，而是由侦查、审查起诉、司法救济和执行等不同阶段构成的阶段体系，审判只是刑事诉讼诸阶段中之一种。[1]在诉讼阶段论的基础上，有论者又进一步提出了"取代说"。"取代说"认为"由于司法领域分工越来越细、分权学说的影响、人权思想的发达以及适应同犯罪作斗争的需要，诉讼职能在不断地分化、发展并不断地整合，传统的审判中心论已为诉讼阶段论所取代"。[2]早期对审判中心论的认识和批判均具有浓厚的意识形态色彩，审判中心论与诉讼阶段论之分更侧重在对刑事诉讼的狭义或广义理解，尚未深入到诉讼格局的层面。

## 二、审判中心主义理论

　　"取代说"未能合理地解释刑事诉讼制度和刑事诉讼法学的发展，相反，审判中心主义已日益成为刑事诉讼法学理论上的一个重要概念。作为司法最终解决原则在刑事诉讼中的具体体

---

　　[1]　参见陈瑞华：《刑事诉讼的前沿问题》，中国人民大学出版社2000年版，第132页以下。

　　[2]　樊崇义主编：《刑事诉讼法学》，中国政法大学出版社1996年版，第39页。

现，审判中心主义强调审判（尤其是第一审法庭审判）是决定国家对于特定的个人有无刑罚权以及刑罚权范围的最重要阶段，未经审判，任何人不得被认为是罪犯，更不得被迫承受罪犯的待遇。[1] 从这一定义来看，审判中心主义理论主要是在强调法院庭审在整个刑事诉讼过程中应当发挥终局裁判的效力。我国刑事诉讼法学通说也主张"审判是决定被告人有罪与否及其刑事责任轻重的最后和关键的阶段"。我国审判中心主义理论的内涵有着对现实的强烈关照，尽管诉讼程序的中心在表面上是程序法问题，但在中国语境下这一问题实质上聚焦于司法权力结构配置的层面。[2] 中国刑事诉讼程序一度面临的最大问题在于，对定罪量刑问题，法官在制度与非正式制度上均不能排他性地享有最终的决策性权力，相反受到程序内其他权力主体以及程序外影响性权力的制约和掣肘。因此，审判中心主义理论从一开始便适时且深刻地揭示了此种现象，明确指出要强调在刑事判决的形成过程中，应当由法院起主导作用并享有最终的实质决定权。

另外，审判中心主义理论在诉讼构造论方面表现为"以裁判为中心"的诉讼构造之提倡。我国刑事诉讼中公检法三机关关系表现为"流水作业"，后果是三机关诉讼职能的同质化，无论是审前程序还是庭审程序，司法裁判职能不彰，甚至会造成刑事诉讼程序的失灵。相对于中国而言，西方国家刑事诉讼构造的共同特征在于司法机构的裁判活动居于刑事诉讼的中心。一方面，由司法机构对程序性和实体性问题作出裁判，并且具有最终的权威性；另一方面，追诉机关不得兼负司法裁判职能，

---

〔1〕 孙长永："审判中心主义及其对刑事程序的影响"，载《现代法学》1999年第4期，第93页。

〔2〕 左卫民："审判如何成为中心：误区与正道"，载《法学》2016年第6期，第8页。

审前阶段干预公民基本权益的决定只能由不负有追诉职能的司法机构作出。[1]因此，实现"以裁判为中心"的诉讼构造，首先需要司法裁判职能向审前程序延伸，对侦查行为和起诉行为进行司法授权和司法审查；其次，以裁判为中心强调控审分离原则的贯彻，通过制度安排实现侦审分离；最后，应当赋予法院终局裁判者的权威地位，包括对检察机关法律监督地位的改变。[2]审判中心主义虽然没有作为学理概念得到继续深入的研究，但既有讨论已经深刻地影响了中国刑事诉讼法学界对审判中心主义的认识。以至于当司法改革提出"以审判为中心"的诉讼制度改革时，审判中心主义即成为相关研究中使用最为广泛的概念，而且在阐释当下审判中心主义改革的具体指向时仍然沿用了学理上的定义。

当然，作为学理概念的审判中心主义并非完全与庭审实质化无关，审判中心主义所强调的法院对定罪量刑问题的实质决定权要以庭审活动的实质化为基础和依归。如果庭审活动不具有实质性，法院审判活动仍然是对侦诉结论的承继、检验，甚至简单背书，那么法院仍然谈不上享有决策性的权力。因此，审判中心主义在庭审阶段具体表现为直接言词原则、集中审理原则、证据裁判原则以及传闻证据规则、非法证据排除规则等一系列原则与规则。不过，审判中心主义作为一种学理概念要比其作为改革话语所指涉的范畴更广、层次更深。审判中心主义理论关注的对象超出了审判阶段，而是指向整个诉讼制度的建构和诉讼活动的展开。在审判中心主义的视角下，侦查是为

---

〔1〕　陈瑞华："从'流水作业'走向'以裁判为中心'——对中国刑事司法改革的一种思考"，载《法学》2000年第3期，第24页。

〔2〕　参见陈瑞华：《刑事诉讼的前沿问题》，中国人民大学出版社2000年版，第260~263页。

审判进行准备的活动，起诉是开启审判程序的活动，执行是落实审判结果的活动。侦查、起诉和执行皆服务于审判，审判构成整个诉讼流程的中心和重心，审判中控诉、辩护、审判三方结构成为诉讼的中心结构。[1]而且，作为审判中心内在逻辑的延伸，审判中心主义还应当体现在刑事诉讼程序监督上。程序监控的"审判中心"是指法院对刑事程序的整体性监督控制，即法院不仅主导审判程序，而且对审前程序有一定的监督和控制作用。[2]审判中心主义所要求的这种监督和控制一般针对侦查中涉及的重要人身权利和财产权利的强制措施如逮捕、搜查、扣押等，通过采取司法令状制度来实现。

## 第二节　"以审判为中心"：作为改革话语的审判中心主义

### 一、改革话语与学理概念的转化与分歧

改革话语是在改革实践的特殊语境中提出的，尤其是当其所指宏观时，此类话语的内涵通常具有很大的模糊性和统括性。即便是决策者对于改革话语的理解和阐述，也不完全是清晰、准确、合理的。当改革被作为研究对象时，研究者尝试将改革话语转化为学理概念以嵌入理论话语体系中的努力，便会遭遇认识上的争议和分歧。而在刑事诉讼法学的研究中，此种转化和分歧并不鲜见。

近来，一系列司法改革顶层设计和试点方案的接连出台，

---

〔1〕　张建伟："审判中心主义的实质内涵与实现途径"，载《中外法学》2015年第4期，第861页。

〔2〕　龙宗智："'以审判为中心'的改革及其限度"，载《中外法学》2015年第4期，第855~856页。

使得当前我国刑事诉讼制度处于持续不断的变革之中。由是之故，各类改革决策文件和制度设计方案相继成为刑事诉讼法学重点关注和集中研究的对象。在话语转换的过程中，不少改革决策文件、司法政策文件的提法或用语直接进入了刑事诉讼法学理论范畴之中，成为一种学理概念而得到广泛使用。然而，改革决策文件或司法政策文件中的提法或用语大多是一种源出改革决策层的改革话语，并不一定具有概念意义上的精确内涵。于是，每当一种新的改革举措或新名词出现时，刑事诉讼法学研究者通常首先要做的便是明确此类改革话语的准确含义和具体内容。但是，这一操作的困难在于，一方面，改革话语并不是或者说主要不是源自法学理论，不易在既有知识体系中找到相对应的概念或理论；另一方面，绝大多数研究者并非决策的参与者，也不了解改革话语所欲表达的初衷。因此，研究者基于不同立场，从各自角度出发对改革话语的阐释必然出现显著分歧，在诸多问题上难以达成共识。举例而言，在近来有关认罪认罚从宽制度改革的研究中，研究者对"认罪认罚从宽"的概念内涵、理论范畴、制度架构和具体内容的讨论便存在此种情况。[1]

## 二、从"以审判为中心"到"审判中心主义"的解读

本部分将要讨论的"以审判为中心"便是属于司法改革过程当中产生的一种改革话语，该话语是在当代中国刑事司法改革实践的语境中，由改革决策层、执行部门提出的统括性术语。[2]最权威的提出"以审判为中心"的文件是 2014 年中共中央十八届

---

[1] 参见王敏远："认罪认罚从宽制度疑难问题研究"，载《中国法学》2017年第 1 期，第 18 页；陈瑞华："认罪认罚从宽制度的若干争议问题"，载《中国法学》2017 年第 1 期，第 35 页。

[2] 樊传明："审判中心论的话语体系分歧及其解决"，载《法学研究》2017年第 5 期，第 193 页。

四中全会通过的《中共中央关于全面推进依法治国若干重大问题的决定》（以下简称《决定》），近来大多数审判中心主义研究的问题缘起均与这一文件密切相关。[1]《决定》在有关"推进严格司法"的顶层设计时提出："认真落实推进严格司法的措施。积极参加以审判为中心的诉讼制度改革，确保侦查、审查起诉的案件事实证据经得起法律的检验。坚持以事实为根据，以法律为准绳，健全事实认定符合客观真相、办案结果符合实体公正、办案过程符合程序公正的机制制度。探索建立重大、疑难案件侦查机关听取检察机关意见和建议制度，加强审查把关和案件分流，特别要加强对命案和主要靠言词证据定罪案件的审查，确保公诉案件质量。密切与人民法院的协调配合，充分发挥检察机关指控犯罪的主体作用，全面提高公诉人出庭能力，切实强化出庭工作。全面贯彻证据裁判规则，坚持严格依法收集、固定、审查和运用证据，制定常见、多发罪名证据收集指导意见，完善证人、鉴定人出庭制度，强化对客观性证据的审查，提升证据审查的全面性。"由此，决策文件中"以审判为中心的诉讼制度"的顶层设计便成了我国刑事诉讼法学研究关注的重点之一。

在相关研究中，研究者大多是以审判中心主义这一概念来指称或简称"以审判为中心的诉讼制度"这一改革话语，于是审判中心主义成为"以审判为中心"在学术研究中的表述。[2]

---

〔1〕 魏晓娜："以审判为中心的刑事诉讼制度改革"，载《法学研究》2015年第4期，第86页；陈卫东："以审判为中心：解读、实现与展望"，载《当代法学》2016年第4期，第14页。

〔2〕 陈瑞华："审判中心主义改革的理论反思"，载《苏州大学学报（哲学社会科学版）》2017年第1期，第34页；秦策："审判中心主义下的'程序倒逼'机制探析"，载《北方法学》2015年第6期，第77页；张雪樵、李忠强："庭前会议中的检察职能——以审判中心主义诉讼制度改革为视角"，载《人民检察》2015年第6期，第6页。

不过，也有论者对此持不同观点，就"以审判为中心"的司法改革口号与审判中心主义的学理名词之间的关系提出了质疑，认为两者并不对应。[1]即便是在认同审判中心主义等同于"以审判为中心"改革或二者基本对应的研究之间，仍然由于改革话语的笼统性，无法就作为改革话语的审判中心主义的内涵达成共识。关于审判中心主义内涵的解读，存在以下几种观点：

（1）审判中心主义是针对刑事诉讼的命题。"以审判为中心"的诉讼制度改革提出之初，并非只有刑事诉讼法学者围绕这一热词进行了热烈的讨论。也有部分论者认为以审判为中心的诉讼制度改革涉及刑事、民事、行政三大诉讼，并从刑事诉讼法之外的部门法角度对如何理解和推进该项制度改革进行了相当的阐述。[2]对此，刑事诉讼法学者强调审判中心主义改革是一个彻底的刑事诉讼命题，不适用于民事、行政诉讼。原因是在民事诉讼和行政诉讼中，审判的中心地位是不言而喻的，无需强调审判中心；刑事诉讼则大不相同，只有在刑事诉讼中才存在侦查、审查起诉和审判三种职能，以审判为中心才有得到强调的必要。[3]目前，至少在刑事诉讼法学界就这一观点已

---

〔1〕参见张建伟："审判中心主义的实质内涵与实现途径"，载《中外法学》2015年第4期，第862页。

〔2〕李少平："以审判为中心的诉讼制度改革：功能定位与路径规划"，载《中国审判》2015年第11期，第6页。另参见蒋惠岭、杨小利："重提民事诉讼中的'庭审中心主义'——兼论20年来民事司法改革之轮回与前途"，载《法律适用》2015年第12期，第2页；段文波："庭审中心视域下的民事审前准备程序研究"，载《中国法学》2017年第6期，第203页。李敏："从宪法和行政诉讼的角度看'以审判为中心的诉讼制度改革'访问中国人民大学教授、博士生导师莫于川"，载《中国审判》2016年第12期，第34页；葛先园："论我国新行政诉讼法的审判中心主义"，载《学术交流》2016年第5期，第96页。

〔3〕参见龙宗智："'以审判为中心'的改革及其限度"，载《中外法学》2015年第4期，第847页；陈卫东："以审判为中心：解读、实现与展望"，载《当代法学》2016年第4期，第17页。

经达成共识。另外，贯彻落实以审判为中心改革的相关文件也表明了审判中心主义的刑事诉讼命题属性。[1]

（2）审判中心主义等同于庭审实质化，落脚于证据裁判原则。法院将审判中心主义的内涵理解为对庭审方式的完善，强调所有定罪的证据和事实都要经过法庭上的举证、质证和辩论，裁判理由形成于法庭上，将侦查、审查起诉的证据标准统一到法院裁判的标准上，确保侦查和审查起诉的案件事实、证据经得起法律的检验，[2]而并不涉及法院与侦查机关和检察机关的外部关系，更不触及现有司法体制和运行机制的问题。可以看出，所谓以审判为中心的改革方案实质上成为庭审实质化改革方案。而且，从以审判为中心的改革方案中可以看出，庭审实质化改革又最终落脚在证据裁判原则上，具体内容则大多是针对刑事诉讼的证明标准和证据规则。因此，有部分论者直接将以审判为中心等同于以庭审为中心，主张审判中心主义的实质内容在于强调审判阶段的核心地位和审判活动的实质化。[3]以审判为中心的核心要求是作为裁判根据的案件信息形成于审判程序。[4]即便在涉及与侦查、起诉职能的关系时，也仅限于强调侦查、起诉活动应当面向审判、服从审判要求，发挥审判在

---

〔1〕 2016年由最高人民法院、最高人民检察院、公安部、国家安全部和司法部联合发布的《关于推进以审判为中心的刑事诉讼制度改革的意见》以及2017年最高人民法院发布的《关于全面推进以审判为中心的刑事诉讼制度改革的实施意见》都是针对刑事诉讼制度的改革。

〔2〕 参见周强："必须推进建立以审判为中心的诉讼制度"，载《人民日报》2014年11月14日。

〔3〕 参见张吉喜："论以审判为中心的诉讼制度"，载《法律科学（西北政法大学学报）》2015年第3期，第46~47页；叶青："以审判为中心的诉讼制度改革之若干思考"，载《法学》2015年第7期，第3~4页。

〔4〕 魏晓娜："以审判为中心的刑事诉讼制度改革"，载《法学研究》2015年第4期，第88页。

认定事实、适用法律上的决定性作用。[1]另有论者认为正是证据裁判主义的确立才推动了"以审判为中心"的诉讼制度改革，并从"以审判为中心"与证据裁判原则的这一密切关系出发论证了审判中心主义改革落脚于证据裁判原则的现实合理性，即证据、证明层面的技术化调整可以避免"伤筋动骨"的体制性变革，从而实现"以审判为中心"的软着陆。[2]

（3）审判中心主义是对刑事诉讼格局的重构。有学者就实务部门在具体改革方案中对审判中心主义的理解和安排提出了批评，认为当前所谓审判中心主义诉讼制度改革基本是对《刑事诉讼法》和司法解释所确立的原则和制度的强调和重申，而较少富有新意，仅仅重申了现行《刑事诉讼法》所确立的一些理念和制度。[3]审判中心主义应当是刑事诉讼格局的改革，是相对我国刑事诉讼呈现侦查中心主义诉讼格局而言的，不限于以庭审为中心的狭窄范畴。一方面，刑事审判在整个刑事诉讼中应当发挥终局裁判的作用，确定被告人的刑事责任问题只能通过符合正当程序的审判；另一方面，审判中心主义更强调审判的逻辑和架构应贯彻刑事诉讼的全过程中，不仅仅是审判阶段，审前程序也应体现司法权对刑事程序的充分控制。[4]在刑事诉讼格局当中，审判机关不仅在刑事诉讼进入审判阶段才发挥其主导刑事诉讼的作用，而且应当对侦查和审查起诉等审前程序发挥积极作用，以使审判在刑事诉讼格局中处于决定性的

---

〔1〕　龙宗智："'以审判为中心'的改革及其限度"，载《中外法学》2015年第4期，第847页。

〔2〕　谢澍："论刑事证明标准之实质递进性——'以审判为中心'语境下的分析"，载《法商研究》2017年第3期，第134、139页。

〔3〕　陈瑞华："论侦查中心主义"，载《政法论坛》2017年第2期，第17页。

〔4〕　张栋："我国刑事诉讼中'以审判为中心'的基本理念"，载《法律科学（西北政法大学学报）》2016年第2期，第71页。

地位。[1]

（4）审判中心主义应当是司法体制层面的改革，而非仅仅是诉讼法制度层面的问题。这一观点是将审判中心主义改革的范畴解释得最为宽泛的一种。相关论者认为，将"以审判为中心"的改革理解为应当在诉讼法制而非司法体制层面上推进的观点，属于对审判中心主义的认识误区。虽然较之审判中心主义等同庭审实质化的观点而言，其视野当然更宽广一些，但是仍然没有触及问题的实质。审判中心主义改革要建立的是发挥法院中心性制约功能的司法体制，同时确保裁判权行使的独立性和实质性，塑造审判与审前阶段的主从模式。[2]

## 第三节 审判中心主义理论的两层维度与案卷移送制度

理论界与实务界对作为改革话语的审判中心主义，有着诸多不同的认识和阐释。其中，较为狭窄的意涵便是庭审实质化，目前实务部门在贯彻落实此项改革的过程中也最倾向于如此理解审判中心主义。在既有司法格局和运行机制的基本框架下，在具体刑事案件的办理层面上强调侦查、起诉面向和服从审判，发挥审判认定事实和适用法律的决定作用，其主要目的在于提高办案质量。因而，有学者将这一改革话语意义上的审判中心主义称为"技术型审判中心论"。[3]另外，作为刑事诉讼法学

---

〔1〕 王敏远："以审判为中心的诉讼制度改革问题初步研究"，载《法律适用》2015 年第 6 期，第 2 页。

〔2〕 参见左卫民："审判如何成为中心：误区与正道"，载《法学》2016 年第 6 期，第 4 页以下。

〔3〕 龙宗智："'以审判为中心'的改革及其限度"，载《中外法学》2015 年第 4 期，第 849 页。

理概念之一种的审判中心主义，其内涵则超出了庭审实质化而指向整个刑事诉讼结构，强调审判应当在刑事诉讼程序中居于主导地位，发挥司法控制作用。由此看来，司法改革层面的审判中心主义和理论层面的审判中心主义确实存在一定的分歧和错位。但在实质上，两种话语所导向的目标并不是互不相容甚或背道而驰的。现阶段的改革政策在一定程度上是与理论话语相契合的，只不过在程度上存有差别，但并不妨碍理论话语对改革实践的持续指导和解释。庭审实质化是审判中心主义理论在审判阶段的具体表现和要求，是审判在刑事诉讼过程中占据主导地位并行使实质决策权的一部分。而庭审实质化改革依照内在逻辑的深入，也将不断向整个刑事诉讼程序延伸，推动刑事诉讼制度层面上审判中心主义的实现。因此，以审判中心主义作为研究视角和理论基础，对案卷移送制度的具体制度、规则的建构或完善提供理论动力和指导性解释时，可以分别从庭审实质化和刑事诉讼格局中审判中心地位两种不同维度展开讨论。

## 一、从案卷笔录中心主义到庭审实质化

庭审实质化是我国刑事诉讼制度中由来已久的改革理念，针对的是刑事诉讼实践长期且普遍存在的庭审虚化或言形式化的痼疾。刑事诉讼中庭审虚化问题具体表现在两个方面：一是庭审过程的虚化。法院庭审过程中并不进行实质的法庭调查和法庭辩论，作为庭审活动中密不可分的"三步曲"，举证、质证和认证都存在严重虚化的问题。[1]法院调查和认定证据主要是在庭外通过查阅书面案卷材料完成的，正式庭审仅仅是"走过

---

[1]　参见何家弘："刑事庭审虚化的实证研究"，载《法学家》2011 年第 6 期，第 125 页以下。

场"。二是庭审作用的虚化。法院最终判决并非完全由主持庭审的法官依据庭审中的证据作出，而是由"法官背后的法官"作出的。[1]法院不是决定刑事案件最终结果的唯一主体，而定罪量刑的实质决策权也并不在法官手中。两方面的庭审虚化所导致的严重后果便是，庭审在定罪量刑方面无法实际有效地发挥作用，法院在一些重大案件上频频出现错判，造成社会强烈不满，司法公信力受到严重损害。因此，庭审实质化改革成为严格防止冤假错案的必然要求，而防止冤假错案正是审判中心主义改革的主要背景和改革动力。所以，在现实意义层面，庭审实质化是审判中心主义的一个重要维度。

刑事诉讼制度的构建应当契合庭审实质化的目标，制度功能的发挥应当可以使庭审变得更具有实质性，包括庭审过程的实质化和庭审作用的实质化。具体到案卷移送制度上，其与庭审实质化的冲突在表面上呈现为案卷笔录中心主义的现象。所谓案卷笔录中心主义，是指"刑事法官普遍通过阅读检察机关移送的案卷笔录来展开庭前准备活动，对于证人证言、被害人陈述、被告人供述等言词证据，普遍通过宣读案卷笔录的方式进行法庭调查，法院在判决书中甚至普遍援引侦查人员所制作的案卷笔录，并将其作为裁判的基础"。[2]有学者通过对庭审实录和裁判文书的实证研究发现，在证人、鉴定人或侦查人员很少出庭作证的情况下，裁判文书中用以作为对被告人定罪证据的证人证言实际上是侦查过程中制作的秘密、书面的证言笔录，而作为侦查案卷主体部分的被害人陈述、被告人供述或者勘验、检查、辨认等笔录、到案经过以及工作说明等其他证据都呈现

---

〔1〕 何家弘：　"刑事庭审虚化的实证研究"，载《法学家》2011年第6期，第125页。

〔2〕 陈瑞华：《刑事诉讼的中国模式》，法律出版社2010年版，第161页。

出书面性。[1]案卷笔录中心主义确实是庭审实质化的障碍，因而也是其改革的对象。但之所以说其是案卷移送制度与庭审实质化的表面冲突，是因为案卷笔录中心主义并不应当单纯归咎于某种案卷移送制度模式，全案移送主义造成了案卷笔录中心主义的推断是值得质疑的。因为，从大陆法系的制度经验中可以发现，全案移送主义与直接言词原则可以在刑事诉讼制度体系之中共存且合理运行。

大陆法系国家在对传统纠问式诉讼制度进行改革之后，普遍将直接言词审理原则作为刑事诉讼法的基本原则。在其刑事诉讼实践当中，全案移送主义并没有形成如我国案卷笔录中心主义一般的严重问题，也未妨碍审判程序遵循直接言词原则。相反，全案移送主义与直接言词原则并行不悖。在主要欧陆国家，直接言词审理原则具体表现为法庭审判作为法院判决的唯一基础，一般要按照公开、口头和直接的方式进行。审判庭应该根据审问被告人和审查全部证据所得的直接印象作出裁判，而完全不是根据现成的案卷作出裁判。[2]在德国刑事诉讼中，尽管案卷材料最终会在庭前移送给庭审法官阅览，但侦查案卷当中的内容，只有经过法庭上的言词审理，并作为证据经过法庭调查的，才可以成为法庭裁判的基础。[3]而且，就参与庭审的陪审员而言，全案移送主义制度对他们依照直接言词审理的影响更是微乎其微。他们甚至可能对侦查卷宗中的内容完全不知情，仅仅依靠在法庭上呈现的证据作出裁判。在法国，重罪

---

[1] 参见胡铭："审判中心、庭审实质化与刑事司法改革——基于庭审实录和裁判文书的实证研究"，载《法学家》2016年第4期，第21页。

[2] 陈瑞华："什么是真正的直接和言词原则"，载《证据科学》2016年第3期，第266页。

[3] 宗玉琨译注：《德国刑事诉讼法典》，知识产权出版社2013年版，第32页。

法庭中的陪审团成员同样不会在庭前接触案卷，通过亲自听审法庭调查以及在庭上直接接触控辩双方呈现的证据进行评议并作出裁判。除非在评议过程中，重罪法庭认为有必要对案卷中的某项或某几项材料进行审查，审判长得命令将案卷送进评议室，但必须在检察院、被告人与民事当事人的律师在场的情况下，重新开卷查阅。[1]即便是在没有陪审团的轻罪法庭中，直接言词原则也不断被强调。过去在轻罪案件的审判中，只要案卷材料的准备符合刑事诉讼的规定，就可以直接作为证据在法庭上宣读。但近来，这一做法也因遭到欧洲人权法院判例的否定而发生了转变。欧洲人权法院认为法国轻罪法庭中，仅由警察宣读的书面证言，未给予辩护方充分机会对证人就其证言进行诘问的不应当作为定案证据。[2]由此，在采行全案移送方式的法国轻罪法院中，庭审也同样要遵循直接言词原则。总之，从大陆法系国家的经验来看，全案移送主义制度并不意味着对直接言词原则的放弃，在该制度下同样存在实现直接言词原则的空间，其全案移送制度与直接言词原则并行的制度嵌套为我国在当前制度下去案卷笔录中心主义提供了借鉴。

庭审实质化强调的是必须通过庭审的方式认定案件事实并在此基础上决定被告人的定罪量刑。[3]在我国，庭审实质化实现的逻辑在于对抗式诉讼以及相应的证人、鉴定人出庭、证据

〔1〕　参见罗结珍译：《法国刑事诉讼法典》，中国法制出版社 2006 年版，第 246~247 页。

〔2〕　See Delta v. France, Application no. 11444/85 (1990), available at http://hudoc. echr. coe. int/eng? i=001-57647 (last visited 20 July 2017), p. 12 and discussion in Stephen C. Thaman, "Fruits of the Poisonous Tree in Comparative Law", 16 Sw. J. Int'l L., 333, 347 (2010).

〔3〕　汪海燕："论刑事庭审实质化"，载《中国社会科学》2015 年第 2 期，第 103~104 页。

裁判规则等的完备。[1]一方面，庭审应当贯彻落实直接言词审理原则。所谓直接言词审理原则，一般是指称"直接审理"和"言词审理"两大原则的组合。直接审理原则主要是指庭审中，各诉讼当事人及其他诉讼参与人必须亲自到庭参加庭审，法官则必须亲自在法庭上直接接触并审查证据后才能将之作为定案依据。而言词审理原则或称"言词辩论原则"，是指审判中的诉讼行为应当以言词或口头方式进行，证据材料的提出和调查也均应以言词陈述或口头方式进行，否则不能将其作为裁判的依据。[2]借此充实法庭举证、质证活动，实现诉讼证据质证在法庭、案件事实查明在法庭、诉辩意见发表在法庭。另一方面，法庭裁判结论的依据应是法官在当庭审理中所形成的内心确信，而法官内心确信的形成则应建立在经过法庭调查、辩论的事实和证据基础之上。

**二、从侦查中心主义到审判中心格局**

诉讼以审判为中心，是诉讼规律的必然要求，任何一个科学化、法治化的司法体制，都必须维护审判的权威。[3]从刑事诉讼格局的维度看，审判中心主义应当关注的是侦查、公诉与审判职能间关系的调整，而调整侦诉审结构的关键在于凸出审判职能在其中的中心地位。这种中心地位不应该是或者不主要是要求侦查、起诉按照审判标准收集、审查证据，从而统一证据标准的问题，而是要强化审判权对侦查权、公诉权的实质审查与有效制约。在我国刑事诉讼语境中，侦诉审的结构关系集

〔1〕 胡铭："对抗式诉讼与刑事庭审实质化"，载《法学》2016 年第 8 期，第102 页。
〔2〕 参见陈瑞华：《刑事证据法学》，北京大学出版社 2014 年版，第 49~50 页。
〔3〕 陈光中、龙宗智："关于深化司法改革若干问题的思考"，载《中国法学》2013 年第 4 期，第 9 页。

中表现为侦诉关系与诉审关系。结合审判中心主义要求，诉审关系调整的重点在于贯彻实质的控审分离原则，阻隔控诉与审判的制度性联系。相比而言，诉审关系的调整比构建以检警一体化为目标的侦诉关系更具有制度基础和现实可操作性，而且诉审关系的调整也可以对侦查权起到递进制约的作用，限制侦查权的扩张以及由此带来的对审判中心地位的反噬。当然，从长远来看，不负有追诉职能的司法机构对侦查权的主动审查仍然是制约侦查权最为有效的方式。[1]

　　然而，相对于我们正在努力推进的"以审判为中心的诉讼制度"而言，我国实际存在着一种以侦查为中心的刑事诉讼构造。相对于审判程序而言，侦查程序在整个刑事诉讼中居于中心地位，侦查机关所收集的证据以及所认定的案件事实，既是公诉机关提起公诉的依据，也是法院作出裁判的根据。在一定程度上，法庭审判无非是对侦查结论的审查和确认过程而已，失去了对案件事实的重新探究能力。[2]这种以侦查为中心的特有诉讼构造即侦查中心主义。尽管全案移送主义制度首当其冲地被认为是程序内侦查中心主义的特征之一，但是与全案移送主义导致庭审虚化的论断应当受到质疑一样，全案移送主义与侦查中心格局的关系也值得认真厘清。笔者认为，案卷移送制度与庭前程序的有机协作恰恰可以发挥消解侦查中心主义，助益审判中心主义格局形成的功能。我国刑事诉讼格局中侦诉审关系呈现为一种流水作业的构造，因而作为三者结构的重要一面，诉审关系虽然在形式上符合现代刑事诉讼强调的控审分离，但二者职能仍然呈现为同一道流水线上前后接力作业的关系。

---

〔1〕　马永平："论审判中心主义对重构诉审关系的影响"，载《法学论坛》2016年第5期，第68页。

〔2〕　陈瑞华："论侦查中心主义"，载《政法论坛》2017年第2期，第4页。

检察院将侦查结果转交给管辖法院，法院则承继侦查结果并可根据需要进一步自行收集、调查证据，从而推进侦查结果的完善，最终实现追诉犯罪的共同目的。诉审关系异化的后果在于，法院不具有对刑事程序的控制能力以及对案件裁判结果的决定能力，效果上削弱了审判的中心地位，同时审判失去了对公诉的制约，更无法抑制侦查权的强势和扩张，进而导致了刑事诉讼格局偏离审判中心主义而趋向侦查中心主义。而在全案移送主义制度中，作为衔接公诉与审判的庭前程序可以将全案移送主义制度作为制度依托，一方面，强化庭前审查程序效力，为审判监督和制约公诉权，进而规制侦查权创造制度空间；另一方面，充分利用庭前会议的程序构造，实现审判与公诉之间信息的过滤与阻隔，防止审前阶段信息左右案件的裁判从而对审判的中心地位造成影响。

## 第四节　小结

从学理概念的意义上考察审判中心主义理论，可以发现其最初是被作为一种落后的资产阶级刑事诉讼理念而受到批判的，也即所谓的审判中心论。审判中心论所反映的实际是早期英美刑事诉讼结构以及由当前英美法系国家刑事诉讼制度部分承继的典型特征。批判者从诉讼职能分化的角度批评此种观点，认为其否认了侦查、起诉和执行程序的诉讼性质，忽视了刑事诉讼法的程序意义，甚至束缚了刑事诉讼法学的发展。也有论者认为源出三权分立的审判中心论与我国司法体制不符。尽管针锋相对地提出诉讼阶段论，主张诉讼阶段主义将取代审判中心主义，但审判中心主义却成为刑事诉讼法学理论上的一个重要概念并得到逐步发展。我国审判中心主义理论从一开始便聚焦于司法权力配置问题，强调法院应当在刑事诉讼中起到主导作用并享有最终的实质决定权。在诉讼构造论方面，体现为"以裁判为中心"诉讼构造的提倡。近来以审判为中心的诉讼制度改革促使作为改革话语的审判中心主义兴起，但从"以审判为中心"到"审判中心主义"存在不同层次的解读，包括刑事诉讼命题属性、庭审实质化、刑事诉讼格局重构以及司法体制层面改革等，目前改革措施主要体现为庭审实质化改革。

改革话语和理论层面的审判中心主义虽然看似存在一定的分歧和错位，但在一定程度上二者是相契合的。庭审实质化改革依照内在逻辑的深入，也将不断向整个刑事诉讼程序延伸，推动刑事诉讼制度层面审判中心主义的实现。由此，以审判中心主义解释和指导案卷移送具体制度，可以分别从庭审实质化和审判中心格局两个维度展开。就庭审实质化而言，案卷移送制度导致案卷笔录中心主义并进而造成庭审"走过场"的后果，是过去否定全案移送主义的惯常逻辑。但案卷笔录中心主义并不能完全归咎于某种案卷移送方式，大陆法系国家全案移送主义与直接言词审理原则合理嵌套的制度经验，为我国在全案移送主义制度下推进庭审实质化改革提供了借鉴。消除案卷笔录中心主义，实现庭审实质化主要还在于贯彻落实直接言词审理原则，限制案卷笔录在审判阶段的使用，确保法官作出裁判的内心确信是建立在经过法庭调查、辩论的事实和证据的基础之上。从刑事诉讼格局的维度看，案卷移送制度与庭前程序的有机协调运作可以发挥消解侦查中心主义格局的作用，形塑审判中心格局。以全案移送主义制度作为依托，强化庭前审查程序效力，可以为监督和制约公诉权，递进制约侦查权创造制度空间，对庭前会议的程序构造的完善也可以发挥过滤或阻隔审前信息的功能，防止审前阶段信息左右案件裁判从而削弱审判的中心地位。

# 域外案卷移送制度的比较研究

案卷移送制度的既有研究未曾疏忽对他国案卷移送制度的介绍和讨论，但从目前来看，有关域外制度的认识还存在一定程度的刻板和模糊。一方面，过去比较研究的经典论述多是一种大陆法系本位的立场，造成了对英美法系案卷移送制度的很大误解，有必要对之进行还原和澄清；另一方面，各国在案卷移送制度方面的改革和新近发展也需要得到及时反映和探讨，尤其是我国学者特别关注的日本起诉状一本主义，从而为当下案卷移送制度的研究提供不过时的参考。

## 第一节　英美法系中的案卷移送制度

### 一、有无之争：英美法系国家的刑事案卷制度

（一）不同知识谱系中"案卷"概念的分歧

关于什么是案卷移送制度，仅限于国内视角来说，这一问题可能并不存在多大的争议。但若将视野放宽广，这一概念便具有了相当的模糊性。习惯我国刑事诉讼法语境的人，对于一种近乎同语反复的定义——案卷移送制度是指控方在向审判法院提起诉讼的同时将审前阶段（包括侦查阶段和审查起诉阶段）形成的案卷材料一并移交该法院的制度——并不觉得难以理解。

但置于比较研究的语境当中，这一定义就会显得过于粗糙和不确定。

首先对这一定义构成挑战的就是"案卷"的概念，在不同的知识谱系当中其所指也大不相同。在我国刑事诉讼当中，案卷主要是指负责侦查、起诉、审判的专门机关在刑事诉讼过程当中制作形成的诉讼文书和证据材料。案卷的形成和使用虽然在不同阶段具有相当的独立性，但就整体而言，案卷的形成具有联通性。具体而言，前一阶段形成的案卷既是后一阶段作出决策的重要依据，也是后一阶段案卷继续形成的基础。案卷的形成就像滚雪球一样，前一阶段形成的案卷随着后一阶段活动的开展得到审查、修正以及添加，案卷材料从无到有、从少到多，最终汇集成数量庞大、细节丰富的"信息库"。当我们循着这样的认识观察德国、法国和意大利等大陆法系国家的刑事诉讼制度时，发现在案卷这一术语上并不会产生任何观念上的隔阂。案卷同样是由侦查机关在审前阶段形成的各种文书以及通过调查取证获得的各种证据材料构成，之后同样是作为"通用"卷宗供检察官、辩护律师和庭审法官使用。[1]案卷在这些国家刑事诉讼中的产生过程、结构形式与使用方式同我们国家有着很大的相似性和可比性。

然而，当案卷一词一旦进入英美法系的语境，其所指似乎就变得相对模糊，以至于研究者们就英美法系中是否存在案卷的话题产生了争议。原因主要在于英国法以及更宽泛的盎格鲁-撒克逊普通法，通常被认为其依赖于口头性的审判程序，以及

---

〔1〕 See William T. Pizzi, "Sentencing in the US: An Inquisitorial Soul in an Adversary Body", in John Jackson, Maximo Langer & Peter Tillers (eds.), *Crime, Procedure and Evidence in a Comparative and International Context: Essays in Honor of Professor Mirjan Damaska*, Hart Publishing, 2008, pp. 65~66.

口头证据在其中所占据的主要地位，[1]这种显著的特征足以让习惯了大陆法系国家司法制度的研究者过分关注，以至于或多或少地夸大了英美法系与大陆法系在这一方面的区别。尽管有研究者提出，英美法系的刑事诉讼程序中存在案卷。警方、检察官以及法院在侦查活动、起诉准备活动以及审判活动中的记录材料和决定均是以案卷形式固定的。[2]但也有研究者明确地反驳了这一观点，认为大陆法系国家"卷宗"的英文表述是"dossier"，而国内学者提出的"英美法系卷宗"概念其实是不正确的，是对英美法系"诉讼文件"（"file"或"document"）的不准确翻译或想当然的理解。其认为，卷宗制度只存在于大陆法系国家，在英美法系并不存在类似对应物。[3]事实上，两种观点看似针锋相对，存在分歧，但实际上二者并没有在同一层面形成对话。前一种观点是在英美法系有没有案卷的问题上作出肯定回答的观点，而后一种观点是在英美法系有没有类似大陆法系的案卷的问题上作出了否定回答的观点。尽管从后一种观点的表述上看，其夸大了英文表述差异的意义，从而一概否定"英美法系卷宗"概念，否认英美法系存在案卷制度是不适当的。

因为，如果仅从词汇语义上看，英美法研究者在描述大陆法系国家刑事诉讼中的卷宗时，直接采用了法语词汇"dossier"，用以指代案卷、卷宗或档案材料。从与之释义相关而可供参考的"record"一词看，其范畴就是法院的案卷、卷宗或诉讼记录，具体是指对法院处理案件过程的正式记录，通常包括提交的各

---

[1]　See Tony Honere, *The Primacy of Oral Evidence? in Crime, Proof and Punishment Essays in Memory of Sir Rupert Cross*, Butterworths, 1981, p. 172.

[2]　左卫民："中国刑事案卷制度研究——以证据案卷为重心"，载《法学研究》2007年第6期，第94~114页。

[3]　李长城：《中国刑事卷宗制度研究》，法律出版社2016年版，第2页。

种诉讼文书、庭审过程笔录及证据等。[1]而在描述英美法系诉讼文件所使用的"file"一词，其作为英语词汇的本来意义就是指文件、档案。当其用在法律专业领域中，仍是指法庭中的文件、档案，即案卷、卷宗，通常包括原告最初的起诉状、其后的诉答文书及与案件相关的所有其他文书。[2]因此，并不能说"英美法系卷宗"是对"file"的不准确翻译。只不过，英语中直接用源于法语词汇的"dossier"来指称大陆法系的案卷，而其刑事诉讼过程中的案卷材料则仍用英语词汇"file"统称。至于，"document"一词，其主要意思包括三类：①文件、文书；能够传达一定信息的书面材料，如契约、租约等；②书证；可作为证据使用的材料，在此意义上，它可以包括文书、照片、地图、平面图、印章甚至石雕、石刻等；③可作为权利或特权等的根据、证明等的公文，如许可证。[3]该词虽然也包括书面证据等材料，但与作为案卷材料统称的概念并不完全等同。

（二）英美法系国家刑事案卷的结构

在英国刑事司法系统中，案卷制度的发展得益于警察在刑事程序中逐渐获得的重要地位，尽管这仅仅是 150 年间的事。[4]《1996 年刑事程序与侦查法》（Criminal Procedure and Investigations Act of 1996，CPIA）的规定增加了警察在案件办理中汇编、保存证据材料的职责。该部法案明确要求警察必须将在侦查过程中

---

〔1〕 薛波编：《元照英美法词典》（缩印版），北京大学出版社 2013 年版，第 438 页、第 1158 页。

〔2〕 薛波编：《元照英美法词典》（缩印版），北京大学出版社 2013 年版，第 551 页。

〔3〕 薛波编：《元照英美法词典》（缩印版），北京大学出版社 2013 年版，第 430 页。

〔4〕 See Raymond J. Toney, "English Criminal Procedure under Article 6 of the European Convention on Human Rights：Implications for Custodial Interrogation Practices, Houston Journal of International Law", Hous. J. Int'l L. , 411, 416 (2002).

获得的与侦查相关的信息或其他材料以可长期保存、可获取的方式（如书面或磁带）进行记录和保存。[1]这些材料包括在侦查过程中收集的材料，如在搜查过程中扣押的文件，以及在侦查过程中制作的材料，如讯问或询问记录等。从相关规定中可以看出，侦查过程中需要警察收集、汇编和保存的案卷材料主要包括：①犯罪报告，包括犯罪报告表、相关附带报告或警察工作日志；②拘留报告；③报警电话等录音中有关犯罪或犯罪者部分的记录；④证人证言的最终版本以及与之存在不一致的先前版本；⑤询问或讯问记录，包括笔录、录音或录像；⑥警察与司法鉴定人员的交谈、专家报告以及专家提供的与调查相关的材料；⑦证人第一次对犯罪嫌疑人的指证或描述的记录；⑧与证人可信度相关的材料。[2]

2015年《1996年刑事程序与侦查法（第23条（1））实施守则》（Criminal Procedure and Investigations Act 1996（section 23（1））Code of Practice）更加具体地规定了警方需要为检察官准备的案卷材料，其内容可以总结为以下几类：

（1）在所有案件中，无论被告人作何答辩，负责处理开示证据的警察（disclosure officer）都应将其知道的可能有助于辩护方早期准备或其保释听证的（如关键证人的前科记录或证人撤回其证言的）材料，以相当格式之文件记录，并移交检察官由其决定在符合条件的情况下，作为控方案件的"初期信息"向辩护方开示。[3]

（2）不用于庭审的敏感材料也应当制成清单附入控方案

---

〔1〕　Criminal Procedure and Investigations Act 1996, c. 25, §22（3），§23（b）-（d）.

〔2〕　Criminal Procedure and Investigations Act 1996（section 23（1））Code of Practice, para. 5. 4.

〔3〕　Criminal Procedure and Investigations Act Code of Practice para. 6. 6.

卷。[1]

（3）此外，可能留在治安法院审理的简易罪名或两可罪名，并且犯罪嫌疑人有可能作无罪答辩的，负责处理开示证据的警察应当制作证据开示清单（streamlined disclosure certification）。开示证据清单中对证据的描述应当足够详细，使得检察官能够判断在作出开示与否决定前是否需要亲自查看相关材料。在治安法院预期无罪答辩的案件中，负责处理开示证据的警察必须将证据开示清单连同包含证据材料的案卷一并移交检察官。[2]

（4）皇室法院审理的案件，制作不用于庭审的材料清单，并在初次听审或法官决定的任何案件管理程序中，将不用于庭审的材料清单连同案卷一并移交检察官。[3]

（5）负责处理证据开示的警察应当向检察官提供之前未附入案卷的材料的复制件，包括：①被追诉人提供的对于指控罪名的辩解；②任何导致供述的可靠性产生疑问的材料；③任何导致控方证人的可靠性产生疑问的材料；④警察认为符合开示要求的其他任何材料。[4]

英国《国家卷宗标准》（National File Standard）规定了一种阶段性且适当的案卷准备方式。该标准明确了治安法院第一次听证所需要的案卷材料以及案卷材料如何在整个案件审理过程的各相应阶段完成。[5]通过该标准，我们可以较为清晰地一览

---

[1]　"敏感材料"是指开示警官认为开示后存在导致某一重要公共利益受到严重损害的真实危险的证据材料。Criminal Procedure and Investigations Act Code of Practice para. 6. 7.

[2]　Criminal Procedure and Investigations Act Code of Practice para. 6. 5.

[3]　Criminal Procedure and Investigations Act Code of Practice paras. 6. 8 and 7. 1B.

[4]　Criminal Procedure and Investigations Act Code of Practice para. 7. 3.

[5]　HMIC and HMCPSI, Stop the Drift 2: A Continuing Focus on 21st Century Criminal Justice, p. 11.

英国刑事诉讼中案卷的构成。具体内容参见表2.1。

### 表2.1　英国刑事案卷结构

| 起诉前报告 | 治安法院第一次听证 | | 治安法院第一次听证后程序 | |
|---|---|---|---|---|
| 提交上级警官、检察官指挥中心或地区检察官 | 预期有罪答辩的案件 | 预期无罪答辩案件和皇室法院案件 | 治安法院案件 | 皇室法院案件 |
| 必须包括：<br>MG3/MG3A\*\*：提交检察官的报告/进一步报告（包括所有录像清单、仇恨犯罪报告）<br>犯罪嫌疑人和关键控方证人的前科记录<br>MG11：关键证人的陈述或录像<br>所有削弱控方案件或帮助辩方案件的材料。此阶段无需开示清单 | 必须包括：<br>MG4/MG4A：指控书和保释书或者 MG4D/E 指控通知书<br>MG5（电子案卷中）：案情摘要，包括普通法要求的开示声明<br>MG6\*\*：案卷证据和信息<br>前科记录：被告人前科记录 | 必须包括：<br>MG3/MG3A\*\*：提交检察官的报告/进一步报告<br>MG4/MG4A：指控书和保释书或者 MG4D/E 指控通知书<br>MG5（电子案卷中）：案情摘要，包括普通法要求的开示声明<br>MG6\*\*：案卷证据和信息<br>MG9\*\*：证人名单<br>MG10\*\*：无法出庭的证人<br>MG11：关键证人的陈述或录像<br>简要证据开示声明（仅在预期无罪答辩案件中）<br>前科记录：被告人和关键控方证人 | 不再进一步增加或要求提交案卷材料<br>除非这些材料是在案件管理听证前或听证中出现的（如新的医学检验报告或讯问、询问记录）<br>或者是在第一次听证后才被警方掌握的 | 必须包括：<br>所有初期的预期无罪答辩案件和皇室法院案件的材料<br>附加完整的 MG6 证据开示列表<br>MG11：所有其他陈述（包括作证或进一步证明的）以及 MG3/MG3A 上载明但尚未提交的材料<br>MG15：讯问或询问记录<br>除非特别说明，还包括所有在早期认罪答辩或初期案件管理的材料 |
| 适当时还包括：<br>MG6\*\*：案卷证据和信息<br>MG7\*\*：还押申请（不采用电子案卷时）<br>MG11：受害人个人陈述<br>MGDD：酒驾或毒驾案件表<br>注明：特别措施、传闻材料、不良品格以及视频证据 | 适当时还包括：<br>MG2\*\*：证人特殊措施评估<br>MG3/MG3A\*\*：包括所有录像清单和仇恨犯罪报告<br>MG4A/B/C：保释条件、变更、保证<br>MG7\*\*：还押申请（不采用电子案卷时） | 适当时还包括：<br>MG2\*\*：证人特殊措施评估<br>MG4A/B/C：保释条件、变更、保证<br>MG6B\*\*：警察违纪记录（仅在预期无罪答辩案件中）<br>MG6D\*\*：相关敏感材料清单（仅在预期无罪答辩案件中）<br>MGDD：酒驾或毒驾案件表 | | |

| 起诉前报告 | 治安法院第一次听证 | | 治安法院第一次听证后程序 |
|---|---|---|---|
| 其他关键证据：监控录像（除具备证据价值并将用于审判的监控录像外，可提交内容摘要），医学或鉴定报告、照片、书证、磁带等 | MG8**：违反保释条件（不采用电子案卷时）<br>MG11：受害人个人陈述<br>MG11：关键证人的陈述或录像，当有必要解释或补充案情摘要或对量刑有影响时<br>MG18：其他纳入量刑考量的罪行<br>MG19**：申请赔偿或其他赔偿申请材料，如估价或发票。当无法纳入 MG5/DCF 时可使用 MG19 | MG7**：还押申请（不采用电子案卷时）<br>MG8**：违反保释条件（不采用电子案卷时）<br>MG11：受害人个人陈述<br>MG12：证据列表<br>MG16**：不良品格或人身危险<br>MG18：其他纳入量刑考量的罪行<br>MG19**：赔偿申请和具体内容<br>[MG] SFR：鉴定申请或结果表格<br>其他关键证据：监控录像（除具备证据价值并将用于审判的监控录像外，可提交内容摘要），医学或鉴定报告、照片、书证、磁带等 | |
| * 监控录像以及其他可视或多媒体；** 对任何当事人均不公开 | | | |

有关美国刑事司法实践中案卷的讨论，研究者通常会关注美国学者弗洛伊德·菲尼对一起虚构刑事案件的描述。尽管菲尼用作案例的刑事案件是完全虚构的，但其中有关刑事司法系统运作方式的描述却是美国警察机构、检察官以及法官日常工作的真实缩影。在以加利福尼亚州为例的该起案件中，警方在侦查取证过程中形成了各类诉讼文书，包括报案记录、搜查证宣誓书、搜查证、米兰达警告声明表等，同时还收集了各类相关物证。[1]但警方在声请检察官提起诉讼时，作为案卷向检方

---

〔1〕 具体内容可参见唐治祥博士的梳理。唐治祥："刑事卷证移送制度研究——以公诉案件一审普通程序为视角"，西南政法大学 2011 年博士学位论文，第 16~17 页。

移送的主要是各类报告，大致可以分为四类：①记载出警现场情况及处置措施的犯罪报告；②对犯罪嫌疑人的逮捕报告；③各类后续报告，包括犯罪现场调查报告、被害人询问报告和证人询问报告等；④记载犯罪嫌疑人犯罪前科记录的报告。[1]除了菲尼所描述的司法实践可以作为一窥美国刑事案卷制度的途径之外，相关立法规定也能够在一定程度上反映其刑事案卷的结构样态。尽管在美国，并没有直接针对案卷结构或其具体内容的法律规定，但从美国联邦刑事诉讼规则的相关规定中可以看出，美国联邦刑事诉讼中控方持有的案卷一般包括：①被告人的陈述，包括书面或以其他形式记录的；②被告人在讯问中的供述笔录；③被告人在大陪审团程序中的证言记录；④被告人的前科记录；⑤书证和物证；⑥身体或精神状况检查报告以及科学或实验报告；⑦专家证人证言的摘要等。[2]

## 二、英美两国案卷移送制度的差异

案卷移送制度的研究偏受大陆法系学者青睐，很少有英美法系的学者专门对这一问题进行研究。在有关英美法系案卷移送制度的讨论中，被认为最经典的阐述也是由大陆法系学者提出的。其中，法国学者勒内·达维德以及德国学者乔基姆·赫尔曼分别对英国和美国刑事诉讼制度中的案卷移送制度进行过概括。在描述英国刑事诉讼制度的时候，勒内·达维德概括地说："在英国，诉讼程序经过周密准备，使当事人间的分歧点非常明确并用一些问题表现出来，对这些问题可用'是'或'否'来回答"，"诉讼程序最后达到公开庭审，通过完全口头的举证

---

[1]　参见［美］弗洛伊德·菲尼、［德］约阿希姆·赫尔曼、岳礼玲：《一个案例　两种制度——美德刑事司法比较》，郭志媛译，中国法制出版社2006年版，第26页。
[2]　Federal Rules of Criminal Procedure Rule16（a）（1）（B）-（G）.

办法把分歧点搞清楚——听取证人的证词，证人由双方的律师依次提问，案件没有任何'卷宗'，一切应在庭审时口头进行，以便让以前不识字的陪审团能够形成意见。"〔1〕而在描述美国刑事诉讼制度的时候，德国学者乔基姆·赫尔曼同样也曾作过一段论述："在陪审团审判以及没有陪审团参加的审判中，法官经常会因主持各种审前听审活动而提前获知证据信息，但除起诉书外，法官在审前并不接受卷宗材料。"〔2〕

正如上述学者的经典论述那样，英美法系案卷移送制度一直被描述为"起诉状一本主义"的典型。这种概括性描述长期占据了我们对英美法系案卷移送制度认识的全部，以至于模糊地认为英美国家开庭前并不移送卷宗，英美法官在庭前对案情一无所知。〔3〕然而，概括性的描述并不能全面地反映英美两国的案卷移送制度，尤其是该概括性描述是由非本法系的研究者作出的。而且由于经典的论述距离现今年代久远，在一定程度上已经不符合英美两国当下的司法实践。结合英美法系国家当前的法律制度和司法实践，通过深入分析可以发现，即便同属于英美法系的英美两国，在案卷移送制度方面也存在着较大差异。起诉状一本主义在英美两国，尤其是在英国的刑事司法实践中并非绝对。

（一）英国刑事诉讼中案卷材料的移送

1. 控方案卷材料中初期信息的移送

根据英国《刑事诉讼规则》（Criminal Procedure Rules）的规定，检察官应当在治安法院第一次举行听证之前，及时向法庭

---

〔1〕［法］勒内·达维德：《当代主要法律体系》，漆竹生译，上海译文出版社1984年版，第335页。

〔2〕［德］乔基姆·赫尔曼："中国刑事审判方式的改革"，载樊崇义主编：《诉讼法学新探》，中国法制出版社2000年版，第851页。

〔3〕林铁军：《刑事诉讼中法院职权调查问题研究》，法律出版社2016年版，第78页。

提供其稍后要在庭上提出的案卷材料中的初期信息（Initial Details of the Prosecution Case，IDPC）。尽管这一程序有明显的证据开示性质，但立法并不要求检察官同时将此类案卷材料主动提供给被告人，除非被告人主动提出相关请求。此外，当治安法院决定将案件移送到皇室法院审理时，控方已经提交的案卷材料也将随同其他相关材料一并移交皇室法院。

根据规定，控方需要在开庭前提交的案卷材料的初期信息，其具体内容大致分为三种情形：

（1）第一次开庭前，被告人被羁押的，控方需要提供的材料包括：①罪行的简要说明；②被告人的犯罪记录。

（2）不属于第一种情形的，控方需要提供的材料则包括：①罪行的简要说明；②被告人在讯问期间的供述；③证人陈述笔录或控方将用于答辩、确定审判方式或量刑的证据；④被告人的犯罪记录；⑤犯罪给被害人、被害人家属或他人造成的影响的陈述。

（3）被告人被保释且检察官预期被告人不作有罪答辩的，需要提交的案卷材料包括：①罪行的简要说明，包括被告人供述的摘要；②检察官认为对答辩或初期案件管理重要的陈述或证据；③证人的信息；④被告人的犯罪记录；⑤被害人的个人陈述；⑥被害人或被告人的医学或其他专家证据；⑦特别措施、不良品格证据或传闻等。[1]

除此之外，特定的"无用材料"（Unused Material）也应当作为检察官提交案卷材料的内容之一。[2]这部分"无用材料"是指可能有助于辩护方早期辩护准备的或者保释听证的材料，

---

〔1〕　Criminal Practice Directions 2015 Division I，para. 3A. 12.

〔2〕　英国刑事诉讼中的"无用材料"是指控方持有的但不作为支持公诉的证据的信息材料。

可能是关键证人的相关前科记录，也可能是证人撤回其支持控方的证言等内容的材料。[1]

如前所述，检察官不必主动将初期信息提供给被告人，却必须将之提供给治安法院。此种规定说明控方在第一次听证前向法院提供案卷材料的初期信息，不只是为了保障被告人提前获知控方证据的权利。这种"庭前移送"的做法，除了与普通法中古老的公平审判权有关，还具备另一独立的价值目标，即为了实现"更好的案件管理"（Better Case Management），提升司法效率。[2]换言之，法院需要使用控方提前提供的初期信息为审判活动做准备。《刑事诉讼规则实践指导》进一步规定了控方提交案卷材料初期信息应当满足的条件，更加说明了这一价值目标。根据该规定，控方在听证前移交相关案卷材料的目的在于使得法庭能够在第一次开庭时，通过此类案卷材料明了答辩、管辖、案件管理或量刑事宜，并做好充分准备。[3]同时，在被告人保释且检察官预期被告人不作有罪答辩的案件中，控方在庭前提交信息的目的还在于帮助法庭确定实质争议并为有效审判作出适当指导。[4]

2. 皇室法院案件审前的案卷移送

英国《1998年犯罪与违反秩序法（移送控方证据）2005规则》第2条规定，对于依据《1998年犯罪与违反秩序法》第51条移交皇室法院（Crown Court）审判的案件，检察官应当在被告人被移送审判之日起70日内（被告人处于羁押状态的则在50

---

〔1〕 Criminal Procedure and Investigations Act 1996（section 23（1））Code of Practice, para. 7. 1.

〔2〕 See Andrew Ashworth & Mike Redmayne, *The Criminal Process*, Oxford University Press, 2010, p. 259.

〔3〕 Criminal Practice Directions 2015 Division I, para. 3A. 4.

〔4〕 Criminal Practice Directions 2015 Division I, para. 3A. 12.

日内），将包含有起诉所依据的相关证据材料的复印件移送给被
告人和皇室法院。此类依据《1998 年犯罪与违反秩序法》第 51
条移交皇室法院审判的案件主要包括三类：①成年人被指控仅
得依起诉状审理的罪行的案件，以及该成年人被指控的其他两
可罪案件或简易罪行案件。其中，被指控的两可罪案件或简易
罪行案件必须符合两个条件：一是，该两可罪行或简易罪行与被
指控的仅得依起诉状审理的罪行的案件相关；二是，属于简易罪
行的必须满足刑罚为监禁刑或涉及驾驶资格的吊销〔1〕。②与被
指控仅得依起诉状审理的罪行相关，被一并指控犯有两可罪的
成年人的案件。③与成年人一同被指控仅得依起诉状审理的罪
行案件中的儿童或未成年人，法庭为了司法公正目的移送皇室
法院审理的案件。

　　在审前案件撤销程序中，皇室法院法官决定是否撤销案件
的方式之一便是"阅卷"，即阅览检察官按照上述规定移送的案
卷材料。被告人自收到控方送达的证据材料之日起，答辩程序
开始前，得口头或书面申请皇室法院撤销指控。撤销指控申请
必须向法官说明控方证据无法恰当定罪的原因，是否申请听证，
明确出庭作证的证人以及相关材料。控方反对该申请的则必须
提供说明，解释反对原因、申请听证的原因，明确相关证人或
材料。根据双方提交的材料，法院既可以公开或不公开地举行
听证，也可以不举行听证。〔2〕但根据判例，法官在依申请决定
撤销案件时必须全面考量所有不利于被告人的证据。〔3〕

---

　　〔1〕　Crime and Disorder Act 1998, section 51, No committal proceedings for indicta-
ble-only offences.

　　〔2〕　David Ormerod, *Blackstone's Criminal Practice 2017*, Oxford University Press,
2017, pp. 1579~1581.

　　〔3〕　R（Inland Revenue Commissioners）vs. Crown Court at Kingston ［2001］4
ALL ER 721.

此外，皇室法院法官还可能会在告知有罪答辩的最高量刑前，阅览控方移送的案卷材料。英国刑事审判中证据规则的复杂化使得陪审团审判的效率急剧下降，陪审团无法负担作为常态案件处理程序的功能。为了避免整个刑事司法系统的崩溃，法官则开始接受有罪答辩，并最终发展出了"量刑折扣"制度。这些都使得陪审团审判不再成为英国刑事诉讼程序的主要方式，有罪答辩的审判方式成为常态。[1]即便是处理罪行更为严重、案情更为复杂的案件的皇室法院，也存在有罪答辩的审判方式。实践中，控辩双方往往会在答辩程序前协商被告人对部分指控认罪，检察官则放弃证明另外部分的指控或请求法官准许终止对部分罪名的审理。但英国认罪协商中的被告人有一个特别的权利，即在决定作出答辩之前，被告人可以向法院提出书面申请，要求法院告知如果其作出有罪答辩，最高可能被判处的刑罚。之后一旦被告人作出有罪答辩，法院对其量刑不得超过该最高刑罚。在有罪答辩量刑告知程序中，被告人的申请必须指明其意欲答辩认罪的具体罪名和事实根据，并且提供检察官对此认罪答辩的同意意见，而检察官则需提供与量刑相关的信息，如被告人有无前科、案件相关情况、被害人及其家人或其他人的陈述等，并明确与量刑相关的其他事项，如适用的法律、量刑指南、指导性判例、加重或减轻情节等。[2]为了法官能够恰当地作出最高刑罚的决定，除了控辩双方需要为告知程序提供上述材料外，皇室法院法官还必须在作出决定之前获得并了解了全部控方据以指控的证据，包括受害人的所有影响性陈述以

---

〔1〕 See Mireille Delmas-Marty & J. R. Spencer, *European Criminal Procedures*, Cambridge University Press, 2002, p. 18.
〔2〕 郑曦："英国被告人认罪制度研究"，载《比较法研究》2016年第4期，第108页。

及被告人所有对其不利的相关前科记录。保证皇室法院法官对控方案卷材料的知悉不仅是法官恰当地作出决定的前提，同时也是控方在该程序中必须承担的责任。[1]

除了审前撤销程序和有罪答辩最高刑罚喻知程序，控方案卷材料的移送还是一系列审前案件管理程序的重要前提。在皇室法院审理的大部分案件中，常见的案件管理程序是答辩和审判准备程序（Plea and Trial Preparation Hearings，PTPH）。这一程序取代了之前答辩和指导听证程序（Plea and Direction Hearings）的大部分功能。检察官在这一程序中，除了之前已经提交的案卷材料，还需要继续向法院提交充分的证据材料使法院能够有效管理案件。[2]作为复杂案件中关键的审前程序，准备性听证程序（Preparatory Hearings）同样也以控方移送案卷为基础。在形式上，法官需要通过审查控方移送的案卷材料决定是否有必要开启准备性听证程序，即案件是否属于准备性听证程序能在其中产生实质作用的严重或复杂案件。在实质上，法官需要依凭控方的案卷材料，当然也包括辩方提供的相应材料，完成准备性听证程序的各类目标：①为陪审团明确实质争议；②帮助陪审团理解这些争议；③加速陪审团审判进程；④帮助法官管理庭审；⑤决定指控的分离或合并问题。为此，法官还可以在准备性听证程序前命令控方提供相应的案件材料。而且，相比于其他能够由庭审法官之外的其他法官主持的审前听证程序，冗长或复杂案件中的准备性听证程序必须由将来主持庭审的法官来举行。[3]上诉法院认为，只有在具备有说服力的理由

---

〔1〕 David Ormerod, *Blackstone's Criminal Practice 2017*, Oxford University Press, 2017, p. 1671.

〔2〕 Criminal Practice Directions 2015 Division I, para. 3A. 20.

〔3〕 David Ormerod, *Blackstone's Criminal Practice 2017*, Oxford University Press, 2017, p. 1773.

的情况下，才能更换其他法官主持之后的庭审。[1]

综上所述，就皇室法院审理的案件而言，不仅检察官会在正式审判开始前向法院移送案卷材料，同时法官也会为了举行审前的各类程序而进行"庭前阅卷"。

3. 案卷移送的电子化

在英国刑事诉讼当中，并不似有关论者认为不存在案卷移送制度。相反，英国刑事诉讼过程中不仅存在着控方案卷材料移送法院的规范和实践，而且值得一提的是，其案件材料移送已经逐步实现了电子化。在控方案卷初期信息移送方面，皇室检控署与几乎所有的治安法院之间实现了移送方式的电子化。治安法院的法官和法律顾问可以在法院的存储系统中查阅电子版的控方案卷材料。[2]而在皇室法院诉讼方面，自 2015 年开始，英国在利兹、利物浦以及朴次茅斯等 9 个地区的皇室法院试点推行电子案卷系统（Digital Case System, DCS），其目的是配合"更好的案件管理"改革，以案卷材料电子化进一步提高案件管理的效率。[3]通过这一电子案卷系统，法官、书记员、辩方、控方以及缓刑机构能够通过电子方式获取、准备以及上

---

〔1〕 之前有法院认为只有在例外情况下，才可将准备性听证程序的法官更换为其他法官主持庭审。但在 2010 年，上诉法院明确了只要具备了有说服力的理由的情况下就可以更换法官，而不需要其他例外。See Southwark Crown Court, ex Parte Commissioners for Customs and Excise〔1993〕1 WLR 764; The Court of Appeal in I〔2010〕1 WLR 1125.

〔2〕 HMCPSI and HMIC, "Delivering Justice in a Digital Age: A Joint Inspection of Digital Case Preparation and Presentation in the Criminal Justice System（April 2016）", available at https://www.justiceinspectorates.gov.uk/hmic/wp-content/uploads/delivering-justice-in-a-digital-age.pdf#search=%27Digital+case+system+in+uk%27（last visited 9 July 2017）, pp. 39~40.

〔3〕 "National Rollout for Crown Court Digital Case System", available at https://www.gov.uk/government/news/crime-news-national-rollout-for-crown-court-digital-case-system（last visited 9 July 2017）.

传所有刑事案件材料，完成各类审前准备程序和案件管理。经过试点之后，2016 年 3 月，电子案卷系统在所有皇室法院开始运行。皇室检控署在诉讼过程中的案卷移送即可使用该系统上传证据材料和诉讼文书的电子文档，而皇室法院则可以在该系统查阅由控方移送的所有案卷材料。

案卷移送的电子化不仅在很大程度上节省了移送成本，同时还提升了案卷移送的效率，最终有助于案件管理效率的提高。以往纸质案卷材料的移送主要是通过复印数量庞大的文档送达给不同的对象，通常很耗费时间。借助人力的邮寄或派送也会造成一定的拖延。不仅如此，光是这些纸质材料的保存和管理就成本不菲。另外，纸质案卷材料的管理功能在警察、皇室检控署和法院之间存在重复。实践表明，案卷移送的电子化是解决纸质案卷移送所存在的重复和低效弊端的有效途径。

（二）美国刑事诉讼中案卷材料的移送

1. 预审程序中的案卷移送

同为英美法系的美国，对案件管理的强调以及相关制度的安排并不如英国，其法官角色显得相对消极和被动。在美国刑事审判的法庭上，尤其是有陪审团的案件中，法官的一无所知和毫无准备通常被认为是美国刑事司法系统中当然的公理，法官不会在审前去调查或发现证据。大陆法系法官面前的治安法官案卷对美国法官而言是一个极为陌生的概念。在美国的刑事法庭上，没有任何案卷材料的庭审法官像是一个既盲又笨的闯入者，偶尔一阵的灵光闪现既可能引导他，也可能误导他。[1] 因此，在有陪审团的案件中，美国的案卷移送制度较之英国更偏向不移送案卷材料。

---

[1] See Marvin E. Frankel, "The Search for Truth: An Umpireal View", 123 U. Pa. L. Rev., 1031, 1042 (1975).

那么，在限制管辖权法院的场景中，案卷移送制度又呈现出什么样的面貌呢？由于专业背景、经费制度等原因，美国的治安法院受到削减，其在刑事诉讼中的角色也逐渐衰落。美国大多数刑事案件均由限制管辖权法院又称初级法院审理。大部分州都设置有限制管辖权法院，其中绝大多数州的限制管辖权法院对轻微刑事案件具有管辖权。限制管辖权法院的管辖权包括两类：其一，刑事案件的保释、预审听证、令状签发；其二，审理并裁决部分轻罪案件。就第二类管辖权而言，限制管辖权法院独立享有裁判权，其案卷移送方式有必要进一步探讨。

有论者注意到美国预审程序采用全案移送方式的观点为个别研究者所主张。该观点认为在美国刑事诉讼实务中并非一体采行起诉状一本主义，对于轻罪案件，由于预审法官拥有裁判权，刑事被告人无权向法官请求预审，可以径行裁判，但此时并不采起诉书一本主义而是采卷证并送主义，否则裁判根据无从说起。[1]但该推断性观点的正确性以及是否符合实践做法值得质疑。首先，美国预审程序并不负责对轻罪案件"径行裁判"的审判活动。尽管预审程序具有决定被告人是否应当释放、交保或羁押、证据开示以及取得弹劾证据等多重目的，但其最重要的功能是起诉审查功能。具体而言，又可以分为两种类型：在适用大陪审团起诉的司法辖区，预审的功能在于审查检察官起诉是否符合审查标准，以此决定是否提交大陪审团。如果预审法官认为符合审查标准，则作出准予提交大陪审团的裁定，否则，决定驳回控诉；而在适用检察官起诉的司法辖区，预审则是唯一决定是否准予起诉的程序，预审法官依照审查标准对

---

[1] 钟凤玲："美国刑事诉讼流程"，载《法学丛刊》第194期，第68页，转引自唐治祥："刑事卷证移送制度研究——以公诉案件一审普通程序为视角"，西南政法大学2011年博士学位论文，第59页。

起诉作出准予起诉的，检察官即可以向法院提出起诉书起诉，否则，检察官不得起诉。[1]预审法官并不会在这一程序中对案件进行定罪量刑的裁判活动，更不存在所谓的"径行裁判"。其次，如果该观点是指可以"径行裁判"的初次聆讯，卷证并送的判断也并不完全符合实践。在初次聆讯程序中，法官可以直接对轻罪案件作出裁判。而且在聆讯程序开始前，法官的确会从控方、辩方双方处获得两份必要的文档材料作为法院案卷的一部分，分别是："控告"（Complaint），即载有具体指控与犯罪事实简要描述的指控书；以及被告人的前科记录（Rap Sheet）。[2]因为大多数初级法院的案件是由警察移交给法院的，所以上述材料一般由警方负责移送。但因为此类材料内容信息极为有限，并不能等同于"卷证"，其基本相当于轻罪案件的起诉书。而且在司法实践中，一个大约6小时的开庭日将有100~200个案件等待聆讯，每个案件的程序往往时间短、速度快，法官根本不会在庭前一一阅读此类材料，甚至连检察官都只是在聆讯前的三五分钟之内翻看警方提供的材料并作出相应决定。[3]因此，所谓美国刑事诉讼在预审或初次聆讯程序中采行全案移送主义方式的说法并不正确，不符合美国的司法实践。

　　当然，预审程序中不存在全案移送的方式并非对英美法系口头主义绝对化观点的肯定。预审程序审查起诉证据充分性的性质决定了控方必须在这一程序当中向法院提交案卷材料，尽管不需要提供全部案卷材料。预审法官也因此会在该程序中直

---

〔1〕 参见王兆鹏："起诉审查——与美国相关制度之比较"，载《月旦法学》2002年第9期，第53~55页。

〔2〕 See Issa Kohler-Hausmann, "Managerial Justice and Mass Misdemeanors", 66 Stan. L. Rev., 611, 654~655 (2014).

〔3〕 See Issa Kohler-Hausmann, "Managerial Justice and Mass Misdemeanors", 66 Stan. L. Rev., 611, 654~655 (2014).

接接触控方原始证据材料。相比于采取抗辩式程序结构设计的预审，非抗辩式程序结构的大陪审团更是如此。尤其在大陪审团职能改革后，一些司法管辖区要求检察官在大陪审团程序中提交所有可获得的证据，甚至包括检察官当时已知的所有为被告人开脱罪责的证据。[1]但应当明确的是，预审程序和大陪审团程序与正式的庭审之间是存在区隔的。预审程序在限制管辖权的法院进行，大陪审团则是由法院召集的有固定服务期限的社区成员进行的。[2]因此，所有控方案卷材料并不是直接进入具有重罪案件审判管辖权的法院进而呈现于庭审法官的面前的。

2. 审前撤销起诉动议审查中的案卷移送

在美国部分州的刑事诉讼中也存在着类似英国审前撤销的程序，即审前撤销起诉动议（Motion to Dismiss the Indictment or Information）。在适用检察官起诉的司法辖区，重罪案件经过预审程序准予起诉的，检察官即以起诉书正式向法院提出起诉。但在法院收到起诉书之后、启动正式审判程序之前的阶段，审判法院得依辩护方"撤销检察官起诉"的申请在审前驳回检察官起诉，案件即不再进入审判阶段。[3]以佛罗里达州的刑事诉讼为例，该州刑事诉讼中的辩护方便享有提出撤销动议（Motion to Dismiss）的权利。该州刑事诉讼规则规定，除了作无罪答辩，被告人只得以动议撤销陪审团签发的起诉书或检察官起诉书，无论该动议是关于形式问题、先前无罪释放、已经处于该罪名的危险或其他辩护理由。[4]具体而言，辩护方提起撤销动议的

---

〔1〕 ［美］爱伦·豪切斯泰勒·斯戴丽、南希·弗兰克：《美国刑事法院诉讼程序》，陈卫东、徐美君译，中国人民大学出版社 2002 年版，第 360~364 页。

〔2〕 Federal Rules of Criminal Procedure Rule 6.

〔3〕 参见王禄生：《刑事诉讼的案件过滤机制：基于中美两国实证材料的考察》，北京大学出版社 2014 年版，第 54 页。

〔4〕 Florida Rules of Criminal Procedure Rule 3. 190.

适当理由包括但不限于：系属违反法规行为、赦免、未能满足案件形式上有罪条件、双重危险、起诉豁免、有违证据开示、起诉行为不当、违反正当程序、州法律或刑事指控违宪、迅速审判延误以及陪审团或检察官起诉书中的法律要件欠缺等。[1]

当辩护方向法院提出上述动议时，法官即针对动议进行审查。其中，大部分只涉及程序问题和技术性问题，只有当辩护方提出的动议基于控方案件不满足形式上有罪条件的理由时，法官的审查内容才会涉及案件实体。但与英国审前撤销程序不同的是，法官在撤销动议的审查中不解决事实问题，也不会提前像正式审判中那样审查控方证据或证人的可信度。[2]法官只要认为一小部分证据和事实足以成立形式上有罪的案件，便不太可能准许辩方的撤销动议，不必对所有证据和事实争议进行审查。需要说明的是，由于该审查程序是由庭审法官在庭前主持进行，所以庭审法官还是会在一定程度上提前接触控方证据，尽管是很小一部分证据。有部分州还会要求审判法官阅览预审程序笔录，决定是否驳回检察官起诉。[3]总之，美国即便在审前撤销动议的审查中，也几乎不存在案卷移送的问题，与同属于英美法系的英国在类似程序上存在较大区别。

---

〔1〕 Motions to Dismiss: Florida Criminal Procedure, available at http://www.husseinandwebber.com/case-work/criminal-defense-articles/motion-to-dismiss-florida-criminal-cases/ (last visited 10 July 2017).

〔2〕 State v. Shuler, 988 So. 2d 1230 (Fla. 5th DCA 2008); Ellis v. State, 346 So. 2d 1044 (Fla. 1st DCA 1977).

〔3〕 Charles H. Whitebread and Christopher Slobogin, *Criminal procedure*, Foundation Press, 1993, p. 537; Yale Kamisar et al., *Modern Criminal Procedure*, West Group 9d. (1999), pp. 938, 948, 转引自王兆鹏："起诉审查——与美国相关制度之比较"，载《月旦法学》2002年第9期，第55页。

# 第二节　大陆法系中的全案移送主义

## 一、大陆法系卷宗传统的渊源

### （一）诉讼阶段的分化和科层型诉讼程序

在西欧大陆国家的刑事司法实践中，审判前阶段的分化以及科层型诉讼程序是案卷移送制度的重要根源。首先，西欧大陆的刑事诉讼很早出现了诉讼阶段的分化，即审判前诉讼活动与审判活动的区别。早在公元12世纪，欧陆的教会法院就已经实现了审判职能与取证职能的分工。在教会的常任神职人员队伍中，职能分工已经十分明确：法院设有专门的调查官，甚至还出现了检察官的前身"信仰促进者"。[1]最终，由专业人士组成的官僚机构垄断了审判前阶段的取证活动，为全面、详细的卷宗之形成提供了可能。另外，行使初审权的法官开始逐渐远离专门的取证活动。正因为法官不再亲自进行调查取证活动，判决越来越依靠先前由专业化的官僚机构调查取证并细心汇集整理的卷宗。法官们信任并最终习惯于通过阅览官方机构全面、详细的案卷了解案情和裁判案件。审判与审前活动的分离造成了法官对审前形成的案卷的依赖，甚至一度形成了"案卷中没有的东西就不存在"的官场格言。[2]其次，欧陆科层型的诉讼程序使得案件卷宗成为整合、维系整个程序运转的中枢。与英美法系诉讼程序的开庭日模式相比，欧陆刑事诉讼程序呈现为渐进式的审判模式。欧陆诉讼程序具有科层式的结构，其特点

〔1〕［美］米尔伊安·R.达玛什卡：《司法和国家权力的多种面孔：比较视野中的法律程序》，郑戈译，中国政法大学出版社2015年版，第39~40页。
〔2〕［美］米尔伊安·R.达玛什卡：《司法和国家权力的多种面孔：比较视野中的法律程序》，郑戈译，中国政法大学出版社2015年版，第44页。

在于诉讼结构被设计为一系列前后相继、渐次开展的步骤，各个步骤由不同的官员主持。各个步骤的间隔以及主持官员的不同，使得案件信息的保存和传递成为关键问题，卷宗则成为保证信息传递的重要媒介。前一步骤形成的信息通过案卷提供给后一步骤的官员，以保证各步骤能够有机衔接、协调运转。同时，由于科层型诉讼程序对私人程序行动的天然排斥，使得案卷的维系作用相当重要。因为，一旦后一步骤的官员无法获取案卷所承载的前一步骤的信息，那么后一步骤就无法继续正常开展。

（二）书面证据形式与证据贯通的程序建构

大陆法系与英美法系在卷宗传统和案卷移送制度上的不同做法，除了与审前程序的发达程度有关，还与它们对书面形式证据的态度相关。当然，证据的书面化或口头化在实质上与审前程序的发达程度有一定的内在联系。关于何为证据的认识和实践，两大法系存在着一定的差别。在大陆法系国家如法国、比利时等的刑事诉讼语境中，证据在更多情况下就是指那些存在于卷宗当中的各类案件信息。而在英国法中，没有在审判中被口头性地听审过的信息或材料一般并不能称为证据。[1]与英美法系历来重视证据的口头性不同，以法国刑事诉讼制度为渊源的欧陆国家，其诉讼程序通常具有严重依赖书面证据的传统。除了证据形式的因素，卷宗传统的强大还与证据贯通的程序建构相关。大陆法系职权主义式的刑事诉讼程序基本是一个由证据贯通的程序建构。证据的形成并不是在侦查之后的阶段，而是贯穿了整个诉讼程序。[2]具体而言，贯通性表现为欧陆国家

---

[1] See Mireille Delmas‐Marty & J. R. Spencer, *European Criminal Procedures*, Cambridge University Press, 2002, p. 21.

[2] J. Jackson & S. Doran, *Judge Without Jury: Diplock Trials in the Adversary System*, Oxford University Press, 1995, p. 68.

的法庭更倾向于接受和使用审前阶段形成的案卷中的信息，而英美法系在审判中则形成了口头主义的传统。这两种传统的保持，一直影响着二者在案卷移送问题上的态度。即便在专业的检警机构建立之后，以及审前程序因此逐渐发达的时期，英美法系仍然坚持口头庭审而一般地排斥审前形成的书面材料。而在欧陆国家，尽管不断受到欧洲人权公约和欧洲人权法院判例的影响，其刑事诉讼在实践中逐渐增加了使用口头证据的数量、重视证人出庭作证，但并没有妨碍法庭对案卷的接受和使用。

## 二、欧陆国家中的全案移送主义制度

### （一）法国案卷移送制度

当代欧陆刑事诉讼制度诞生于法国大革命之后，以混合了旧有纠问主义和英美当事人主义的 1808 年《重罪审理法典》（Code d'instruction criminelle）的颁布为标志。[1]一时间，法国刑事诉讼制度成为德国、意大利、比利时以及波兰等欧陆国家刑事诉讼制度的渊源和蓝本。尽管历经了弹劾制转型的失败以及混合式诉讼模式的建构，法国刑事诉讼至今仍是保留职权主义色彩最为浓厚的制度。[2]就欧陆国家的案卷移送制度而言，法国的全案移送主义尤具典型性。

### 1. 案卷的形成：作为司法调查结果的刑事案卷

尽管全案移送主义的术语对于国内研究者而言十分熟悉，但典型的大陆法系全案移送主义与我国语境中的全案移送主义仍存在很大的差别，其中最重要的差别体现在案卷形成方面。

---

〔1〕 左卫民："职权主义：一种谱系性的'知识考古'"，载《比较法研究》2009 年第 2 期，第 86 页。

〔2〕 参见汪海燕："法国刑事诉讼模式转型及启示"，载《金陵法律评论》2003 年第 2 期，第 157 页。

法国刑事诉讼理论一般认为刑事诉讼程序即是一种受到严格规制的制作案卷材料的过程。[1]法国刑事案卷的形成体现出法官主导的特点。换言之，用以作为裁判基础的案卷材料最早就是由法官制作形成的，即便在预审程序出现后，刑事案卷的形成仍由预审法官主导。刑事案卷本身则是作为司法调查的结果而呈现在法庭上。

　　法国刑事诉讼制度的雏形初现于1215年第四次拉特兰宗教会议间接废止神明裁判制度之后。与英国通过召集一组犯罪地的民众在宣誓的情况下回答被控诉人是否有罪的模式不同，法国刑事诉讼的演进走向了一条相反的道路。当时，以法国为代表的大部分欧陆国家借鉴了教会的做法，采用了以往用于调查针对牧师犯罪的案件以及控诉宗教异端的事实发现模式，即召集值得信赖的人主持调查程序。通过讯问嫌犯和询问证人并形成书面记录，最终的裁判则在如此收集的书面记录的基础上作出。[2]由是，法国刑事诉讼从成型伊始就呈现出强烈的以官方案卷为中心的特征。随着诉讼制度朝着纠问主义发展，程序也基本围绕书面案卷材料的制作而运转，这些案卷材料最终是法官裁判的依凭。在纠问式诉讼时期，法官同时充当控诉的角色，主动开展侦查活动，因而侦查案卷也是由法官一手制作形成。《重罪审理法典》颁布后，在重罪案件的审前阶段创设了预审制度，预审法官负责秘密地讯问被告人以及询问证人，形成笔录，案卷制作开始转由预审法官主导。法国《刑事诉讼法》第81条规定："预审法官应当按照法律规定，进行一切他认为有助于查

---

〔1〕　See Mireille Delmas‐Marty & J. R. Spencer, *European Criminal Procedures*, Cambridge University Press, 2002, p. 605.

〔2〕　See Mireille Delmas‐Marty & J. R. Spencer, *European Criminal Procedures*, Cambridge University Press, 2002, p. 7.

明事实真相的侦查行动。"预审法官通过亲自询问证人、勘验、搜查、扣押等侦查行为或委托司法警察代为实施扣押、搜查、截听通讯等侦查措施收集证明受审查人有罪或无罪、罪重或罪轻的证据材料，包括对受审查人的身体、性格及生活环境进行医疗检查和社会调查等。[1]如果预审法官认为应终结侦查程序，则应将案卷材料移送检察官，同时告知当事人及律师，并寄送附签名的案卷材料；检察官向法官提交载明理由的诉状，同时将这一诉状发送当事人。预审法官作出是否终结侦查程序的裁定，裁定应载明理由，即说明对各受审查者有利或不利的证据，并对检察官和当事人的请求作出回应。[2]尽管近来法国国内存在对预审程序及预审法官混淆司法权与侦查权的批评，而且要求改革预审制度的呼声不断，但根据现行法国《刑事诉讼法》，预审法官在正式侦查程序中仍然享有最广泛的刑事调查权，因此在刑事案卷的形成过程中也仍然起着主导作用。[3]

此外，预审法官在刑事案卷形成中的主导作用还与大陆法系的职权主义理论历来强调诉讼活动的司法监督有关。相关理论尤其强调法官在参与侦查活动中扮演监督角色。以法国刑事诉讼的典型程序为例，警察必须将所有刑事案件报告给检察官，

---

〔1〕 参见林铁军：《刑事诉讼中法院职权调查问题研究》，法律出版社 2016 年版，第 59 页；金邦贵主编：《法国司法制度》，法律出版社 2008 年版，第 384~385 页。

〔2〕 施鹏鹏："法国审前程序的改革及评价——以 2007 年 3 月 5 日的《强化刑事程序平衡阀》为中心"，载《中国刑事法杂志》2008 年第 7 期，第 112 页。

〔3〕 预审法官几乎可适用所有的侦查手段及强制措施。而与此同时，预审法官还享有对部分侦查行为或强制措施的司法审查权。其预审权力包括：其一，除临时羁押外，预审法官可自行决定或批准（经检察官或当事人申请）适用所有的强制措施；其二，预审法官可自行决定（可自行侦查，也可委托警务部门进行侦查）或批准（经检察官或当事人申请）适用所有的侦查手段；其三，在大部分情况下，预审庭及自由与羁押法官系预审法官权力的监督者。施鹏鹏："不日而亡？——以法国预审法官的权力变迁为主线"，载《中国刑事法杂志》2012 年第 7 期，第 121~123 页。

检察官则必须随即建立文档即案卷将事情提交法官审查。警察被置于法官的处置之中，后者必须决定证据是否足以使起诉合理化。之后，法官被赋予了命令逮捕和搜查、收集宣誓证言、讯问被控诉人的权力，而所有这些调查结果都将以书面形式记载，最终形成全面而详细的刑事案卷。[1]

2. 全案移送主义：对司法调查结果的审查

法国刑事案卷的形成由承担不同职责但同属于司法人员序列的法官主导，其本身就是司法调查的结果，那么案卷材料被刑事法庭广泛接受和使用便是合乎制度逻辑的。而且在法国，法庭的庭审与侦查具有更为紧密的联系，其实际上是预审的最后阶段，即结论性的审查。[2]审前阶段才是刑事诉讼最重要的阶段，审判几乎只是一种对先前的结论加以确认的形式。因此，与英美法系同行不同，法国法官的裁判不是或者说主要不是根据当事人提交的证据进行的，预审程序下产生的案卷才是构成审判中证据的核心以及作出判决的重要依据。于是，在案卷移送制度方面，法国刑事诉讼形成了全案移送主义的传统。

具体案卷移送方式在针对不同性质罪行的审判中存在一定差别。1810 年法国《刑法典》确定了重罪（crimes）、轻罪（délits）以及违警罪（contraventions）三分法，此种罪行级别分类一直延续至今，并且在很大程度上决定着相关程序如何进行。其中，重罪是指课以重体力劳动的监禁刑或终身监禁以及有期徒刑；轻罪是指监禁或至少 25 000 法郎的罚款；违警罪则是指最多不

---

〔1〕　See Abraham S. Goldsteint, Martin Marcus, "The Myth of Judicial Supervision in Three Inquisitorial Systems: France, Italy, and Germany", 87 Yale L. J., 240, 247 (1977).

〔2〕　参见［英］杰奎琳·霍奇森：《法国刑事司法——侦查与起诉的比较研究》，张小玲、汪海燕译，中国政法大学出版社 2012 年版，第 98 页。

超过 20 000 法郎的罚款。[1]据此，案卷移送分为三种情形：

第一，重罪案件中的案卷移送。重罪案件中，预审程序属于强制性的诉讼程序，只有经过预审法官作出裁定，命令向重罪法院对受审查人提起控告，重罪法庭始得对该案件进行审判。2000 年废除重罪案件强制性二级预审之后，重罪案件直接由预审法官向重罪法庭提出起诉。[2]因此，根据法国《刑事诉讼法典》的规定，预审法官向重罪法庭提出起诉的起诉决定一经确定，重罪被告人将被解送至重罪法庭开庭地的看守所，同时该案罪证也将转送至重罪法庭，并由重罪法院的书记官室保存。[3]但是，法国重罪案件的审判组织构成与其他案件不同。重罪法庭除了职业法官，还有陪审团参与审判。除部分特殊类型的重罪案件如恐怖主义犯罪、毒品犯罪以及军事犯罪外，大部分重罪案件是由 1 名审判长、2 名陪审法官以及 9 名符合条件的公民组成的陪审团共同审理。如此审判组织结构导致重罪案件中全案移送主义的表现形式与其他案件存在差别。正如陪审团是形塑英美诉讼规则的重要制度因素一样，其在一定程度上也影响了法国的刑事诉讼规则。陪审团制度使得直接言词原则得到强化，审判前形成的案卷材料与该原则不相适应，因此有论者一开始就主张陪审员收到的官方文件应当只包括书面的告发书。[4]

---

[1] See Mireille Delmas‑Marty & J. R. Spencer, *European Criminal Procedures*, Cambridge University Press, 2002, p. 219. 参见罗结珍译:《法国刑事诉讼法典》，中国法制出版社 2006 年版，第 268~272 页。

[2] 参见孙长永:《探索正当程序——比较刑事诉讼法专论》，中国法制出版社 2005 年版，第 275 页。

[3] 参见罗结珍译:《法国刑事诉讼法典》，中国法制出版社 2006 年版，第 225 页。

[4] A. Esmein, *A History of Continental Criminal Procedure*, *With Special Reference to France*, *translated by John Simpson*, The Lawbook Exchange Ltd., 2000, p. 408, 转引自易延友:"陪审团移植的成败及其启示——以法国为考察重心"，载《比较法研究》2005 年第 1 期，第 91 页。

随后的制度安排也的确如此，尽管案卷材料将会被移送至重罪法庭，但与职业法官的情况不同，案卷材料并不会被移送到陪审团成员手中。无论在听审之前还是之后，主审法官都不能将案卷材料分享给陪审团成员，甚至不得故意与陪审团成员讨论案卷内容。[1]实践中，陪审员除了可以在庭上阅读必要的技术性鉴定材料外，心证的形成完全建立在连续几天听审的基础之上。[2]

第二，轻罪案件中的案卷移送。根据轻罪案件的具体情况，既可以选择经过预审程序也可以不经预审程序。如果轻罪案件已经预审程序预审，根据法国《刑事诉讼法典》第180条的规定，预审法官应当将案卷材料连同其作出的裁定一起移送给共和国的检察官。检察官在收到案卷材料和裁定之后，应当将其移送负责审理轻罪法院的书记官，由该法院的书记官对案件材料进行保存。[3]如果轻罪案件不适用预审程序，则需要共和国检察官经由四种方式之一向法院提起控诉，分别包括：①传票传讯，由司法警察至迟在开庭10日以前将法院传票送达被告人通知其出庭的方式最为常见；②通知书，检察院签发载明开庭时间的通知书，被告人在接到通知书后自行到庭；③以笔录进行传唤通知，检察官通知被告人开庭日期并写进笔录，笔录副本当场交给被告人，该通知相当于传票传讯；④立即出庭，共和国检察官认为已收集的证据充分，各项材料证明被告人可以立即到庭时，可立即将其移交法庭审判。此类情形下，由检察

---

[1]　Valerie P. Hans & Claire M. Germain, "The French Jury at a Crossroads", 86 Chi.-Kent L. Rev., 737, 751 (2011).

[2]　刘林呐："法国重罪陪审制度的启示与借鉴"，载《政法论丛》2012年第2期，第95页。

[3]　洪浩、罗晖："法国刑事预审制度的改革及其启示"，载《法商研究》2014年第6期，第152页。

官直接向轻罪法院移送相关案卷材料。[1]

第三，违警罪案件中的案卷移送。违警罪案件的诉讼程序也分为两种，即普通对抗式程序和简易程序。法国《刑事诉讼法典》第 180 条在规定轻罪案件的同时也规定了违警罪案件的案卷移送方式。此外，该法第 525 条还特别规定了检察院拟适用简易程序时的案件移送。绝大多数违警罪都是不经过预审程序，而由共和国检察官或检察官辅助人员直接将卷宗材料移送有管辖权的违警罪法院审判的。极少数情况下，由预审法官将案件移送违警罪法院，此时预审法官应当同时将案卷材料和其作出的裁定移送共和国检察官，共和国检察官应立即将案卷和裁定移送违警罪法庭。适用简易程序审理的，法官可仅根据案卷作出判决。检察院选择适用简易程序，将追诉案卷及其公诉意见书移送给违警罪法庭，而法官认为有必要进行对席辩论，则将案卷送还检察院，按照普通程序进行追诉。[2]但即便在对抗式程序中，案卷中的书面材料、报告以及其他证词的内容在被相反证据证伪前也被预先认定为是正确的。

另外，值得一提的是，法国禁止预审法官参与庭审的制度设计。法国《刑事诉讼法》规定预审法官不得参与他以预审法官资格所了解的刑事案件的审判工作，禁止其他参加过前程序实质判决的法官充任重罪法庭的审判长或陪审官。[3]虽然法国《刑事诉讼法》通过回避制度禁止预审法官参加法庭审判，但这一制度并没有改变全案移送主义的运行效果，其只是在主体上

---

〔1〕 See Mireille Delmas - Marty & J. R. Spencer, *European Criminal Procedures*, Cambridge University Press, 2002, p. 237.

〔2〕 参见罗结珍译：《法国刑事诉讼法典》，中国法制出版社 2006 年版，第 180 页、第 329~330 页。

〔3〕 参见莫丹谊："职权主义诉讼中预断排除质疑"，载《政治与法律》2012 年第 4 期，第 152 页。

实现了侦审分离，但并不阻碍由预审法官形成的案卷材料在裁定起诉时移送审判法庭。

（二）德国案卷移送制度

1. 中间程序中的全案移送主义

德国刑事审判程序主要包括处罚令程序、简易程序以及普通程序。[1]处罚令程序与简易程序同属德国快速审理程序，其案卷移送方式也相对简单，在此仅对其进行简略的描述。处罚令程序是德国大部分刑事案件的结案方式，适用于刑罚为1年以下监禁刑或单处罚金的轻罪案件。在司法实践中，检察官决定申请法院适用处罚令程序的，会事先为法官拟好刑事处罚令草稿，然后连同案卷材料一起移交法官，法官一般于浏览卷宗后在刑事处罚令草稿上签字批准。[2]简易程序适用于案件事实简单或证据清楚且刑罚为1年以下监禁刑或单处罚金的刑事案件。在简易程序中，检察官提起公诉时不需要向法庭递交公诉书和案卷，公诉在法庭审理开始时口头提起，法院则以直接言词原则进行主审程序。

与上述两种特别程序不同，普通程序以中间程序作为前置，这使得其案卷移送具有不同于特别程序的独特面貌。与一般大陆法系国家"侦查—起诉—审判"的诉讼三阶段不同，德国刑事诉讼的典型阶段划分有着十分鲜明的特色，其呈现为"前程序—中间程序—主审程序"的结构。前程序也称为侦查程序，

---

〔1〕 在德国刑事诉讼的特别程序当中，还有一类保安处分程序。但由于保安处分程序的设置是程序法对德国刑法二元体制的应对，是仅在特定原因导致刑事程序不能进行时适用的特殊程序，与处罚令程序和简易程序的性质存在差别，故而在此处不作为主要审判程序进行讨论。

〔2〕 参见［美］弗洛伊德·菲尼、［德］约阿希姆·赫尔曼、岳礼玲：《一个案例 两种制度——美德刑事司法比较》，郭志媛译，中国法制出版社2006年版，第239页。

但此侦查程序非彼侦查程序。由于德国的侦查体制实行检警一体化，在此阶段，检察官既要领导和指挥警察协助其进行侦查活动，同时还要负责侦查之后的起诉活动。主审程序则是德国刑事诉讼对审判程序的称谓。但比较特殊的是，适用普通程序审理的案件，检察官的起诉要进入主审程序必须经过一个独立的程序，该程序处于前程序和主审程序的中间，故而被称为中间程序。德国中间程序的功能有二：其一，审查和监督检察官起诉权力，维护起诉法定原则，防止起诉权被滥用；其二，严格保护被控诉人的利益，在被拖入刑事审判的讼累之前，提前赋予其一次阻击检察官起诉的机会。[1]

中间程序的功能，尤其是审查和监督起诉权力的功能，要求案卷移送采行全案移送主义制度，以便法院能够根据案卷审查检察官的起诉是否足以开启主审程序。根据德国《刑事诉讼法》第 170 条和 199 条的规定，检察院向管辖法院提起公诉时，应当递交公诉书。公诉书应当包括开启主审程序的申请。同时，检察院应当将案卷连同公诉书一并移送至管辖法院。[2]管辖法院的业务部门会在登记后先行审查，依案件情况将该案件分配给相应的审判法庭。法庭的首席法官会专门指定一名职业法官担任阅卷法官，由其通过阅览检方提交的案卷材料进行审查，并且可以在阅卷过程中为收集相关证据材料自行开展调查或者委托该案件的检察官开展补充侦查。完成阅卷活动之后，阅卷法官可以声请首席法官召集职业法官对该案件进行评议。在评议中，首先由阅卷法官向其他法官汇报审查结果，之后由参加

---

〔1〕 参见林钰雄："论中间程序——德国起诉审查制度的目的、运作及立法论"，载《月旦法学杂志》2002 年第 88 期，第 70~71 页。

〔2〕 参见宗玉琨译注：《德国刑事诉讼法典》，知识产权出版社 2013 年版，第171、176 页。另外，若无特别说明，本部分引述的德国刑事诉讼法条文内容均来自本书。

评议的全体法官进行投票以决定检察官的起诉是否满足审查标准而开启主审程序。[1]德国《刑事诉讼法》第 203 条明确将"足够的犯罪行为嫌疑"作为中间程序的审查标准，即如果侦查程序的结果显示被诉人有足够的犯罪行为嫌疑，法院将裁定开启审判程序。司法实践中，除了对大多数轻微罪行的控诉，最终的案卷材料都将被送到法官桌前经过这一审查程序。但有德国检察官透露，依他的经验，"法官不开启预备程序的概率令人惊愕地低至 1%"。[2]另外，与法国禁止预审法官参与审判程序不同，德国中间程序的法官在裁定开启主审程序后将继续作为庭审法官参与主审程序。这一实践因可能造成法官预断等问题而不断受到质疑，对此本部分稍后会进行详细论述。

　　然而，在德国并不是所有参与庭审的法官都能够在庭前接触到案卷材料。德国全案移送主义制度禁止向外行陪审员移送案卷。德国在 1924 年取消陪审团制度之后，地方法院部分案件和州法院案件的审理改采参审制。在地方法院有 2 名外行陪审员和 1 名或 2 名职业法官组成的混合庭；在州法院则分为小刑事庭和大刑事庭两类，前者由 2 名外行陪审员和 1 名职业法官组成，后者由 2 名外行陪审员和 2 名或 3 名职业法官组成。在采用参审制审理的庭审中，职业法官和外行陪审员虽然共同行使定罪、量刑的权力，然而在案卷移送制度的安排上，与法国全案移送主义制度下外行陪审团成员的权力范围相似，德国的全案移送主义在原则上排除了非职业法官即外行陪审员查阅审前

---

　　〔1〕　参见周欣主编：《外国刑事诉讼特色制度与变革》，中国人民公安大学出版社 2014 年版，第 179~180 页。

　　〔2〕　See Shawn Marie Boyne, "Procedural Economy in Pre-Trial Procedure: Developments in Germany and the United States", in Jacqueline E. Ross and Stephen C. Thamanp, *Comparative criminal procedure*, Edward Elgar Publishing Ltd. , 2016, p. 243.

形成的案卷材料的权力。[1]职业法官凭借控方准备的所有重要案卷材料作为调查证人的基础，却不会让他们的外行同事接触，后者仅能将最后的裁决建立在庭审时所呈现的证据基础之上。[2]

2. 法官预断问题：德国对全案移送主义的反思

承担审查起诉功能的中间程序在德国不乏反对声音，反对者质疑的问题包括制度实效性的缺乏、审查标准的不合理以及制度功能的重复等。但针对中间程序的批评主要聚焦在该程序所导致的法官预断问题。法官正是因为认定被告人有足够的犯罪嫌疑才作出开启主审程序的裁定，事实上等同于法院在某种程度上是认同检察官起诉书上的主张以及案卷材料的。因此，再由该法官带着先前判断主持庭审，未免会持有对被告有罪的偏见，同时也给人以法官内心已有定谳而庭审无实质意义的印象。[3]此外，无罪推定原则能否得到保障以及被告人能否在庭审中得到公正审判均受到不同程度的质疑。最终，德国的立法者开始反思并准备着手解决中间程序造成的法官预断问题。在1964年时，德国立法者曾有意通过解除主审程序法官所承担的起诉审查任务而改设中间程序法官的方式来解决法官预断问题。但后来因人力不足的因素而未能成行。

然而，值得注意的是，德国在法官预断问题上的认识与国内学者通常理解的法官预断问题存在较大差别。国内学者理解的法官预断问题是案卷内容可能造成的法官预断，即将控方的

〔1〕 近年来，德国联邦最高法院开始逐渐允许参审员在审前阅读侦查案卷中的部分材料，以使他们更好地把握诉讼进程。参见施鹏鹏：《陪审制研究》，中国人民大学出版社2008年版，第175~176页。

〔2〕 See Markus Dirk Dubber, "The German Jury and the Metaphysical Volk: From Romantic Idealism to Nazi Ideology", 43 Am. J. Comp. L., 227, 240 (1995).

〔3〕 参见陈运财："起诉审查制度之研究"，载《月旦法学杂志》2002年第88期，第29页。

案卷材料在庭前移送给庭审法官阅览会导致法官事先产生有罪偏见。然而，在德国，全案移送主义并不在法官预断问题的讨论范畴之内。相反，大多数德国学者赞成维持全案移送主义的制度，认为起诉书和卷证都只是检察官的观点而已，并未掺杂法官的认可。相比于法官开启主审程序的裁定，法官从案卷材料中得来的认知并不是法官在言词主审程序之前让被告人觉得已经产生偏见的关键。[1]

当然，尽管德国大部分学者更关注由主审法官作出开启裁定的负面后果，但并不是说德国学者在全案移送主义的预断问题上没有任何认识。德国学者罗科信曾在分析德国审判程序传统影响法官客观中立的因素时指出，法官确定庭审安排以及法庭证据调查方式均以侦查案卷作为基础，但控方的侦查案卷并不是中立的。[2]法官凭侦查案卷主持庭审，很难说法官从一开始就不会带有一定的预断和偏见。而且更值得一提的是，在全案移送主义与法官预断关系的反思方面，德国学者还曾专门进行过更为深入的研究，较其他学者更早地进行过实验性质的实证研究，利用实验数据检验案卷信息对法官产生有罪预断的影响。该实验中设计的假设一对应德国刑事诉讼的全案移送主义制度，即试验中的刑事法官知道案卷信息且有机会询问证人，假设结论是此种情形下被试者会比不知道案卷信息者更容易作出有罪判决。实验结果显示，对于同一案件，在知道案卷信息的情况下，被试者中所有的刑事法官都作出了有罪判决。换言之，法官庭前知道案卷材料使得法官产生了有罪预断，而且统

---

〔1〕　参见林钰雄："论中间程序——德国起诉审查制度的目的、运作及立法论"，载《月旦法学杂志》2002 年第 88 期，第 82 页。

〔2〕　[德] 贝恩德·许乃曼等："案卷信息导致的法官偏见：关于与英美模式比较下德国刑事诉讼程序优缺点的实证研究"，刘昶译，载何挺等编译：《外国刑事司法实证研究》，北京大学出版社 2014 年版，第 76 页。

计学概率表明这一影响非常显著。[1]总之，无论是从理论探讨还是实证研究方面，德国已经对全案移送主义与法官预断的关系进行了反思，开始为作为大陆法系传统的全案移送主义制度提供了另一种认识。

## 第三节　日本的起诉状一本主义

### 一、预断排除的制度化：起诉状一本主义的渊源

（一）"一件记录"：日本旧案卷移送制度

在采行全案移送主义的国家中，德国是较早开始反思法官预断问题的，而日本则是其中最早将预断排除落到制度层面的国家。两国的不同之处还在于，与德国对全案移送主义弊端的自觉认识不同，日本法官预断排除的制度化则是随着刑事诉讼结构整体由职权主义向当事人主义转变而产生的，而其转变的动力主要来自外部。

回溯日本刑事诉讼的近代化，因其刑事诉讼法的制定先后受到了法国和德国刑事诉讼法律与实践的影响，一度采行职权主义的诉讼模式。[2]从最初的《治罪法》《明治刑事诉讼法》（"旧旧刑诉法"）到日本《大正刑事诉讼法》（"旧刑诉法"）均在一定程度上继受了法国的改良刑事诉讼制度。[3]故而，其

---

〔1〕　该实验中假设一的具体数据以及完整的实证研究内容参见［德］贝恩德·许乃曼等："案卷信息导致的法官偏见：关于与英美模式比较下德国刑事诉讼程序优缺点的实证研究"，刘昶译，载何挺等编译：《外国刑事司法实证研究》，北京大学出版社2014年版，第76页。

〔2〕　川出敏裕「外国法の継受という観点から見た日本の刑事訴訟法と刑事手続」早稲田大学比較法研究所編『日本法の中の外国法』（成文堂、2014年）280頁。

〔3〕　内田一郎「刑事裁判の近代化——明治初期から旧刑訴まで」比較法学3巻2号（1967年）2頁。

案卷移送在诉讼实务中也呈现出诸多全案移送主义的特点。当时刚刚确立了弹劾式诉讼模式的《大正刑事诉讼法》，对案卷移送方式作出了相关规定。《大正刑事诉讼法》第 325 条规定"检察官、被告或其辩护人可以在庭审日前向裁判所提交证物或书面证据"。从条文表述上看，该条文只是允许当事人在庭前向法院提交案卷材料，并非强制要求检察官在起诉时必须移送案卷材料。但是在实务中，日本刑事诉讼已经存在着"一件记录"（一件記録）的案卷移送传统。日语"一件"（いっけん）在此处是指一个案件，而"記録"（きろく）则是指检察官通过侦查收集整理而成的材料。因此，所谓"一件记录"的字面意思，是指由刑事案件侦查过程中收集、形成的所有证据材料整理汇编而成的案卷。由于，日本检察官在实践中提起公诉时通常会将此类卷宗材料一并移交法院，因此"一件记录"后被引申来指代日本旧法实施时期的案卷移送制度。具体而言，旧法时期的日本检察官在提起公诉时，除了提交起诉状，还会将包含证据材料的侦查卷宗一并移交法院，而主导诉讼进行的法官则为了能够迅速、有效地审理案件，会在庭审开始前充分研究检察官移送的卷宗材料，整理案件争点和证据，往往是在对案件有了整体的了解之后才开始正式庭审。有日本学者在评价日本战前"一件记录"的案卷移送制度时，将法官接续检察官侦查的案卷材料，并承继检察官发现真实的权限和义务，称为"侦查嫌疑连锁型"法院。[1] "一件记录"的案卷移送制度一直持续到 1948 年日本新《刑事诉讼法》制定之前。不过，在旧法期间形成的"一件记录"的制度和传统，其影响一直持续到新法实施之后，甚至在一定程度上影响了新案卷移送制度即起诉状一

---

〔1〕　鈴木茂嗣『刑事訴訟法（改訂版）』（青林書院、1997 年）110 頁。

本主义的施行效果。

（二）预断排除原则与起诉状一本主义

在日本战败之后，刑事诉讼制度经历了自明治维新之后又一次规模较大的改革。与之前历次改革最大的不同在于，伴随日本宪法制定而制定的改正刑事诉讼法摆脱了以大陆法系为师的传统，而是更多地受到了英美法尤其是美国法的显著影响。其主要原因在于，日本当时在以美国为主的同盟国的压力下，必须根据美国以"劝告"为名的要求修改立法草案，因而不得不按照美国所代表的英美法系来全面修改旧刑诉法，引入当事人主义诉讼构造取代职权主义。[1]在这一被动转型过程中，案卷移送制度尤其是法官预断的问题也凸显出来。在新法实施前，通行的全案移送主义使得法官事先知晓了案件情况，在职权主义构造的视野下看，这一做法有着使法官第一次开庭就能够迅速、适当地进行审判的优点。但由于检察官是以有罪确信提起的公诉，其证据材料是构成此有罪确信之主要基础，法官在审判前仔细阅览此类证据材料，其裁判就会存在以倾向有罪的心证作为出发点的危险，使法官在审判前就已经产生有罪的预断和偏见。这一案卷移送方式明显与英美当事人主义诉讼构造存有抵牾。当事人主义的基础之一便由此建立。为避免陪审员的预断，其在审判期日前不能接触任何证据，可以说是以一张白纸的状态开始审理的原则。"在采当事人主义之立法例，认刑事诉讼，不过诉讼之一种，法院之职责，仅在判断其争端。"[2]法官心证应当是在正式庭审中，通过本着当事人辩论主义、直接言词审理主义进行的证据调查而形成的。因此，贯彻当事人主义要求

---

〔1〕 参见［日］松尾浩也：《日本刑事诉讼法》（上卷），丁相顺译，中国人民大学出版社 2005 年版，第 10 页。

〔2〕 陈朴生：《刑事证据法》，三民书局 1979 年版，第 49 页。

法官在庭审心证形成之前保持"空白"状态，防止法官在上述阶段之前即产生有罪预断。转向当事人主义的日本刑事诉讼采取起诉状一本主义便是旨在建立此种以排除预断为原则的制度。[1]在日本，广义的预断排除原则除了防止法官产生预断的预断防止原则（狭义的预断排除原则），还主要包括：①第一次开庭前有关羁押决定由审判法官之外的法官批准；②除了审前准备程序之外，不得在第一次开庭期日前申请调查证据；③最初陈述中，检察官不得根据不能成为证据的或没有证据请求意思的材料，作出可能导致法院对案件产生偏见或先入为主的内容叙述等。预断防止原则要求在刑事诉讼程序的设计上禁止法官在审判前事先接触检察官的案卷材料，将可能致使法官产生有罪预断的案卷材料排斥于检察官移送文件的范围之外。

现行日本《刑事诉讼法》第 256 条第 6 款即是预断防止原则的具体体现，也是日本起诉状一本主义制度的重要法律依据。该条款规定："在起诉状中不得添附有致裁判官对案件产生预断之虞的文件及物品，亦不得引用其内容。"该条款废止了旧法第 325 条的规定，禁止检察官在提起公诉递交起诉状的同时移送可能使得裁判官对案件产生预断的文件及物品，甚至不得在起诉状中引用该类文件的内容。这一要求检察官在起诉时仅能提交起诉状的新制度宣示旧法期间的"一件记录"制度的废除。由此，日本的案卷移送改采法官以白纸状态进行庭审的起诉状一本主义制度。[2]起诉状一本主义（起诉状一本主義）是日本法独创的法律用语，尽管其作为案卷移送的一种典型制度而被广泛讨论，但其本身属于中文对日文原文的照搬挪用。如果在中文语境中深究"起诉状一本主义"一词，这一全部由汉字集合

---

〔1〕　白取祐司『刑事訴訟法』（日本評論社、2015 年）254 頁。
〔2〕　田宮裕『刑事訴訟法』（有斐閣、2005 年）182 頁以下。

而成的概念却属生造词，以汉语为母语者一般不能理解该词汇意义。因此，有必要从该日语词汇的本意出发理解该术语的内涵。日语"本"（ほん）有作为物品计量单位使用的意思，"一本"（いっぽん）就是指单个物品。因此，起诉状一本主义的字面意思就是"一纸起诉状"的制度。根据《大辞林》的解释，"起诉状一本主义"一词是指所谓"提起公诉时，检察官向裁判所提交之物仅限于起诉状，不得添加其他任何文件、证据的主义"。此外，起诉状一本主义作为改革后案卷移送制度的称谓，可以说"应该是很巧妙的"[1]，似乎在一定程度上与旧法的"一件记录"有对照、对比乃至诀别的寓意。[2]从两种案卷移送制度的概念表述上，即可以看出案卷移送制度从"一件"即整个案件的移送改为"一本"即一纸起诉状的移送的意味。而依照日本刑事诉讼法学界的观点，案卷移送制度采行起诉状一本主义的理由可以归纳为三个方面：其一，本预断排除之理念，实现日本《宪法》第37条第1项所欲达成的公平法院之目的；其二，将检察官的侦查结果与法院隔绝以落实当事人主义；其三，可以使法院仅在审判中接触到证据并形成心证，得与直接审理主义与审判中心主义相互联结。[3]但其中最主要的理由也是被法条明确规定的仍属预断排除原则的贯彻。

起诉状一本主义已经成为除全案移送主义之外，经常被研

〔1〕[日]松尾浩也：《日本刑事诉讼法》（上卷），丁相顺译，中国人民大学出版社2005年版，第193页。

〔2〕参见林裕顺："起诉状一本主义再考——理清'剪不断、理还乱'的审检互动"，载《月旦法学杂志》2010年第2期，第183页。

〔3〕松代剛枝「起訴状における余事記載」『刑事訴訟法判例百選』（有斐阁、1998年）88頁、庭山英雄、岡部泰昌『刑事訴訟法』（青林書院、2002年）109頁，转引自吴冠霆："论卷证并送制度与预断排除"，载《刑事法杂志》2008年第1期，第67页。

究者提及的一大概念。尽管起诉状一本主义在最开始只是日本学者为了概括战后日本案卷移送制度而独创的概念，但是在对当前案卷移送制度的比较学研究中，可以说，起诉状一本主义已然从特指战后日本刑事诉讼中的案卷移送制度发展到被用来泛指非采全案移送主义的案卷移送制度。部分学者主要是国内学者有将此概念一般化的倾向，用以概括指称所有"公诉机关在起诉时，除公诉书以外不得向法院附带任何可能导致法官预断的证据或其他文书"的案卷移送制度，进而将英美国家的案卷移送制度也纳入起诉状一本主义的范畴，将起诉状一本主义分为美国式起诉状一本主义和日本式起诉状一本主义。[1]起诉状一本主义已经被抽象为与全案移送主义相对的，用以概括某一类案卷移送制度的模式。因此，也有学者在研究我国案卷移送制度的未来建构时提出确立"起诉状一本主义"模式的构想。[2]

## 二、起诉状一本主义制度的运作

### (一) 起诉状"一本"的格式

按照日本刑事诉讼法理论，检察官一旦向法院提起公诉，该公诉行为便使得诉讼系属产生，一并产生的还有裁判所就该案件的审判权力和义务。因此，程序的安定性和明确性均要求公诉遵循严格的书面主义，书面起诉状成为检察官提起公诉的

---

〔1〕 参见刘磊："'起诉书一本主义'之省思"，载《环球法律评论》2007年第2期，第88页；另参见张泽涛："我国现行《刑事诉讼法》第150条亟需完善"，载《法商研究（中南财经政法大学学报）》2001年第1期，第128页；唐治祥、曾中平："比较法视野下的刑事卷证移送过程与类型"，载《广西社会科学》2012年第4期，第72页。

〔2〕 李奋飞："从'复印件主义'走向'起诉状一本主义'——对我国刑事公诉方式改革的一种思考"，载《国家检察官学院学报》2003年第2期，第57页。

形式要件且没有例外。[1]而且，日本《刑事诉讼法》第 256 条
第 2 款专门对该"一本"起诉状中应当记载的内容进行了明确
规定。具体而言，起诉状必须记载下列内容：①被告人的姓名
以及其他足以特定被告人的事项。起诉书应当明确地记载足以确
定被告人的姓名和其他被告人的姓名，如果确实无法知道被告人
的姓名，应当记载姓名不详，同时尽可能具体地记载足以确定该
人的面貌、体格、指纹、羁押编号以及其他足以特定被告人的事
项。②公诉事实。起诉书必须明确表明诉因，记载公诉事实。所
谓诉因，是指符合犯罪构成要件的具体事实。为了明确表示诉因，
应当尽可能地明确日期、场所以及方法。③罪名。起诉书要同
时记载罪名和适用罪名的罚条。罪名一般应为刑法条文上记载
的罪名。罚条则可以是预备性记载，也可以是择一性记载。[2]

　　除了现行刑事诉讼法的规定，日本《刑事诉讼规则》第 164
条对起诉状的记载要件进行了更为详细的补充规定。第 164 条
规定："起诉状除记载刑事诉讼法第 256 条规定事项外，还必须
记载下列事项：一、被告人的年龄、职业、住所以及户籍所在
地。但被告人是法人的，记载事务所及其代表者或管理者的姓
名和住所；二、被告人已经被逮捕或拘留时，亦需记载上述事
项。前款第一项中列举事项不明时，记载足以充分特定被告人
的事项即可。"此外，为了方便司法实践操作，日本法务省《案
件事务规程》第 61 条第 1 款还专门提供了标准的起诉状模板，
规定检察官在提起公诉请求审判时，依照起诉状（甲）（样式第
98 号）制作起诉书。在司法实践所使用的起诉状中，除了姓名
以及特定被告人的事项外，其余内容一般以"公诉事实""罪名

---

〔1〕　福井厚『刑事訴訟法』（有斐閣、1997 年）167 頁。
〔2〕　[日] 田口守一：《刑事诉讼法》，张凌、于秀峰译，中国政法大学出版社
2010 年版，第 158~159 页。

及法条"的名目表示。日本检察官在提起公诉时向法院提交的
起诉状的标准格式参见图 2.1。[1]

```
                                        平成〇〇年检第〇〇号


                起    诉    状

                                平成〇〇年〇〇月〇〇日

        〇〇〇〇裁 判 所      殿

        〇〇〇〇检 察 厅

        检察官 检事 〇〇〇〇


        就以下被告案件提起公诉。

                          记

        户籍所在地

        现在住所

        职业


                          羁押中  （被告人姓名）
                    （出生年月日）（  岁）


                    公 诉 事 实



                    罪 名 和 罚 条
```

**图 2.1　日本公诉案件起诉状标准格式**

---

　　[1]　本起诉状标准格式是笔者参照日本法务省《案件事务规程》第 61 条第 1
款规定的起诉状（甲）（样式第 98 号）翻译制成。

（二）普通第一审程序中的起诉状一本主义

在普通第一审程序中，起诉状一本主义具体地表现为"多份一本"的移送方式。检察官于提起公诉时，应当严格按照《刑事诉讼法》第256条第6款的规定，不得添附和引用有致裁判官对案件产生预断之虞的文件及物品。不过，起诉状"一本"主义并不意味着起诉状"一份"，而是多份"一本"，即起诉状（正本）与起诉状副本。检察官将按照日本《刑事诉讼法》第271条第1款以及日本《刑事诉讼规则》第165条第1款的规定，在向裁判所递交起诉状的同时，需要依照被告人的人数向裁判所移送相应数量的起诉状副本，并由受诉裁判所及时将起诉书副本送达被告人。而且，起诉状副本的移送并非无关紧要的技术问题。与移交起诉状正本相比，起诉状副本的移送也同样具有相当的法律意义和重要程度。日本《刑事诉讼法》第271条第2款明确了起诉状副本移送的法律效果，规定起诉状副本在公诉提起之日起2个月内未送达被告人的，已经提起的公诉便失去溯及效力。因此，在无起诉状副本可送达被告人时，裁判所应当立刻据此通知检察官。有关起诉状副本的效力问题还包括起诉状副本记载内容与正本不一致的情形。当起诉状副本内容与正本记载不一致或存在其他瑕疵时，原则上不影响起诉书正本即该公诉提起的效力。但是，当起诉书副本提起对象发生重大错误或者该不一致或瑕疵内容对辩护方辩护活动产生实质性的不利影响时，应认为该起诉书副本未产生日本《刑事诉讼法》第271条第1款的送达效力。

此外，除了起诉状，检察官在正式审判前还应当向裁判所提交的诉讼文书主要包括：①拘留证和逮捕证[1]。日本《刑事

---

〔1〕　日本刑事诉讼法中的日语原文为"逮捕"和"勾留"，前者相当于我国刑事诉讼法中的拘留，后者才是我国刑事诉讼法中的逮捕。

诉讼规则》第 167 条第 1 款规定，检察官在提起公诉后，被告人已经被拘留或逮捕的，应当立即向受诉裁判所移送拘留证或拘留证及逮捕证。如果被告人被拘留或逮捕后又被释放的，也应当移送上述诉讼文书。②辩护人选任书。犯罪嫌疑人在侦查阶段向侦查机关或检察官提交过辩护人选任书的，检察官应当在提起公诉时一并将该辩护人选任书提交裁判所。无法同时提交选任书的，应当在起诉状中说明，并在提起公诉后立即将该选任书提交裁判所等。[1]

（三）起诉状一本主义不适用的程序

起诉状一本主义虽然是现行日本刑事诉讼法规定的案卷移送制度，但并非在所有案件和诉讼程序中均一体适用。起诉状一本主义适用例外可以分为以下几种情形：

第一，控诉审和上告审程序不适用起诉状一本主义。针对判决的上诉程序一般包括控诉审和上告审。控诉是指针对第一审的判决向高等裁判所提起的上诉。与第一审审判对象不同，控诉审并非审理有罪或无罪的问题，而是"对裁判进行裁判"，即对第一审判决是否错误进行审查。根据日本《刑事诉讼规则》第 235 条的规定，控诉申请书应当同诉讼记录以及证据材料一并移送受理控诉的裁判所。此外，根据日本《刑事诉讼法》第 381 条和第 382 条的规定，提交控诉意见书的同时应当引用诉讼记录中以及原裁判所调取的证据材料。上告是指向最高裁判所提出的上诉，通常包括针对控诉审的判决提出的上诉以及对高等裁判所第一审判决提出的上诉。在上告审中，原审法院应当及时将诉讼记录移送给上告审法院。

---

[1]　藤永幸治編『大コンメンタール刑事訴訟法（第 4 巻）』（青林書院、2003 年）251 頁、寺崎嘉博『刑事訴訟法』（成文堂、2006 年）186 頁、田宮裕『刑事訴訟法』（有斐閣、2005 年）263 頁。

第二，简易程序中的略式程序不适用起诉状一本主义。起诉状一本主义的适用范围要充分考虑到司法资源有限的实际情况，为诉讼经济以及合理分配司法资源，起诉状一本主义分别受到了一定程度的限制或直接不予适用。当前，日本刑事诉讼为简化正式裁判程序已经形成了"两类三种"简易程序。[1]此类简易程序不适用部分证据规则，从而对证据调查方式进行了不同程度的简化。如即决裁判程序中，被告人、辩护代理人到庭的规定，以及正式审判中规定的大部分调查证据方式，传闻证据规则都可不适用。简易裁判程序的简化则包括不适用传闻证据规则，不适用普通审判程序中的大部分调查证据方式，"调查证据可以使用在审判期间被认为是适当的方法"，以及判决书中可以引用审判记录所记载的证据目录等。[2]但并非在所有的简易程序中都不适用起诉状一本主义。根据日本《刑事诉讼法》规定，略式程序以书面审理为原则。简易裁判所在适用略式程序时，原则上无需进行审判。日本检察官在请求裁判所签发略

---

〔1〕 日本所谓的"精密司法"是以司法效率为代价的，刑事案件通常表现出审理过分拖延、诉讼效率不高的问题。为了解决这一问题，日本曾经在刑事诉讼程序简化方面进行了改革。笔者将其各类简易型程序概括为"两类三种"，具体而言，第一类是检察官在提起公诉阶段请求的简易程序，包括略式程序和即决裁判程序；第二类是提起公诉之后，法院决定适用的简易程序，称为简易裁判程序。其中程序最为简化的是略式程序，这一程序仅能由简易裁判所适用于科处罚金或科料的案件，类似于德国的处罚令程序。即决裁判程序是日本在2004年修改《刑事诉讼法》时新增的简易程序，其适用范围要比略式程序稍广，也因此在程序简略度上不及略式程序。即决裁判程序适用于案件事实清楚且轻微、证据调查即告完成的案件，死刑、无期或1年以上惩役或者禁锢的案件除外，但缓期执行的惩役和禁锢可以适用该程序。简易裁判程序是正式审判程序的一种形态，在正式审判的"罪状认否程序"中，被告人作有罪陈述时，除可能判处死刑或者无期以及1年以上的惩役或者禁锢刑罚的案件以外，法院可以作出适用简易裁判程序的决定。

〔2〕 ［日］田口守一：《刑事诉讼法》，张凌、于秀峰译，中国政法大学出版社2010年版，第166~167页。

式命令时，依据日本《刑事诉讼法》第 289 条的规定，应当将必要的文件和证物提交裁判所。因而，简易程序仅是略式程序不适用起诉状一本主义。此种程序中，法官仅根据检察官提出的案卷材料，以略式命令对被告人科以刑罚。原因在于，如果略式程序仍然适用起诉状一本主义，那么该程序将无法实现迅速审理、快速结案和提高司法效率的功能。当然，略式程序也可能因为转为正式程序而重新适用起诉状一本主义，法院应当将已经提交的证据材料返还给检察官。此种情形包括两类：其一，略式命令的请求不合法，不能适用略式命令或适用略式命令不当的；其二，检察官或被告人要求进行正式审判的。

第三，重审程序不适用起诉状一本主义。经过控诉审或上告审，上级裁判所认为应当撤销原判决的，同时必须作出发回、移送或自行裁判的判决。一般认为，发回或移送第一审裁判所重审的案件不适用起诉状一本主义。第一审裁判所在收到上级裁判所发回重审的判决时，首先会审查该案件原审判决与上级审判决的内容，以发现被发回或移送重审的原因。因此，受理重审的裁判所应当收到并在审判前阅览诉讼记录和证据材料，而不适用起诉状一本主义。[1]

第四，更新审判程序不适用起诉状一本主义。根据日本《刑事诉讼法》第 315 条和《刑事诉讼规则》第 213 条的规定，有下列情形的应当进行更新审判程序：①开庭之后又更换裁判官的；②因被告人心神丧失而停止审判的；③开庭之后较长时候不能审理的；以及④简易审判程序的决定被撤销的。更新审判程序前已经进行的程序是由控辩审三方共同参与的，形成的案卷材料与裁判官在第一次庭审之前单方面接触的控方案卷材料并

---

[1] 松尾浩也『刑事訴訟法（下）』（弘文堂、1999 年）237 頁。

不相同，因此裁判官可以继续承继和使用，并无必要适用起诉状一本主义重新进行证据调查。

4. 违反起诉状一本主义的法律后果

起诉状一本主义作为提起公诉的重要方式，日本学界一般认为违反起诉状一本主义的公诉行为应当归于无效，依照日本《刑事诉讼法》第 338 条第 4 款对"判决驳回公诉"的规定，法院应当以判决不受理，驳回公诉。[1] 违反起诉状一本主义的情形在理论上包括了三种，以下分而论之：

第一，移送起诉状以外的材料。该种情形是指检察官在提起公诉时，向法院移送了起诉状之外的其他有致法官产生预断之虞的证据材料。就此种情形而言，检察官的移送范围明显超出起诉状的范围，符合日本《刑事诉讼法》第 338 条第 4 款"因违反公诉提起程序之规定而无效"的情形，法院判决驳回公诉自然不存在争议。只是经过多年起诉状一本主义制度的实施，日本当前司法实践中，检察官向法院提交起诉书之外的案卷材料的情况已经几乎不存在了，最为常见也是较为关键的有违反起诉状一本主义之嫌的应属起诉状中的引用以及余事记载问题。

第二，起诉状中引用了可能导致法官产生预断的证据材料的内容。较为常见的情形是检察官在对恐吓案件、名誉毁损案件提起公诉时，在起诉状中大篇幅乃至全文引用案件当中出现的胁迫文书或传单等证据材料的内容。根据判例，在明确恐吓案件的诉因时，概括胁迫文书内容不足以明确其意思的，将胁迫文书全文引用也不属于违法。[2] 最高裁判所有关起诉状引用问题的最为著名的判例是起诉状全文引用名誉毁损文书的判例。该判例认为引用的文书，是检察官将文书中认为充实犯罪构成

---

〔1〕 庭山英雄、冈部泰昌『刑事訴訟法』（青林書院、2002 年）109 頁。

〔2〕 最判昭 33・5・20 刑集 12 巻 7 号、1398 頁。

要件的事实部分抽出记载，尽可能地明确与犯罪方法有关的部分，并不违反日本《刑事诉讼法》第 256 条第 6 款的规定。[1]

第三，起诉状中的余事记载。此种情形是指检察官确实向法院仅移交了起诉状，但其提交的起诉状中包含了如被告人的犯罪前科、生活经历以及性格、品性等虽与公诉事实无关但仍有致法官产生预断可能的内容。这种情形即通常所称的余事记载。然而，日本理论界与实务界就余事记载是否一概违反起诉状一本主义以及如何处理余事记载存在不同见解。其中，积极说认为日本《刑事诉讼法》第 256 条第 6 款的立法宗旨在于排除法官产生预断的一切事物，凡记载可能致使法官产生预断的事物即属违反本条规定。[2]消极说则认为余事记载应属于《刑事诉讼法》第 256 条第 2 款（起诉状记载事项规定）的限制范围，只有余事记载有可能导致法官产生预断效果时，才属于违反规定起诉状一本主义的该条第 6 款。[3]日本田宫裕教授认为，余事记载作为起诉状一本主义相关的概念，存在广义和狭义之分。广义的余事记载是指起诉状中记载的内容超过了明示诉因的必要限度，存在导致法官预断危险的情况。狭义的余事记载则是指起诉书中记载的内容尚未达到导致法官产生预断程度的情形，譬如记载了致使诉讼争点混乱的不当内容。[4]由于广义上的余事记载有致使法官产生有罪预断的危险，因此确属违反起诉状一本主义的情形，故而应当按照因违反公诉提起程序规定而无效的情形判决驳回，且因已经致使法官产生预断，该次公诉已经不得补正。对于余事记载的问题，最高裁判所曾通过

---

〔1〕　最决昭 44・10・2 刑集 23 卷 10 号、1199 页。

〔2〕　高田卓爾『刑事訴訟法（二訂版）』（青林書院、1984 年）385 页。

〔3〕　佐伯千仭「起訴状一本主義」日本刑法学会編『刑事訴訟法講座（2）』（有斐閣、1965 年）11 页以下。

〔4〕　田宮裕『刑事訴訟法』（有斐閣、2005 年）184 页以下。

一些判例主张，判断记载内容是否合法的标准在于该记载内容对于明确和特定诉因是否必要。从这个意义上也可以说明，明确和特定诉因的要求优先于预断防止的要求。[1]其中较为有名的是，日本最高裁判所判决驳回起诉状记载前科的公诉的判例。在该起诈欺罪的起诉状中，检察官在公诉事实的开始部分记载"被告人因诈欺罪已经受到两次处罚"。最高裁判所认为在有关诈欺案的起诉状中，记载诈欺前科属于在公诉犯罪事实中记载了有致法官产生预断之虞的事项，违反了起诉状一本主义的规定，而且已经无法事后补正，因此驳回公诉。[2]但就狭义的余事记载而言，其只是违反了起诉状记载事项的限制，不至于导致法官产生预断，因此通过删除相关内容即可补正该公诉。

### 三、起诉状一本主义在实践中的局限

#### （一）传闻法则的例外与"调书裁判"

尽管日本刑事诉讼法已经确立了起诉状一本主义原则，并且致力于实现侦审分离，但是在刑事审判的实践中仍然有大量使用书面证据的情况存在。日本《刑事诉讼法》第320条第1款虽然原则性地规定了传闻笔录和传闻供述不得作为证据使用，但该条却是以承认第321条至第328条的传闻规则例外的证据能力为前提的。这一规定以及其后一系列传闻例外规定所形成的传闻例外体系反映了日本刑事司法依赖笔录的倾向。[3]尤其是日本《刑事诉讼法》第321条第1款第2项的规定，将在检察官面前采录的侦查笔录（検面調書）作为传闻例外，被认为是

---

〔1〕 川出敏裕「公訴の提出」刑事法ジャーナル51号（2014年）68頁。
〔2〕 最大判昭27·3·5刑集10卷3号、345頁。
〔3〕 参见［日］松尾浩也：《日本刑事诉讼法》（上卷），丁相顺译，中国人民大学出版社2005年版，第62页。

庭审虚化的重要原因。[1]与欧陆国家的刑事审判相似，书面证据在日本大多数刑事审判中占据了较大的比例，书面证据通常包括了被告人和证人的书面陈述以及其他有关被告人信息的案卷材料（調書）。而且与欧陆国家相同的另一点是，法院极度信赖此类案卷材料，以至于日本的审判经常被称为"卷宗审判"（調書裁判）。因此，当法官在庭审中同时评价此类书面证据与被告人在法庭上作出的陈述时，书面证据总被认为证明力更大。[2]

日本刑事诉讼理论强调公判中心主义，事实审法院应以审判程序中所呈现的原始证据作为认定事实的依据，以诘问证人为主轴。基于客观证据的原则，检察官和被告人以及辩护人之间充分开展攻击和防御。[3]仅仅根据在审讯室这一密室中得出的供述笔录直接得出判决结果很难说是符合公判中心主义和裁判正当化的。然而，实践中法庭公开进行的程序沦为了一种仪式，刑事审判尤其是作为刑事审判核心的事实发现环节实际是由侦查人员在不公开的场所中完成的，公开审判变成了一具空

---

〔1〕 白取祐司『刑事訴訟法』（日本評論社、2015 年）402 頁。

〔2〕 See Hirano Rūychi, "Diagnosis of the Current Code of Criminal Procedure", 22 Law Japan, 129, 139 (1989).

〔3〕 在日本刑事诉讼法中，"公判"与"裁判"是两个不同的概念。公判是指裁判所于公开的法庭中，在相关人员在场的情况下对刑事案件进行审理的活动。公判存在广义和狭义之分。广义上的公判除了指在开庭日的审理、判决程序以外，还包括为此作准备而进行的一切诉讼程序。狭义的公判则仅指开庭日进行的审理、判决程序。不同于公判，裁判是指司法机关在诉讼中，基于法律作出的判断，一般包括判决、决定和命令三种形式。因此，公判中心主义与裁判中心主义并非内涵等同、相互替换的概念，其各自代表着不同的诉讼格局。日本现行法通过采用起诉状一本主义禁止裁判所承继侦查机关的有罪判断，同时原则性地排除传闻证据，进而将实质化的审理作为审判程序的中心，此即日本刑事诉讼法学中的公判中心主义。公判中心主义要求，国家刑罚权存在与否的确认应当在公判的裁判所中、公开的法庭之上，基于原始证据交锋的直接主义，当事人之间口头辩论的方式进行。团藤重光『刑事訴訟法綱要』（創文社、1972 年）452 頁。

壳。在分析这一现象的成因时，旧刑事诉讼法以来形成的实践传统被认为是重要原因之一。从明治时代开始，所有的调查均由警察进行，调查结果最终被移送法庭则主要是为了加盖法院的"橡皮图章"。这一实践传统的影响一直持续到现在，以至于法官依旧习惯于接受侦查卷宗中的证据，而不是通过在法庭调查发现裁判所需的事实。[1]日本学者平野龙一分析认为"日本法官以及庭审程序的其他参与者并不认为法庭是适合澄清真相的地方。在他们的观念中，一个人在私密场合更有可能同他人真诚地倾诉，而在公开场合如法庭中他们则会对所说的话会有所挑选。总之，审判只被认为是一种让人说出其愿意公开的事情的仪式，而被称为'真相'的东西则是在法官安静地读完卷宗并将之与庭审中产生的印象相互印证后被发现的"。[2]

（二）情节证据审查程序的影响

起诉状一本主义作为刑事诉讼制度体系中之一种，其运行与其他制度密切相关。因此，在司法实践中不免受到来自现行法不同方面的各种制约。其中，定罪与量刑程序不独立，导致审查情节证据对起诉状一本主义产生不利影响即是一例。在日本刑事诉讼法中，定罪程序与量刑程序并没有被截然分为两个相对独立的程序。司法实务当中，裁判所对定罪和量刑相关的证据进行审查与认定是在同一个程序中展开的。然而，关键的问题在于情节证据与定罪证据不同，前者重在审查证据证明力，并不对证据能力作出严格限制。于是，因为不具有证据能力而不应当进行证据调查的证据，会在同一程序中因为需要作为情

---

[1] Takeo Ishimatsu, "Are Criminal Defendants in Japan Truly Receiving Trial by Judge?", 22 Univ. of Tokyo: An Annual, 143, 143 (1989).

[2] See Hirano Rūychi, "Diagnosis of the Current Code of Criminal Procedure", 22 Law Japan, 129, 142 (1989).

节证据而被允许进行调查，法官由此会在定罪前便了解该情节证据，也就在一定程度上消解了起诉状一本主义禁止余事记载的效果。[1]尽管近来日本《刑事诉讼规则》的修改要求"对与犯罪事实无关的情节证据进行调查时，尽量努力与犯罪事实相关证据的调查进行区别"，但有关犯罪事实的证据与有关情节的证据在实际案件中仍然很难区分。

（三）诉讼程序的过分拖延

在日本刑事诉讼向当事人主义转型的过程中，起诉状一本主义的制度运作发挥着重要的作用。因为起诉状一本主义制度的施行，裁判所在未因与案件相关的证据接触而预先形成心证的情况下进行第一次开庭审理，使得日本《宪法》所欲保障的"公平裁判所"（日本《宪法》第37条第1款）也即中立裁判者的地位在实质上以及客观外形上获得了更好的保障。与此同时，至少就审判的初期阶段而言，裁判所由于未曾接触案件材料而无法积极地主导诉讼，诉讼进行的主导权也就转移给了当事人。[2]然而，尽管如此，起诉状一本主义制度仍然给司法实践带来了一个不可回避的问题，即该制度设计过分地拖延了诉讼程序的进行，致使案件审判严重缺乏效率。而且，这一问题已经成为欲引进该制度的法域所集中关注的重要问题。

在起诉状一本主义制度实施的最初阶段，新刑诉法对于庭前准备程序没有给予足够的重视。而且由于实行起诉状一本主义，检察官在起诉时不再移送全部案卷材料。受此排除预断的起诉方式的影响，裁判官在第一次开庭审理之前，实际上没有途径对案件进行实质性的庭前准备活动，而当事人双方各自进

---

〔1〕 井戸田侃「起訴状一本主義」佐伯千仭編『刑事訴訟法の考え方』（有斐閣、1980年）71頁以下。

〔2〕 酒巻匡『刑事訴訟法』（有斐閣、2016年）258頁。

行的准备活动的效果又很不理想。在双方争点不明的情况下，庭审将大量时间耗费在进行无谓的证据调查和辩论上。加之，各种程序性问题都等待在正式审判程序中解决，使得庭审不得不时时中断，"间断式"审理成为审判的常态，诉讼程序被严重拖延。最初，一个案件审理 10 年可以说是司空见惯的，有很多案件的审理期限超过 20 年。[1]只不过在《关于审判迅速化的法律》（裁判の迅速化に関する法律）颁布之后，该法要求第一审诉讼程序的审理期限尽量限制在 2 年以内的较短期限内，因此除了极少数因为案件特殊的"长期审判"，99%以上的刑事案件都会在 2 年内被终结。[2]笔者查阅了日本地方裁判所近 5 年普通第一审程序的审理期限的统计，平均审理期限基本为 3 个月，具体数据参见图 2.2。[3]表 2.2 是对 2016 年日本地方裁判所刑事案件第一次普通程序的平均审理和平均开庭次数进行的统计，数据显示非裁判员参与的合议审理程序平均审理时间为 8.4 个月，而裁判员参与审理程序则为 10 个月。此外，与旧法时代不同的是，起诉状一本主义施行后，辩护方无法再如旧法时期一样在法院阅览、摘抄控方案卷材料，辩护准备活动因此而面临很大的困难。尽管，辩护律师频繁以防御准备为理由要求开示证据，但均遭到了检察官以当事人主义为理由的拒绝。此一期间，两造之间严重对立，审判因为效率低下而耗时长久。起诉状一本主义在诉讼效率方面带来的负面作用使得同为当事人主义诉讼构造所重视的集中审理原则无法得到保障，最终成为催生审前整理程序改革的重要因素。

---

〔1〕 陈卫东、韩红兴："慎防起诉状一本主义下的陷阱——以日本法为例的考察"，载《河北法学》2007 年第 9 期，第 29 页。

〔2〕 白取祐司『刑事訴訟法』（日本評論社、2015 年）84 頁。

〔3〕 本图数据来源于『平成 23 年版司法統計年報（刑事編）』~『平成 27 年版司法統計年報（刑事編）』共 5 年（2011 年到 2015 年）的司法统计年报。

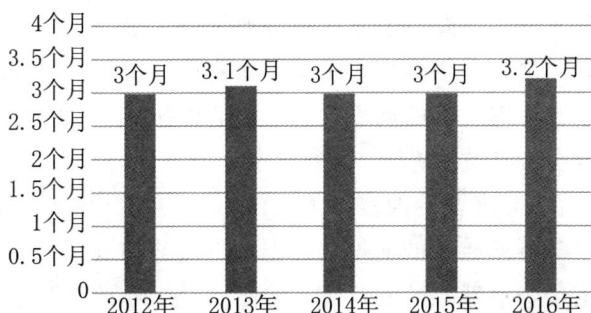

**图 2.2 日本地方裁判所近 5 年普通第一审程序的平均审理期限（月）**

**表 2.2 地方裁判所刑事案件普通第一审程序平均审理期间与开庭次数**[1]

| 开庭期间<br>与次数 | 程序类型<br>认罪情形 | 合议审理 | 裁判员<br>审理程序 | 独任审理 |
|---|---|---|---|---|
| 平均审判期间<br>（月） | 总平均 | 8.4 | 10.0 | 2.9 |
| | 自白 | 6.0 | 8.0 | 2.5 |
| | 否认 | 12.0 | 12.1 | 7.7 |
| 平均开庭次数<br>（次） | 总平均 | 4.9 | 4.6 | 2.6 |
| | 自白 | 3.5 | 3.8 | 2.3 |
| | 否认 | 7.1 | 5.6 | 6.1 |

## 四、起诉状一本主义的配套机制

**（一）证据开示制度：辩护方阅卷权的保障**

**1. 一般证据开示制度**

除了拖延诉讼程序，降低司法效率的问题，关于起诉状一

---

〔1〕 本表统计内容为日本平成 28 年（2016 年）地方裁判所刑事案件普通第一审程序平均审理期间与开庭次数。数据来源：「審級別平均審理期間及び通常第一審事件の平均開廷回数」『平成 28 年版司法統計年報（刑事編）』，载 http://www.courts.go.jp/app/files/toukei/380/009380.pdf，最后访问时间：2023 年 7 月 12 日。

本主义制度的最重要疑虑还在于辩护防御活动因之遭受的负面影响。换言之，采用当事人主义诉讼构造，在案卷移送制度上采行起诉状一本主义的刑事诉讼，在某种程度上可能会限制辩护活动充分、有效地进行。现行日本《刑事诉讼法》第40条第1款沿袭了旧法条文的内容，规定于公诉提起后，辩护人在裁判所可以对与诉讼相关的文件和证据进行阅览和誊写；但是，誊写证据必须经过裁判长的许可。然而，正是由于本部分一再提及的日本起诉状一本主义改革，使得这一规定在实践中缺乏实质意义，也使辩护方庭前阅卷成为一种"事实不能"。由于检察官在提起公诉时仅向裁判所移送了起诉状，包含大量证据材料的侦查案卷在提起公诉后仍然保存在检察官而不是裁判官手中。正式审判开始后，由检察官作为当事人一方随着证据调查程序的进行，将所持证据一点点地呈现在法庭上，而不准备用以支持公诉的证据则被"隐藏"起来，辩护方和裁判官在庭审中无法得知此类证据的存在。由此，辩护方在庭前，甚至即便是在庭审中也无法通过控方收集的案卷材料来了解公诉的整体内容，因此也无法相应地做好辩护活动。另外，侦查案卷当中有利于被告人的证据也无法被辩护方所援用。

　　日本刑事诉讼法一度未设置审前全面证据开示制度，而仅是对个别证据开示作出了规定。日本《刑事诉讼法》第299条第1款规定："检察官、被告或者辩护人请求对证人、鉴定人、翻译人进行证据调查的，必须事先给予对方当事人知晓该人姓名、住址的机会。请求调取书证或物证的，必须事先给予对方当事人阅览此类证据的机会。但是，对方当事人没有异议的，不受上述限制。"该条款规定的证据开示，仅适用于检察官有意准备在庭审当中提出的证据。另外，当证人在庭审中的证言与之前在检察官面前的证词笔录相反或者有实质性差别时，根据日本《刑事诉讼法》第 300 条的规定，检察官有必须请求调取证人笔录的义务。除此之外，日本刑事诉讼实务逐渐通过一系列判例的累积形成了证据开示的规则。最高裁判所曾在个别开示问题上作出过代表性的判例：鉴于在诉讼中的地位、法律明文规定以及不违背诉讼基本构造的界限，裁判所有依据适当裁量公正地进行诉讼指挥，安排诉讼合目的地进行的权限和职责。因此，在进入法庭证据调查阶段后，辩护人请求裁判所命令检察官提供特定证据以供阅览并具体地说明必要性的，（裁判所）应当考量案件的性质、审理情况、请求阅览的证据的种类以及内容、阅览时间、程度、方法以及其他各类情事，以及该阅览对于被告防御具有重要性，且据此无导致证据灭失或胁迫证人之虞而认为适当时，基于诉讼指挥权可以命令检察官将该证据提供给辩护人阅览。[1]概而言之，这一判例所承认的证据开示是有限制条件的个别证据开示，其前提条件可以概括为四个方面：①在证据调查阶段期间；②存在具体的必要性；③对被告防御特别重要；④不存在证据的灭失或胁迫证人的可能等。最后，需要注意的是，日本最高裁判所通过判例确定的个别证据开示并无法律明确规定，实际上仅具有督促当事人双方整理争点和开示证据的规范作用。[2]

2. 审前整理程序中的证据开示

与以往个别证据开示不同，现行日本《刑事诉讼法》在审前整理程序中，第一次引入了正式的证据开示制度。审前整理程序中的证据开示不仅是对个别证据开示制度的修改，同时也极大地强化了审前准备程序实现迅速且持续审理目标的功能。审前整理程序的证据开示，包括四类情形：

---

〔1〕　最决昭 44・4・25 刑集 23 卷 4 号、248 页。

〔2〕　三井诚、酒卷匡『入門刑事手続法』（有斐閣、2006 年）108 頁。

第一，检察官请求证据的开示。检察官请求在庭审中调查的证据，必须及时向被告人或者辩护人开示。被告人或辩护人可以阅览和誊写书证和物证，有机会获知证人、鉴定人、翻译的姓名、住址以及阅览和誊写其询问笔录。

第二，特定类型证据的开示。属于特定类型证据，而且认为对判断检察官请求之证据的证明力有重要意义的，检察官考虑其重要性、必要性以及利弊后认为适当的，应当及时开示相关证据。特定类型证据包括：①物证；②裁判所或法官的勘验笔录；③侦查机关的勘验笔录以及相当于此类笔录的书面材料；④鉴定书以及相当于鉴定书的书面材料；⑤证人等的询问笔录；⑥被告人以外的人所作直接证明事实有无的陈述；⑦被告人的供述；⑧根据履职规范制作的记载侦查情况的文书。

第三，被告人、辩护人请求证据的开示。被告人、辩护人在收到检察官开示证据后，应当明确是否同意使用传闻证据，对于检察官证据调查请求是否有异议。同时，被告人一方对待证事实以及其他事实或法律上的主张，也必须请求证据调查，并且应当将该证据向检察官开示。尽管此类证据开示与被告人沉默权以及实质的当事人主义诉讼构造存在紧张关系，刑事诉讼法仍然认可了这种类型的证据开示。

第四，争点关联证据的开示。开示与被告人、辩护人主张有关的检察官一方的证据即所谓的争点关联证据开示。与之前开示请求证据调查的证据、继而开示特定类型证据共同构成检察官证据开示的三阶段。被告人、辩护方在请求开示此类证据时应当明确足以识别证据的事项，同时说明请求开示之证据与争点关联性、对被告人防御准备活动的必要性的理由。检察官则权衡关联性的程度和被告人防御准备的必要性与开示该证据弊端的内容和程度，认为适当时应当开示。

就检察官一方的证据开示而言，无论何种情形的证据开示，尽管对开示与否的衡量均由检察官进行，但当事人可以请求裁判所进行裁定。裁判所在收到请求后，认为应当开示证据而没有开示的，必须命令检察官开示该证据。尤其是在证据类型存在争议的情况下，裁判所对此类开示争议的裁定显得很有必要。日本最高裁判所曾经对警察备忘录的开示争议作出过判决。判例认为，警察依照犯罪侦查规范，在对嫌疑犯调查取证的情况下制作的，记录了调查取证经过以及其他参考事项并保存在侦查机关的书面材料已经超过了个人备忘录的范畴，而成为与侦查相关的公文。因此在该案件的审理中，当与调查取证过程有关的证据需要在法庭进行调查时，该备忘录应当成为证据开示的对象。[1]

（二）审前整理程序：诉讼效率的改善

1. 审前整理程序的功能与内容

如前所述，起诉状一本主义制度在一定程度上降低了诉讼效率。尤其是在审理复杂案件时，毫无准备的庭审因为争点不明、程序与实体问题混杂而陷入"间断式"审理的泥淖之中。当事人主义诉讼构造所珍视的集中审理与迅速审判的原则均因此受到损害。被告人接受迅速审判的权利以及诉讼中的人权保障都因此成为严重问题。基于解决上述问题的动因，日本在2004年《刑事诉讼法》大修中针对起诉状一本主义制度进行了大幅度的修改，在刑事诉讼中引入了审前整理程序（公判前整理手续）。根据日本《刑事诉讼法》第316条之2第1款的规定，裁判所认为有必要持续地、有计划地并且迅速地进行充分审理的，可以在第一次审判期日之前听取检察官、被告人和辩

---

〔1〕 最决平 19·12·25 刑集 61 卷 9 号、895 頁。

护人的意见，为案件安排审前整理程序。根据《关于裁判员参加刑事裁判的法律》（裁判員の参加する刑事裁判に関する法律）第 49 条的规定，在裁判员参加的审判程序中，开展审前整理程序则是裁判所的一项义务。依照定义，审前整理程序是指在第一次开庭审理之前，在受诉法院的主持下，通过让当事人明示在庭审上所要主张的预定事实、请求证据调查、彻底开示证据等方式，充分对审理进行计划，与通常的准备程序相比审判准备的程度更加严密的程序。[1]尤其是在裁判员参加的审判程序中，在裁判员选任程序之前必须明确确定审判的预定时间，同时也必须做好连日审理的准备。即使是裁判员参加以外的案件，有时也需要在开庭审理前做好充分的准备。这种审前整理程序扩展到裁判员不参加审理的其他案件，将给审判程序带来巨大的变革。2015 年（平成 27 年）地方裁判所普通第一审审结的案件中，进行了审前整理程序的案件共涉及 1366 人，而案件审理期间进行期间整理程序的案件涉及 165 人。地方裁判所经过审前整理程序的案件，其审理时间通常平均为 10 个月，平均开庭次数为 5.1 回。[2]

审前整理程序首先由裁判长决定审前整理程序的日期，并通知检察官、被告人或辩护人。被告人没有必须出席审前整理程序的义务，但法院认为有必要时可以要求被告人出席。审前整理程序不公开进行，参与方式可以由出席整理程序的当事人进行陈述，也可以提出书面材料。裁判所为了持续地、有计划地并且迅速地进行充分审理的，应当在审前整理程序中力求完

---

〔1〕 ［日］田口守一：《刑事诉讼法》，张凌、于秀峰译，中国政法大学出版社 2010 年版，第 212 页。

〔2〕 『平成 28 年版犯罪白書』，载 http://hakusyo1.moj.go.jp/jp/63/nfm/n63_2_2_3_2_5.html，最后访问时间：2023 年 7 月 12 日。

成充分准备，并尽可能较早地终结程序。此外，诉讼关系人在审前整理程序中也应当相互协助，并配合裁判所推进程序。在审前整理程序中具体解决的事项十分广泛，主要包括：①有关争点整理的事项。包括明确案件的诉因或罚条；允许追加、撤回或变更诉因或罚条；整理案件的争点以明确庭审中将要提出的主张。②与证据整理相关的事项。包括当事人调查证据请求；明确请求调查的证据的证明事项、询问内容；确认与证据调查请求有关的意见，包括是否同意使用书面证据的意见；证据调查的决定或者驳回证据调查请求的决定；决定证据调查顺序及方法；有关证据调查异议申请的决定。③有关证据开示的事项。根据争点整理的结果作出有关证据开示的裁定。④与审判计划相关的事项。被害人参加诉讼程序的决定或取消该决定的决定；确定或者变更审判日期以及其他审判程序中必要的事项。

2. 审前整理程序的改革

2016 年日本《刑事诉讼法》进行了制定以来最大规模的一次修改，其修法初衷在于消除证据收集方式以及过度依赖供述笔录的弊端。为了能够实现证据收集方式的正当化和多样化以及审判的实质化，新法创设了侦查录音录像制度、证据收集协助制度、与追诉相关的合意制度以及证人姓名等信息保护制度，同时也扩大了通信监听适用范围以及犯罪嫌疑人国选辩护人制度适用范围。[1]在审判实质化改革方面，改正法对审前整理程序进行了改革。首先，增加了当事人审前整理程序的请求权。修法之前，是否开启审前整理程序完全由裁判所依照职权决定，法律规定仅需要在决定前听取检察官和被告人或辩护人的意见。

---

〔1〕 日本刑事诉讼制度中的国选辩护制度是指犯罪嫌疑人、被告人因贫困等理由没有能力聘请辩护人时，国家为其承担聘请辩护人的费用以保障其权利的制度。相当于我国刑事诉讼制度中的法律援助辩护。

但修法之后，新法赋予了当事人申请开启审前整理程序的权利，也即审前整理程序的开启既可以依职权也可以依当事人的申请。其次，审前整理程序中特定类型证据开示范围的扩大。新法增加了扣押没收程序笔录，保管笔录和搜查扣押笔录作为特定类型的证据。由于扣押没收笔录全面记载了扣押物品，因此该笔录证据的开示有利于辩护方把握检察官持有证据物的全貌。而且搜查扣押笔录还记载了当时侦查人员的搜查、扣押行为方式，因此对于辩护方而言具有很大的证据价值。最后，增加了检察官提供证据一览表的义务。检察官开示了请求证据之后，依照被告人或者辩护人的请求，检察官有交付记载了其所保管证据目录的证据一览表的义务。证据一览表记载事项包括：①物证的名目和数量；②供述笔录的目录、制作时间以及供述人的姓名；③其他证据材料的目录、制作时间和制作人。证据一览表并不是该案件所有证据的一览表，其记载仅以检察官保存的证据为限，不包括警察保管的证据以及调查备忘录。[1]

3. 审前整理程序、起诉状一本主义与预断排除原则

在解决预断排除问题与提高诉讼效率的努力中，改革往往陷入"两难"境地。解决预断问题的努力通常导致了诉讼效率的低下，而在另一方面，提高诉讼效率的制度设计又会招致消解预断排除原则的质疑。日本在刑事诉讼改革中同样遭遇了这样的问题，审前整理程序与预断排除原则之间形成紧张关系。起诉状一本主义强调的预断排除原则要求裁判官在第一次庭审之前保持"白纸状态"。然而，于第一次庭审之前进行的审前整理程序是由受理该案件的裁判长主持进行的。裁判长在第一次审判期日前，因对本案争点及证据进行整理，将会提前知晓与

---

〔1〕「2016年改正刑訴法成立に伴う注意点」刑事弁護ビギナーズver.2（季刊刑事弁護増刊）補遺，第2頁。

案件相关的证据材料。之后，再由该裁判长主持该案件的正式庭审，貌似背离了起诉状一本主义排除预断的价值取向。因此，审前准备程序与起诉状一本主义以及预断排除原则似乎存在冲突。

然而，审前整理程序并没有在实质上将案卷移送方式改为旧法实施期间的"一件记录"。审前整理程序中法官对案卷材料的预先接触与旧法"一件记录"不同的地方在于，审判准备程序是由双方当事人共同出席进行的程序，而并非法官单方面接触一方尤其是检察官有罪心证的案卷材料。就审前整理程序与预断排除原则的关系而言，制度设计者在回应相关疑问时，认为法官在审前整理程序中为了整理争点和证据以及作出证据开示裁定的目的而接触证据，不是要形成有关案件的心证，所以并不违背预断排除原则，原因在于审判整理程序是双方当事人共同参与、平等地提出主张的程序。渊野贵生对这一解释做了进一步说明，认为该解释并不是说因为双方当事人相互给予了法官预断，趋向有罪的预断如加重刑罚和趋向无罪的预断如减轻刑罚相互抵消，从而保证了裁判公平。而是说裁判官因为同时听取了双方当事人就同一案件不同的主张和评价，使得法官在审前整理程序阶段能够有不会形成偏见的自制，防止形成关于证据和事实的心证。换言之，原因不在于用后出现的其他心证打消了先前形成的心证，而是在心证形成之前就因为知晓了不同主张和评价而能够抑制心证的形成。通过双方参与的审前整理程序便能期待法官不会从已知晓的信息中产生预断，因此符合预断排除原则和保障公平裁判的要求。[1]

---

〔1〕 渊野贵生「裁判員制度と予断排除原則の本質——裁判員制度の見直しに向けて」立命館法学 5 巻 6 号（2012 年）675 頁以下。

# 第四节　小结

由于法律传统和学者研究趣旨的不同，各国对案卷移送制度问题的关注角度和程度也不尽相同。英美国家在这一问题上并没有过多地表现出如大陆法系国家般的热心，甚至缺乏一个可与大陆法系相对应的概念来描述该问题本身。大陆法系研究者的"一家独占"使得我们对英美国家案卷移送制度的认识显得模糊和刻板。模糊之处在于，即便是在"刑事案卷"这一范围更广的概念上也缺乏明确的共识；刻板则在于简单地否定英美法系存在与大陆法系可相比较的案卷移送问题。

尽管本章的研究在形式上是以法系为界分对域外案卷移送制度进行比较，但在具体内容上并没有忽略各主要国家在案卷移送制度上的差异。从前述研究可知，即便在同一法系内部，制度差异有时也是明显的。同样是英美法系国家，与美国不同，"更好地管理案件"的需求使英国在司法改革中不断地扩充和强化庭前准备程序，关于庭前案卷材料的移送要求也随着这些庭前程序的增多而增多。当然，这并不说明英国的案卷移送制度偏向了全案移送主义。英国与美国制度的相同之处在于审判陪审团与案卷材料的绝对隔绝，确保事实裁判者的心证必须形成于正式庭审中的制度基石不会受到侵蚀。另外，还应当注意大陆法系的全案移送主义传统在不同国家也存在具体制度上的差别。在职权主义色彩最为浓厚的法国刑事诉讼中，刑事案卷是作为司法调查结果而被法院广泛接受和使用的，只是具体移送方式在不同性质罪行的审判程序中存在一定差别。相比而言，德国采用全案移送主义则与审查公诉的中间程序有着直接的关系。换言之，德国全案移送的目的具有特殊性即审查和监督公诉权的行使。不过与英美法系国家案卷移送制度的特点相类似，大陆法系国家在制度设计上同样严格区分了职业法官和非职业法官在庭前接触案卷方面的权限，尽管在两大法系之间非职业法官的权限和职能并不完全相同。

　　法官预断是全案移送主义制度最受关注的问题。德国较早地对全案移送主义制度导致法官预断的问题进行了反思，针对德国现有制度提出了通过卸除主审程序法官审查公诉的任务，改设中间程序法官来解决法官预断问题的改革方案，但由于客观因素的限制而未能实现。最终，预断排除的制度化由日本在案卷移送制度的转型中实现。尽管在日本刑事诉讼实务中，起诉状一本主义的实施仍存在"调书裁判"、情节证据审查方式不合理以及过分拖延诉讼程序等不足，但起诉状一本主义概念已然有发展成为一种独立的案卷移送制度类型的趋势，与全案移送主义相对应。尤为重要的是，针对保障辩护方阅卷权和提高诉讼效率两个最受关注的课题，日本刑事诉讼中的证据开示制度和审前整理程序改革应当成为希望借鉴起诉状一本主义的国家继续深入研究的重点问题。

**C** ▶第三章
**hapter 3**

# 我国案卷移送制度的变革与争议

　　我国案卷移送制度经历了曲折的变革过程，其间伴随的诸多争议也尚无定论。对不同时期案卷移送制度的深描，不单单是一次制度史或学术史的回溯，更重要的是就影响制度成型的因素以及制度发展演进的逻辑进行分析和研究。尽管对不同争议观点进行分析也是研究内容之一，但本部分最终试图抽离具体模式的争议，倡导案卷移送制度研究视角和研究范式的转换。

## 第一节　初创：全案移送主义的确立（1979—1996 年）

### 一、1979 年《刑事诉讼法》中全案移送主义的制度样态

　　当 2012 年修正的《刑事诉讼法》对案卷移送方式进行修改后，案卷移送制度再度成了刑事诉讼法领域关注的热点问题。继 1996 年《刑事诉讼法》修法前夕的激烈讨论之后，案卷移送改革又一次引发了争论。其中，有不少学者认为此次制度修改是将案卷移送方式退回到了 1979 年《刑事诉讼法》所规定的全案移送主义的状态。[1]且不论此种"退回论"是否严谨，当我

---

　　〔1〕　此种观点的代表性讨论参见陈瑞华："案卷移送制度的演变与反思"，载《政法论坛》2012 年第 5 期，第 14~24 页；郭华："我国案卷移送制度功能的重新审视"，载《政法论坛》2013 年第 3 期，第 151~159 页。

们"教条"式地查阅我国 1979 年《刑事诉讼法》的文本时会发现，该部法典对于我国案卷移送制度具体采行何种方式并没有明确规定。倘若论及我国刑事诉讼法最早确立了何种案卷移送制度？但凡了解刑事诉讼制度史的人，回答这一问题并非难事。1979 年《刑事诉讼法》确立了全案移送主义的公诉方式是刑事诉讼法学界的共识甚至已经成为该领域的常识，不存在任何争议。而且，全案移送主义也的确是 1979 年《刑事诉讼法》实施期间案卷移送的实践样态。那么，在刑事诉讼法未予明确规定的情况下，如此制度样态是如何建构起来的呢？当时的立法起草文件、司法部门的工作文件为我们理解其时的案卷移送制度样态提供了重要途径。

1979 年《刑事诉讼法》第 100 条规定了人民检察院向人民法院提起公诉的条件和程序，即"人民检察院认为被告人的犯罪事实已经查清，证据确实、充分，依法应当追究刑事责任的，应当作出起诉决定，按照审判管辖的规定，向人民法院提起公诉"。除此之外，该条款并没有明确检察机关在提起公诉时，公安机关移交审查起诉以及审查起诉阶段形成的案卷材料和证据是否应当随案移交人民法院。不仅如此，第一部《刑事诉讼法》似乎从起草伊始就没有足够重视案卷移送制度，因而也就未将其视为一个独立的问题进行规定。1963 年《中华人民共和国刑事诉讼法草案（初稿）》（以下简称《草案》）是 1979 年《刑事诉讼法》的重要草案，[1]在该草案的第三编"起诉"，以及

〔1〕 1954 年，全国人大着手进行《刑事诉讼法》的起草工作，并拟出了《中华人民共和国刑事诉讼法条例（草案）》。此后，全国人大常委会委托最高人民法院主持，并组成了起草刑事诉讼法的专门机构，于 1957 年 6 月拟定了《中华人民共和国刑事诉讼法（初稿）》，后因种种原因工作停止。此后，1963 年 4 月又形成了《中华人民共和国刑事诉讼法草案（初稿）》，后长期停止。1979 年 2 月，新成立的全国人大常委会法制委员会，在 1963 年《刑事诉讼法草案》的基础上，进一步总结

第四编"审判"的第一章"第一审程序"中均没有关于案卷移送制度的明确规定。只是在第六章"证据"一章中对案卷移送制度有所提及。《草案》第35条第2款规定:"移送案件的时候必须将物证一并移送,不能或者不需要移送的,应当说明理由或者拍照、绘图附入卷宗。"[1]仅从该法条条文本身看,此处"移送案件"既可能是指公安机关移送审查起诉,也可能就是指检察机关向法院提起公诉时的移送,还有可能两种情形都包括在内。笔者通过对《草案》的体例编排以及体系进行分析后认为,第35条中的"移送案件"包含了检察院提起公诉时移送案件的情形。具体而言:首先,从该规定所属章节的性质分析,第六章"证据"章隶属总则编,该章中的规定应当是对整个刑事诉讼程序中证据相关问题的总的规定。那么,其中第35条所称案件移送也应该是指整个刑事诉讼程序中涉及案件移送的情形,因而也就包括了检察院提起公诉时向法院移交案件的情形。其次,参照该章其他立法条文来看,各个条文都是以"人民法院、人民检察院和公安机关""侦查人员、检察人员、审判人员"为对象作出的规定。因此,第35条的案件移送也应当是既包括公安机关的案件移送也包括检察机关的案件移送。尽管第35条最终没能出现在正式通过的《刑事诉讼法》之中,但从第35条的规定可以看出,当时立法者在案卷移送制度上实际是采全案移送主义立场的。

---

(接上页) 经验,起草了新的法典草案,并于1979年6月提请第五届全国人大第二次会议审议,后于1979年7月1日通过。至此,我国首部刑事诉讼法典诞生。参见侯毅君:"1979年刑诉法从无到有",载《北京青年报》2012年3月7日;刘玫:"中国刑事诉讼法立法和修法的历程",载 http://www. china. com. cn/policy/txt/2012-03/07/content_ 24837739. htm,最后访问时间:2017年2月27日。

〔1〕 参见北京政法学院诉讼法教研室编:《刑事诉讼法参考资料(第一辑)》(上册),1980年,第57页。

之所以一般认为 1979 年《刑事诉讼法》确立了全案移送主义，而且在司法实践当中也的确是按照全案移送主义的方式提起公诉，其主要原因应当是该部法典采行了庭前实质审查程序。该法第 108 条规定："人民法院对提起公诉的案件进行审查后，对于犯罪事实清楚、证据充分的，应当决定开庭审判；对于主要事实不清、证据不足的，可以退回人民检察院补充侦查；对于不需要判刑的，可以要求人民检察院撤回起诉。"尽管如前所述，该条内容也并未直接对案卷移送方式作出规定，但通常认为根据该条规定，人民法院在开庭审判前需要对犯罪事实和证据进行全面且实质的审查，以判断是否符合"犯罪事实清楚、证据充分"的开庭审判条件。既然如此，自然要求人民检察院在提起公诉时，一并将案卷材料、证据移送人民法院。[1]否则，人民法院在无案卷可依凭的情况下就无法完成对公诉进行实质审查的要求。除此之外，当时由最高人民法院和最高人民检察院各自颁布的相关工作文件对这一问题有比《刑事诉讼法》更为具体的规定。最早的相关规定是 1979 年 10 月最高人民检察院颁布的《刑事检察工作细则（试行）》。其第 38 条是关于归档材料的规定，其中涉及随卷移送的问题。该条规定"各级人民检察院在办理审查批捕、审查起诉、出庭支持公诉中所形成的有关文件和材料，除了随卷移送人民法院或退回公安机关的以外，对属于检察机关的全部材料，应及时整理，逐案立卷归档"。[2]随后，这一规定在 1980 年最高人民检察院颁布的《人民检察院刑事检察工作试行细则》中得到保留。

---

〔1〕　参见张军主编：《〈中华人民共和国刑事诉讼法〉适用解答》，人民法院出版社 2012 年版，第 274 页。

〔2〕　参见西南政法学院诉讼法教研室编：《中华人民共和国刑事诉讼法资料汇编》（第 3 辑），1980 年，第 103 页。

其第 49 条第 1 款规定："各级人民检察院在办理审查批捕、审查起诉、出庭支持公诉中所形成的有关文件和材料，除了随卷移送人民法院和退回公安机关的外，对于由检察机关保存的材料，应当及时整理，按照一案一卷的原则，立卷归档。"但该规定并没有明确移交人民法院的案卷和证据材料的范围。全案移送主义在规范层面更明确、更直接的依据要晚至 1994 年最高人民法院印发的《关于审理刑事案件程序的具体规定》。其第 88 条规定："人民法院受理公诉案件，必须有人民检察院的起诉书一式四份（每增加一名被告人，增加起诉书两份），并有随案移送的全部案卷材料、赃款、赃物及其他证据，但是依照法律或者司法解释的有关规定可以不随案移送的实物除外。"从人民法院受理公诉案件对诉讼材料的要求中，可以看出，检察院需要在提起公诉时将全部案卷材料和证据移送人民法院。稍微需要说明的是，尽管该规定较之《刑事诉讼法》以及之前的各类立法草案、司法机关工作文件等更进一步地明确了案卷移送方式，但此时距离全案移送主义被废止仅剩下两年的时间。

## 二、我国全案移送主义的制度渊源与基础

### （一）我国长期以来的实践传统

1978 年起开展的社会主义法制建设不是从虚无的荒漠上开始的，而是有着深厚的传统，这就是中华人民共和国成立之后，尤其是 1954 年《宪法》颁布之后确立起来的法制传统。[1]1979 年《刑事诉讼法》正是在"加强社会主义法制"运动的历史背景中诞生的，也当然地接续了 1954 年以来形成的法制传统。

---

〔1〕 强世功：《惩罚与法治：当代法治的兴起（1976—1981）》，法律出版社 2009 年版，第 70~71 页。

1979 年《刑事诉讼法》以及当时的相关规定在一开始就未对案卷移送方式进行明确的规定，也很可能和全案移送主义在此之前已经是一种实践传统有关。传统的深厚足以使立法者失去将其视为一个特别而重要的内容的自觉。这也就能够解释为何立法中确立了必须以全案移送主义为前提才有可能完成的庭前实质审查程序，却没有对检察院提起公诉是否需要移送全部案卷和证据材料进行明确规定。

　　有学者发现，早在新民主主义革命时期，一些革命根据地在刑事审判程序中就已经采取了全案移送主义的做法。[1]中华人民共和国成立之后，全案移送主义作为革命根据地的司法经验得到延续。1950 年由中央人民政府法制委员会草拟的《中华人民共和国诉讼程序试行通则（草案）》是新中国第一部诉讼法草案，全案移送主义的制度早在这部草案当中就有相关规定："人民检察署向人民法院提起公诉时，应当提供载明被告及有关犯罪的重要事实和证据的起诉书以及全部侦查案卷。"[2]尽管该部草案没有正式生效实施，但并没有妨碍全案移送主义在实践当中的运行。中华人民共和国成立之后到 1979 年之前，国家虽然没有正式颁行诉讼程序法，但人民法院的审判工作并非一直处于停滞状态，在此期间经法院审理和判决的案件数量庞大。各级法院、各个法院没有共同的诉讼程序是事实，但各级法院、各个法院各自有它们自己实行的一套诉讼程序（成文的或不成文的）。[3]在刑事诉讼程序方面，尽管不同地区的做法存在诸多差异，但仍然形成了一些共同的审判实践经验。1955 年最高人

---

〔1〕　丰旭泽、王超："案卷移送主义视野下的非法证据排除规则"，载《时代法学》2014 年第 2 期，第 30 页。

〔2〕　参见曾新华：《当代刑事司法制度史》，中国检察出版社 2012 年版，第 21~23 页。

〔3〕　《董必武政治法律文集》，法律出版社 1986 年版，第 378~379 页。

民法院在调研全国 14 个大城市的高、中级人民法院刑事案件审理程序时，人民检察院在提起公诉时移送案卷、证物已经是实践当中通行的做法。[1]1955 年 7 月，最高人民法院和最高人民检察院联合颁布的《关于刑事案件卷宗归档的问题的批复》明确指出："（一）检察机关侦查、起诉的刑事案件，应将起诉书连同侦查案卷（包括证物等），一并移送人民法院……"[2]1956 年 10 月，最高人民法院在印发全国各级人民法院参酌试行的《各级人民法院刑事案件审判程序总结》中提出"人民检察院提起公诉应当用起诉书，并且将案卷、证物一并移送人民法院"。可见，最高人民法院肯定了全案移送的审判实践经验，并希望全国各级法院统一适用。[3]此外，最高人民检察院在 1956 年 8 月颁布的《各级人民检察院侦查工作试行程序》中规定："侦查终结后，认为被告应受到刑事处罚的时候，应由侦查人员制作'起诉书'，报检察长批准后，将'起诉书'连同侦查卷宗一并移送法院。"[4]这一规定也说明了当时全案移送已经是刑事诉讼中长期以来的实践做法。

---

〔1〕 参见武延平、刘根菊等编：《刑事诉讼法学参考资料汇编》（中册），北京大学出版社 2005 年版，第 840 页。

〔2〕 丰旭泽、王超："案卷移送主义视野下的非法证据排除规则"，载《时代法学》2014 年第 2 期，第 30 页。

〔3〕 "这次总结……在内容方面，则根据各地试行经验和实际工作需要，作了较大的补充和修改，并定名为'各级人民法院刑、民事案件审判程序总结'，经本院审判委员会第十四次会议讨论通过。除报请全国人民代表大会常务委员会备案外，特印发全国各级人民法院参酌试行。应当指出，这个'总结'是在各地现有的审判实践经验的基础上加以总结和提高的，……以供国家立法机关草拟诉讼法时参考。……"参见《最高人民法院关于印发"各级人民法院刑、民事案件审判程序总结"的通知》。

〔4〕 参见最高人民检察院研究室编：《检察制度参考资料》（第 1 编），1980 年，第 228 页。

（二）1979 年刑事诉讼模式的需要

1. 纠问式与职权主义之间：刑事诉讼模式的生成背景

除了全案移送主义作为法制传统具备深厚的实践基础之外，1979 年《刑事诉讼法》采行这一案卷移送模式的原因还与该部刑事诉讼法的诉讼模式密切相关。可以说，全案移送主义是随着诉讼模式的制度化而确立的。纵观世界刑事司法史，我国的纠问式诉讼制度不仅起源最早，存续时间也最长。数千年的古代刑事司法史几乎就是一部纠问式诉讼史，以至于后世刑事诉讼模式的发展与演变都或隐或现地存在着纠问式诉讼的深刻烙印。尽管纠问式诉讼制度早在封建王朝宣告终结时就已经废止，但深受其浸染的司法观念和实践习惯在之后的数次司法制度变革中得到了程度不一的延续，并在至今的司法实践中也存在深远的影响。

作为中国刑事诉讼法走向现代化的重要开端，《大清刑事诉讼律草案》从法源上远承德国、近取日本，并且以日本 1890 年《明治刑事诉讼法》为蓝本，经日本法学家冈田朝太郎的协助完成。[1]这部法典尽管未获颁行，但使得我国现代刑事诉讼从一开始就注入了职权主义的基因。直至国民党统治结束，刑事诉讼模式与同时期的大陆法系包括日本保持相同，属于职权主义模式。但由于这一时期，国家局势动荡不安，采职权主义模式的刑事诉讼法缺乏实施的环境，加之纠问式诉讼的余毒，刑事司法始终没有摆脱浓厚的纠问式色彩。作为新中国刑事诉讼制度的雏形，工农民主政权时期、抗日民主革命时期以及解放战争时期的刑事诉讼制度也不免在职权主义和纠问式残余的夹缝中生长。这一时期所形成的诉讼结构中，权力因素更为活跃，权利较为萎缩。而且由于在非法治环境下运行，权力"失控"，

---

〔1〕 张晋藩：《中国法律的传统与近代转型》（第 3 版），法律出版社 2009 年版，第 532 页。

在某些方面倾向于纠问式。[1]中华人民共和国成立之后，在废除国民党旧法统的同时，并未及时颁行新《刑事诉讼法》，新的刑事诉讼基本原则和制度也未能得到系统的确立，上述情状并没有得到根本改变。

1979年中华人民共和国第一部《刑事诉讼法》的制定除了受到延续数千年的纠问式诉讼传统，以及从清末变法开始的在纠问式与新式职权主义夹缝中生长的诉讼模式的影响外，苏联审判模式的广泛影响也成为体系性构建起"强职权主义"诉讼模式的重要原因。作为社会主义阵营的"老大哥"，苏联的法制体系对中国法制建设的影响是全面和深刻的。20世纪50年代，通过聘请苏联法学专家来华指导中国政府立法、承担法律教育任务，向苏联派遣法科留学生以及引进大批苏联法学著作和教材，苏联法和法学被全面移植进入中国。[2]尽管，20世纪60年代以后，"全盘苏化"的浪潮已经停止，但苏联法对中国的影响并没有因此消退。司法制度的构建仍然深受苏联法学理论和实践模式的影响。其中，中国刑事审判制度的建立受到苏联审判模式的影响，主要体现为法官积极主动地进行证据的收集和事实的调查，控辩双方仅居于辅助或次要的地位，双方在审判中的参与要受到法官的严密控制等一系列大陆法系职权主义的特征。[3]

2. 强职权主义诉讼模式与全案移送主义

1979年制定的《刑事诉讼法》确立的诉讼模式具有浓厚的国家本位主义色彩。而在国家本位主义思想的指导下，刑事诉讼的立法和实施都渗透着一种绝对工具主义程序价值观。有学

[1] 参见汪海燕：《我国刑事诉讼模式的选择》，北京大学出版社2008年版，第139~143页。
[2] 何勤华主编：《法治建设与法学》，上海人民出版社2009年版，第6~7页。
[3] 陈瑞华：《刑事审判原理论》，北京大学出版社1997年版，第340页。

者称之为"强职权主义诉讼模式"。[1]正是这种诉讼模式需要
全案移送主义的制度建构，其原因主要包括以下几个方面：

第一，诉讼职能的同质化。国家本位主义思想表现为国家
支配一切，包揽一切事项，体现在诉讼当中就是国家机关控制、
主导整个诉讼程序的进行。[2]在国家本位主义的观念中，公安
机关、检察机关以及人民法院都是国家机关，因而共同分享国
家对诉讼程序的控制权和主导权。尽管"分工负责"是三机关
之间诉讼职能关系的宪法原则，但实践中分工不同并不等于诉
讼职能不同，而是表现为相同的诉讼职能下的不同分工，也即
"阶段论"。在诉讼各个阶段，每个机关都是国家在该阶段的独
立代表，代表国家追诉当事人的刑事责任。这种诉讼职能同质
化造成了案卷传递的无障碍或言层递性。[3]因为诉讼职能的相
同，前一诉讼阶段形成的案卷材料同样对后一诉讼阶段具有重
要价值，而且是后一阶段继续进行的基础和前提，故而全案移
送主义成为案卷制度的选择。

第二，客观真实主义。国家本位主义在我国刑事审判制度
中集中表现为绝对工具主义的程序价值观念。绝对工具主义程
序价值观下，审判程序的所有规范只有在一种情况下才具有意
义，那就是保证审判结果符合客观真实，确保刑事实体法的正
确实现。[4]由此导致法院审判将客观真实作为唯一价值目标。

---

〔1〕　汪海燕：《刑事诉讼模式的演进》，中国人民公安大学出版社 2004 年版，
第 427~431 页。

〔2〕　参见蔡定剑：《历史与变革——新中国法制建设的历程》，中国政法大学
出版社 1999 年版，第 375 页。

〔3〕　参见左卫民：《刑事诉讼的中国图景》，生活·读书·新知三联书店 2010
年版，第 116 页。

〔4〕　参见陈瑞华：《刑事审判原理论》，北京大学出版社 1997 年版，第 345~
346 页。

而对于客观真实的发现，则必须依靠大量、详细的证据的支持。因为只有事实的碎片越多，拼接出的结论则越接近客观真实。法院审判活动成为这样一种过程，"在这个（既是认识也是实践的）过程中，首先必须从实际出发，进行调查研究，占有大量的证据"。[1]然而，由法官主导控制的庭审无法像积极的当事人主义那样在庭上实现"占有大量证据"，所以证据的收集以至案情的把握只能依靠庭前。这从1979年《刑事诉讼法》赋予法官在开庭审判前"勘验、检查、搜查、扣押和鉴定"等职权的规定中也可以看出（1979年《刑事诉讼法》第109条）。但是，即便法院在立法上被赋予调查职权，但其庭外调查手段和资源毕竟有限，因而由侦查机关和检察机关制作的逻辑完整、内容详细的案卷以及收集的现成证据成为法院实现"占有"的重要且便捷的途径。

第三，辩护权的行使空间狭窄。国家本位主义塑造了强大的追诉权，相反也压缩了被告人辩护权的行使空间，辩护权的充分行使缺乏制度保障。绝对工具主义的程序价值观忽视被告人的积极参与，甚至将之视为诉讼程序行进的妨碍。刑事辩护制度的缺陷，突出表现为辩护权没有得到基本的张扬，刑事辩护的职能明显弱化，辩方的地位远远低于控诉方，控、辩、审正三角形的结构严重扭曲。[2]最明显的后果就是辩护律师会见难、阅卷难、取证难成为我国辩护权实践中的老大难问题。辩护方不仅不能及时地获得控方和法院共享的案卷材料，也没有足够的权利和能力自行调查和收集证据。因而，也就难以开展

---

〔1〕 黄道、陈浩铨："刑事证据理论的认识论基础"，载《政法论坛》1994年第1期，第51页。

〔2〕 冀祥德："中国刑事辩护的困境与出路"，载《政法论坛》2004年第2期，第147页。

实质的辩护活动，最终无法提出有效的辩护意见。也因此，辩护意见更加得不到法官的足够重视。辩护权行使空间的逼仄，使得辩护在审判中发挥的作用极其微弱，而这又使得刑事诉讼程序的运转更加严重依赖于控方提供的案卷和证据材料。

### 三、1979 年《刑事诉讼法》中全案移送主义的实践样态

（一）"全案"：司法实践中庭前刑事案卷的构成

从制度样态层面来讲，无论是根据对 1979 年《刑事诉讼法》第 108 条的解释，还是依据相关司法解释的明确规定，全案移送主义在 1979 年《刑事诉讼法》实施期间是一项有规范依据的正式制度。那么，实践中，全案移送制度中移送的"全案"具体呈现为一种怎样的面貌呢？

在司法实务中，我国刑事案卷的构成主要是以侦查机关制作形成的侦查案卷为基础和主要内容的。由于刑事案卷的特殊性质，关于刑事案卷具体构成的实证研究数据并不多见。但仍有研究者曾对基层法院的刑事案卷构成进行过实证调查，结果显示，被调查的 50 起案件的全部案卷材料中，侦查阶段形成的材料占到了总数的 69.2%。[1]而且，这一比重在 2012 年修法之后仍可以代表现实情况。在侦查阶段形成的侦查案卷一般分为侦查卷宗、侦查工作卷宗和秘密侦查卷宗三种，亦被习惯性地称为正卷、副卷和绝密卷。[2]但并不是所有的侦查案卷都会被移送到检察机关并随着公诉的提起进入法院。1987 年《公安机关办理刑事案件程序规定》第 100 条规定："移送案件的时候，

---

〔1〕　参见左卫民：《刑事诉讼的中国图景》，生活·读书·新知三联书店 2010 年版，第 114~115 页。

〔2〕　林劲松："我国侦查案卷制度反思"，载《中国刑事法杂志》2009 年第 4 期，第 57 页。

只移送诉讼卷，侦查卷由公安机关存档备查。秘密侦察获取的材料，需要作为证据公开使用时，按照规定采取相应的处置。"〔1〕在实践中，公安机关对侦查案卷的分类虽然并未按此规定分为诉讼卷和侦查卷，但实务中的侦查卷宗（正卷）就相当于此规定中的诉讼卷，而侦查工作卷宗（副卷）和秘密侦查卷宗（绝密卷）则构成此规定中的侦查卷。侦查机关在侦查终结后并决定移送审查起诉时，侦查案卷中只有侦查卷宗会进入之后的诉讼阶段作为审查起诉和审判的依据。这部分作为之后案卷的主要构成部分的侦查案卷，包括两大部分：文书卷和证据卷。前者包括各种强制措施、侦查措施和结案的法律文书及审批文书，后者包括立案材料、口供、被害人陈述、证人证言、物证照片、书证、现场勘验笔录等各种证据材料和相关说明性材料。〔2〕

　　审查起诉阶段是全案移送中"全部案卷材料"形成的关键环节。尽管在有退回补充侦查的情况下，仍有可能增加其他案卷材料在审查起诉阶段之后移交法院，但案卷的主体部分基本在此环节已经形成。检察机关移送法院提起公诉的案卷形成于侦查卷宗的基础之上。实务中，检察机关一般将案卷分为公诉卷和检察内卷。公诉卷包括：①起诉书；②在审查起诉工作中检察机关新认定、补充或否定公安机关原认定犯罪事实的证据材料；③向法院移送赃款、赃物的清单；④共同犯罪案件中，检察院对同案犯已作免予起诉和不起诉决定的法律文书。而检察内卷则包括：①审查批捕材料。批准逮捕决定书，不批准逮捕决定书，补充侦查意见书，阅卷笔录，讯问被告人笔录，讨论案件记录，参加侦查活动笔录，备案审查表和纠正违法通知

---

〔1〕　此处"秘密侦察"为当时法条原文。［法宝引证码］CLI.4.8027。
〔2〕　参见左卫民：《刑事诉讼的中国图景》，生活·读书·新知三联书店2010年版，第106页。

书等。②审查起诉材料。公安机关起诉意见书或免予起诉意见书，起诉书，免予起诉决定书，不起诉决定书，补充侦查意见书，阅卷笔录，讯问被告人笔录，询问证人和被害人笔录，参加侦查活动、勘验、检查笔录，鉴定书；③出庭支持公诉材料。公诉词（或发言提纲），答辩提纲，出庭公诉笔录，判决书副本，死刑临场监督笔录等。在侦查活动的监督、审判活动的监督中，发现的问题和处理结果等。[1]除出庭支持公诉后形成的材料外，其他材料都是在庭前形成的。其中，检察内卷的材料仅由检察机关存档备查，并不随案移送法院。只有公诉卷与侦查卷宗一并由人民检察院移送管辖法院。

　　以上关于我国刑事诉讼中案卷构成及其移送的阐述，可以通过图 3.1 得到更加清晰和直观地呈现。

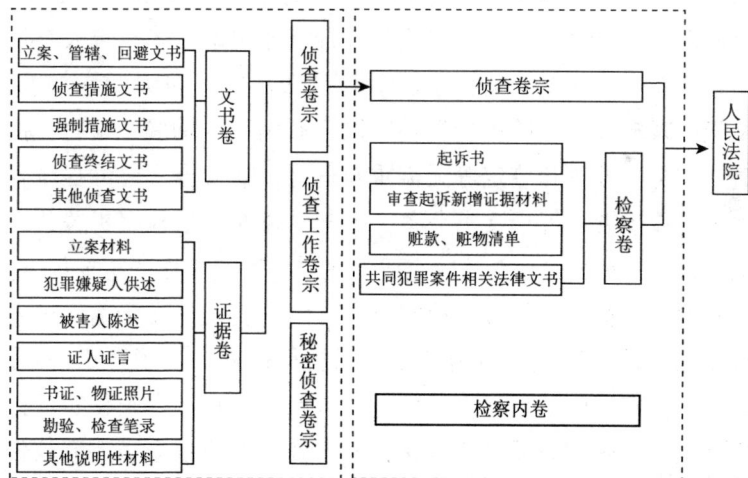

**图 3.1　刑事案卷的构成及其移送**

---

　　[1]　参见 1980 年最高人民检察院颁布的《人民检察院刑事检察工作试行细则》第 49 条；1986 年《人民检察院诉讼文书立卷归档办法》附一。

（二）庭审虚化与全案移送主义制度的式微

"庭审走过场、流于形式"成为后来批判者对 1979 年庭前案卷移送制度实践的主要诘难。那么，全案移送主义确实如批评者所言是长期困扰我国刑事诉讼庭审虚化问题的根源吗？究竟是怎样的实践造成了全案移送主义制度在我国刑事诉讼中的式微？

对这一问题的阐释还需要重新回到之前对 1979 年《刑事诉讼法》第 108 条的解读之中。如前所述，庭前案卷移送制度在 1979 年《刑事诉讼法》中的依据主要是第 108 条。依照该规定，法院在收到检察机关提起的公诉后，并不能直接开启审判，而是需要对提起公诉的案件进行审查，对于犯罪事实清楚、证据充分的，才应当决定开庭审判。具体而言，法院需要在庭前确认：①起诉书指控的犯罪事实、情节有充分的证据予以证明；②起诉书认定犯罪的性质和罪名符合法律规定；③被告人有刑事责任能力，且无依法不追究刑事责任的情形；④从重、加重、从轻、减轻或者免除处罚的情节均已查清；⑤勘验、检查、搜查、扣押、查封和鉴定等无需重新进行；⑥侦查、起诉程序合法，法律手续和诉讼文书完备、齐全，等等。[1]检察机关移送的全部案卷材料则成为法院完成上述实质审查工作的重要依据。尽管案卷材料的庭前移送和实质审查的制度设计在于确保进入庭审的案件的质量，但制度在实际执行过程产生了严重问题。审判人员在庭前对全部案卷材料开展预先调查和审查核实证据等活动，在确信犯罪事实清楚，证据确实充分且应当追究被告人的刑事责任后方才开庭审理。换言之，开庭时，审判人员不仅对案件和证据了如指掌，而且对犯罪事实的认定已先入为主、

---

[1] 参见 1994 年最高人民法院《关于审理刑事案件程序的具体规定》第 89 条。

确信无疑了。结果便是导致开庭审判不是为了使审判人员搞清案件事实，而是给当事人和旁听群众进行展示。最终造成了实际办案中审判工作的"先入为主""先判后审"的现象，开庭审判也成为"走过场"。[1]

由此看来，似乎是案卷的庭前移送制度以及对其进行的实质审查造成了庭审虚化问题。然而，对这种因果关系的推论至少此处存在两个疑问。第一个疑问在于，在司法实践当中，庭前审查大多是由人民法院立案庭的审判人员进行，而立案庭的审判人员并不会成为该案件的审判法官或审判组织的成员。那么，立案庭的审判人员在庭前审查中确信指控犯罪事实清楚、证据充分，并不当然导致庭审法官"先入为主"，庭审也并非所谓的"先定后审"。因为，审判法官没有参与到实质审查程序中，有罪心证并不会因庭前的实质审查而提前形成。即便承认，立案庭开启庭审的决定会在一定程度上传递出有罪确信的信息，甚至承认同一机关或同事身份对信息可信度有强化作用的假设，但对于庭审法官而言，毕竟属于间接信息，这种影响远非批评者描述的那样直接导致了庭审法官在庭前形成内心确信。而且考虑到没有立案庭开启庭审的决定，这种有罪确信的信息一样可以从检察机关依照"犯罪事实已经查清，证据确实、充分，依法应当追究刑事责任"（1979 年《刑事诉讼法》第 100 条）的标准，从提起公诉的行为中传递出来。因此，案卷移送、实质审查导致庭审虚化的推论并不完全适当。第二处疑问关于案卷材料的审查标准。1979 年《刑事诉讼法》确立的定罪量刑的标准是"案件事实清楚""证据确实充分"。而第 108 条确立的

---

〔1〕　参见胡康生、李福成主编：《中华人民共和国刑事诉讼法释义》，法律出版社 1996 年版，第 171 页；陈光中、严端主编：《中华人民共和国刑事诉讼法修改建议稿与论证》，中国方正出版社 1995 年版，第 290 页。

庭前审查标准虽然也有案件事实清楚，但对证据的要求只是"充分"而并没有要求"确实"。虽然只是两字之差，但正是"确实"标准的有无在一定程度上区隔了庭前审查标准和定罪量刑标准。庭前审查仅要求起诉指控的犯罪事实有充分的证据支持，与实质审查防止公诉权滥用、确保公诉质量的目的一致。其中并没有包含法院对证据查证属实的要求，后者是刑事诉讼法对定案证据的要求。既然如此，所谓的审判功能和庭前审查功能的混淆并非完全是由案卷材料审查标准的设定造成的。

事实上，与全案移送主义制度本身相比，司法实践对立法的扭曲才是庭审虚化的根本原因。案卷材料的实质审查在实践中彻底退变为一种庭前定罪活动，正式庭审只能徒具形式。当然，同时应当意识到，审判实践中的其他制度也是造成这一严重后果的重要原因，诸如：审判员在庭前向庭长、院长请示案件；审委会庭前讨论决定重大疑难案件；庭前向上级法院请示等。[1]虽然这些制度众所周知，但在讨论全案移送主义对庭审虚化的影响时恰恰被忽略。司法实践对立法的扭曲导致了实质审查程序的走样，而畸变的实质审查程序又造成了庭审的虚化。作为这些制度实现前提的全案移送主义则被认为是"罪魁祸首"，从而使得全案移送主义在一片批评声中渐入低谷。1996年《刑事诉讼法》修改前后对全案移送主义批评之猛烈程度，使得这场批评运动的影响一直遗留至今，当前全案移送主义的积极一面无法得到正视与之关系密切。[2]

---

〔1〕 王尚新："刑事诉讼法修改的若干问题"，载《法学研究》1994年第5期，第81页。

〔2〕 参见张军、陈卫东主编：《新刑事诉讼法疑难释解》，人民法院出版社2012年版，第266页。

# 第二节　改革：复印件移送主义的 失败（1996—2012 年）

## 一、案卷移送制度转型的开端：对抗式的庭审改革

中国的 20 世纪八九十年代，一直被认为是充满了未知变数和理想主义色彩的时代。在这 20 世纪的最后 10 年间，中国的经济、社会从高压束缚中挣脱出来，由此开始了势头迅猛的成长。这一期间，个体权利意识开始自我觉醒和自我努力，知识精英阶层则已经从复苏走向壮大，与此同时，各类民间力量也如雨后春笋般破土而出。[1] 从经济制度、社会结构一直到国家的政治体制无不处于变革之中。根植于社会的法律，必然会随着社会的变迁而不断变化，置身其中且以之为基础的刑事诉讼制度不可避免地受到影响甚至冲击。从 20 世纪 90 年代开始，变革就成了中国刑事诉讼实践的主旋律。

刑事程序的演变发生于变革中的社会环境，并且是对处于变革中社会环境的响应。[2] 影响刑事诉讼的运作模式或结构形式最深刻的应属国家与个人关系的演变。改革开放即将跨入第 20 个年头的 20 世纪 90 年代末，市场体系的趋于成熟催化着公民社会的成长，国家治理模式也随之发生巨大转变。国家与个人之间的关系由过去国家全面垄断社会资源，严密管控个人社会生活的方方面面向有限政府、重视发挥个人主观能动性转变。全能主义政府角色的消退反映在刑事诉讼制度上即是国家本位

---

〔1〕　参见左卫民：《理想与现实：关于中国刑事诉讼的思考》，北京大学出版社 2013 年版，第 9~11 页。

〔2〕　参见［美］戴维·J. 博登海默：《公正的审判：美国历史上的刑事被告的权利》，杨明成、赖静译，商务印书馆 2009 年版，第 53 页。

主义色彩的淡化和司法机关职权的限缩，而公民个人在社会生活中自主性的不断扩大带来的则是诉讼过程中当事人权利和能动性的强调与保障。这些变革因素的共同作用使得1979年《刑事诉讼法》的制度基础发生了动摇，促使诉讼制度朝着强化诉讼民主与合理配置司法权力的方向转型。当然，与经济、社会的变迁一样，刑事诉讼制度的变迁不仅根植于国内因素的结构性变化，同时也因卷入全球化进程而受到国际性因素的刺激和影响。20世纪90年代末到21世纪初，诸多国家先后进行了本国诉讼制度的改革。随着《公民权利与政治权利国际公约》《欧洲人权公约》等国际性、区域性人权公约与刑事司法准则的影响不断扩散，其中关于正当程序与公正审判以及保护被告人诉讼权利的普遍要求对各缔约国的刑事诉讼制度改革起到了引导作用。强调控辩平衡、保障公正审判权成为庭审方式改革的重要方向和一大趋势。

在此背景下，从1992年开始，一场影响法学界、司法实务界并对之后的刑事诉讼立法产生巨大影响的刑事审判方式改革在我国多地基层法院展开试验。在这次富有意义的探索之中，各地基层法院已着手尝试适用完全抗辩制庭审调查模式审理刑事案件，[1]并对诸多庭审制度进行了大胆创新，如庭前实质审查程序被程序性审查代替，控辩双方在庭前向合议庭提出证据调查请求的庭前会议的雏形初现，庭审中由控辩双方积极进行举证质证，法官调查则由第一顺位转为补充性调查。甚至在个别法院暂时出现过令人难以置信的场景：公诉人、辩护人在询问证人、发表意见以及辩论时，可以像英美法庭中那样离开

---

〔1〕 王俊民："抗辩制在我国庭审中的适用"，载《法学》1993年第10期，第10页。

座席，在法庭上来回走动。[1]经过试点改革的铺垫，《刑事诉讼法》迎来了首次大修。立法者开始意识到"《刑事诉讼法》实施16年来，我国社会民主和法制建设不断发展，社会情况有了变化，司法实践中积累了不少经验，也反映出一些问题，需要总结实践经验，联系现代法制建设的发展，对《刑事诉讼法》进行补充修改"。[2]1996年《刑事诉讼法》的修正基本延续了这一改革的趋势，在很大程度上吸收了对抗式诉讼模式的因素。

1996年《刑事诉讼法》的修正最终使得我国庭审方式"控审分离、裁判居中、控辩对抗"的基本框架得以建立，对抗式的庭审改革方向基本确定。[3]1996年《刑事诉讼法》建构的对抗式庭审的特点主要体现在：①法官地位的相对中立。法官在庭前开展追诉式调查的职权受到限制（1979年《刑事诉讼法》第109条被删去），而且在法庭调查环节，法官主导讯问的方式也转变为补充性调查（1996年《刑事诉讼法》第155条）；②控方担负积极证实其指控的责任。法官不再大包大揽，代替公诉人出示、宣读证据，此类诉讼活动均由公诉方自行负担，促使公诉方在庭审中积极主动参与（1996年《刑事诉讼法》第157条）；③辩护律师活动空间的扩展。以往只能在审判阶段委托辩护律师，阅卷、会见、调查核实证据时间不充分，致使辩护准备工作草率。修改后，辩护律师的介入时间提前到审查起诉阶段，而得到律师帮助的时间则提前到侦查阶段（1996年《刑事

---

〔1〕　上海市徐汇区人民法院的改革试验被视为向英美对抗制过渡最为明显的一种。参见陈瑞华：《刑事审判原理论》，北京大学出版社1997年版，第347~351页。

〔2〕　顾昂然："关于《中华人民共和国刑事诉讼法修正案（草案）》的说明——1996年3月12日在第八届全国人民代表大会第四次会议上"，载《人大工作通讯》1996年第7期，第34页。

〔3〕　参见刘计划：《中国控辩式庭审方式研究》，中国方正出版社2005年版，第6页。

诉讼法》第 33 条和第 96 条）。辩护质量得到保障，也是对诉讼
对抗性的增强。[1]

正如前所述，在这次"里程碑"意义的庭审改革当中，庭
前案卷移送制度备受批评。庭前案卷移送制度在当时因被认为
是庭审虚化的根源而与对抗式庭审改革方向相左。因而，为配
合当事人主义化的对抗式庭审改革，1996 年修改的《刑事诉讼
法》在公诉方式上彻底废除了被认为弊端重重的庭前全案移送，
制度层面的全案移送主义暂时退出了我国刑事诉讼的历史舞台。

**二、戏称抑或独创：复印件移送主义的制度样态**

与全案移送主义、起诉状一本主义等概念不同，1996 年
《刑事诉讼法》的案卷移送制度在我国有一个独特的通称——
"复印件移送主义"。至于独具我国实践特色的案卷移送制度是
否能称得为一种"主义"，有学者将此作为一种术语、概念对
待，也有学者认为这是一种"戏称"。[2]无论是术语还是戏称，
这种独特的制度设计至少为我们研究案卷移送提供了罕有的样
本。整齐划一的制度运作通常掩盖了深藏其后的原理和基础，
往往是那些制度的特殊变形能够为我们提供一窥其中机理的
机会。

（一）案卷材料移送范围的限缩

有关案卷移送的制度，1996 年《刑事诉讼法》与 1979 年
《刑事诉讼法》一样，并没有在"提起公诉"一章加以规定。
而被认为是案卷移送制度之规定的第 150 条，则主要是一条规

---

[1]　参见宋英辉等：《刑事诉讼法修改的历史梳理与阐释》，北京大学出版社
2014 年版，第 72~73 页，第 298~303 页；龙宗智："徘徊于传统与现代之间——论
中国刑事诉讼法的再修改"，载《政法论坛》2004 年第 5 期，第 80~92 页。

[2]　参见陈卫东、郝银钟："我国公诉方式的结构性缺陷及其矫正"，载《法
学研究》2000 年第 4 期，第 101 页。

定法院庭前审查的条款。按照对抗式庭审改革的需要，1979 年
《刑事诉讼法》中的庭前实质审查被第 150 条修正。人民法院不
再于庭前审查公诉的犯罪事实是否清楚，证据是否充分等案件
实体内容，只要起诉书中有明确的指控犯罪事实以及附有证据
目录、证人名单和主要证据复印件或者照片即应当决定开庭审
判。尽管条文本身并未明确只能移送该条所列材料，也未禁止
移送全部案卷材料，但从庭前审查标准的变化以及在当时几乎
形成共识的立法理由来看，该条款包含限缩案卷材料移送范围
的意旨（这一问题将在之后庭前审查部分进行详述）。总之，要
求附有的"证据目录、证人名单和主要证据复印件或者照片"
被作为修改后的案卷移送范围。人民检察院向人民法院提起公
诉的案件并非全部移送案卷和原始证据，人民法院审查案件则
只要具备该条规定需要提供的材料就应当决定开庭审判。[1]之
后，最高人民法院和最高人民检察院也分别在具体实施细则中
明确了这一案卷移送制度。[2]

　　之所以是"限缩"，是因为 1996 年《刑事诉讼法》并没有
彻底废止案卷移送制度。尽管庭前审查的改革力主当事人主义，
但在案卷移送的制度设计上，立法者却秉持了相当程度的保守
态度。立法者没有彻底采取起诉状一本主义，而是仍然确保了
主要证据能够在庭前进入法院。当然，主要证据的移送方式采
取了复印件的形式，这也是 1996 年案卷移送制度被称为"复印
件移送主义"的直接原因。那么，在立法者本身也青睐的对抗
式庭审改革中，因为何种原因放弃了起诉状一本主义的尝试？

---

〔1〕　全国人大常委会法制工作委员会刑法室编：《〈中华人民共和国刑事诉讼
法〉条文说明、立法理由及相关规定》，北京大学出版社 2008 年版，第 357 页。
〔2〕　参见《人民检察院实施〈中华人民共和国刑事诉讼法〉规则（试行）》
第 248 条；《最高人民法院关于执行〈中华人民共和国刑事诉讼法〉若干问题的解
释》第 116 条。

概而言之，原因至少包括三个方面：

第一，法官的角色定位仍是积极裁判者。对抗式色彩的增加，并不意味着我国诉讼模式的彻底当事人主义化，也不能说明立法决策者希望如此。恰恰相反，法官应当主导和控制庭审的观念仍然占据主流，以至于类似意大利的"混合模式"受到偏好，而非完全的英美当事人主义。法官绝不是消极的，要掌握和指挥庭审的进行，也要进行询问，不仅限于双方提出的证据，必要时也要进行调查，要积极地认定证据、正确判决。[1]因此，要保证法官积极裁判者的角色就必须使得法官能够在庭前依靠卷宗和证据材料充分了解案情，而彻底的起诉状一本主义只会削弱法官主导和控制法庭调查的能力。

第二，基于法官素质的考量。相对于英美的对抗式庭审，我国的相关配套制度以及法律职业群体的素质在当时仍显滞后。即便是采取对抗式庭审，也不得不考虑辩护制度的缺陷与辩护律师素质相对不高，庭前会议制度阙如，诉讼效率等现实问题。而承担积极裁判者角色的法官无疑成为弥补不足的依赖。然而，我国法官整体素质、业务水平也参差不齐，要使法官负担这项任务，必须允许法官在庭前对主要证据的接触。[2]

第三，更深层次的原因在于客观真实主义和绝对工具主义程序价值观对刑事诉讼的深刻影响。无论是法官的积极裁判者角色，还是弥补法官整体素质、业务水平的不足，都在于保证办案质量。在客观真实主义理论下，就是保证审判能够发现客观真相。因而，庭审既无法也不应完全依靠控辩双方的"斗

---

〔1〕 顾昂然：《新中国的诉讼、仲裁和国家赔偿制度》，法律出版社1996年版，第21页。

〔2〕 参见宋英辉等：《刑事诉讼法修改的历史梳理与阐释》，北京大学出版社2014年版，第258页。

法"，而需要法官积极主导法庭调查，法官能够在庭前接触卷宗和证据材料则成为必要条件。

（二）"主要证据"界定不明的制度缺陷

尽管复印件移送主义是中国独创的案卷移送制度，但事实上，如果仅从当时修法意欲解决的问题来看，这一制度设计并非立法目的实现的必要条件。反而，因为该制度在"主要证据"界定上的模糊不清，阻碍了立法目的的实现。

应当明确的是，实体审查标准导致的预断和庭前接触控方卷证的预断属于法官预断问题的两种不同情形。当时，立法者以及大部分研究者所谓的导致审判人员"先入为主""先定后审"、庭审流于形式等问题，针对的主要是前一种预断情形。而且，结合立法者放弃起诉状一本主义的原因来看，全然禁止法官在庭前接触控方卷证是不合时宜的。因此，可以推断后一种情形的法官预断不是当时立法者关心和急于解决的问题。那么，废止"犯罪事实是否清楚、证据是否充分"的庭前审查标准，已经足以解决庭前审查和庭审功能混淆导致的庭审虚化问题，从而满足立法需求。限缩案卷材料移送范围对此并没有太大帮助。然而，立法不仅采行了复印件移送主义，更糟糕的是这一制度设计存在严重的"先天"缺陷。

复印件移送主义虽然因移送主要证据复印件的规定而得名，但有关"主要证据"范围这一核心问题，1996年《刑事诉讼法》第150条却恰恰未予说明。为明确这一问题，1998年最高人民法院、最高人民检察院、公安部、国家安全部、司法部、全国人大常委会法制工作委员会联合颁布的《关于刑事诉讼法实施中若干问题的规定》（以下简称1998年《六部委规定》）在后续相关规定中对主要证据进行了界定，主要包括三类：①起诉书中涉及的各证据种类中的主要证据；②多个同种类证据中被确定为"主要证据"的;③作为法定量刑情节的自首、立功、累犯、中止、未遂、正当防卫的证据。同时,还规定人民检察院针对具体案件移送起诉时,"主要证据"由人民检察院根据以上规定自行确定。[1]随后,最高人民法院和最高人民检察院在各自制定的司法解释中基本遵循了1998年《六部委规定》的这一界定。不同的是,最高人民检察院规定,对于主要证据为书证、证人证言笔录、被害人陈述笔录、被告人供述与辩解笔录或者勘验、检查笔录的,可以只复印其中与证明被告人构成犯罪有关的部分,鉴定书可以只复印鉴定结论部分。[2]

《刑事诉讼法》规定不明导致的不同部门对主要证据解释的主观性和不确定性,使得庭前移送主要证据的制度本身就具有重大缺陷。一方面,1998年《六部委规定》将具体个案中主要证据的界定权完全交由检察机关;另一方面,在具体个案中也只有检察机关才知悉案卷材料的全貌,"复印件移送主义"的制度设计基本等同于允许检察机关自行选择案卷材料移送。首先,就法官预断而言,如果说法官庭前阅览了混合不利和有利被告人证据的全部案卷材料,还有可能在一定程度上中和有罪预断的话;复印件移送主义则将这一可能也变成了不可能。检察机关基于控诉利益,往往会选择支持指控成立的案卷材料移送,"主要证据"便成了"主要有罪证据",这些具有控方主观性的主要证据带给法官的只可能是对被告人有罪的判断。由此一来,"复印件移送主义"使得法官在庭前获得的几乎都是导向有罪心证的案卷材料,该制度设计不仅没有消除"先入为主""先定后

---

〔1〕 1998年《最高人民法院、最高人民检察院、公安部、国家安全部、司法部、全国人大常委会法制工作委员会关于刑事诉讼法实施中若干问题的规定》第36条。

〔2〕 1998年《最高人民法院关于执行〈中华人民共和国刑事诉讼法〉若干问题的解释》第116条;1999年《人民检察院刑事诉讼规则》第283条第2款。

审"的法官预断，反而使废止 1979 年庭前审查模式的制度功效有被抵消殆尽的危险。其次，这一制度缺陷导致的另一个后果就是严重妨碍了辩护权的充分行使。根据 1996 年《刑事诉讼法》的规定，辩护方在审查起诉阶段仅能查阅诉讼文书、技术性鉴定材料，而有关指控犯罪事实的材料则只能等到人民法院受理案件后才能查阅。因此，法院阶段的阅卷成为辩护方充分了解控方指控内容和证据的关键阶段。然而，同样因为检察机关只选择移送案卷材料中对其有利的部分，辩护方仍然无法知悉整个案卷材料。表面上看，只是辩护方的阅卷权受到了一定程度的限制。但结合我国刑事辩护缺乏自主调查空间而严重依靠控方案卷的状况，复印件移送主义的规定在实质上严重妨碍了辩护权的充分行使。

### 三、复印件移送主义改革失败的"悖论"

在之后对有关复印件移送主义的反思当中，这一富有探索意味的制度与被其取代的全案移送主义曾经的遭遇一样，受到了严厉的批判。批评者认为复印件移送主义既未能够有效防止法官预断，同时还滋生了诸多新的弊端。这些弊端可以归纳为以下几个方面：第一，排除法官预断的立法意图未能实现，反而更容易形成有罪预断。有关这一点，前文已有相当阐述。第二，诉讼效率受到影响。程序性事项无法在庭前解决使得庭审工作量陡增。同时，法官在不阅卷的情况下无法进行充分的庭前准备，在庭上也就难以引导庭审活动有效开展，滞缓了庭审进度。第三，辩护权的充分行使受到阻碍。辩护律师在法院阅卷所能接触到的只是部分案卷材料而且主要是有利于控方的案卷材料，无法有效知悉具体案情。而且，对控方证据缺乏认识，也使辩护方往往遭遇控方证据突袭。此外，大量卷宗资料的复印也造成了极大的资源浪费。[1]总之，"复印件移送主义并未能够真正起到设置时'避免法官先入为主，庭审流于形式，保证审判质量，实现审判客观公正'的目的，相反，其缺乏对公诉权的有效制约，影响诉讼效率，也不利于辩方的权利保障"。概而言之一句话——"实施效果并不理想"。[2]

然而值得注意的是，反思复印件移送主义失败的话语与实践之间存在着一种"悖论"。其原因在于反思话语把制度设计上的缺陷作为制度在实际运作中产生的弊端进行讨论。事实上，在司法实践当中，复印件移送主义几乎从一开始就没有得到严格的贯彻实施，其运行效果也就无从谈起。有研究者的相关调研表明，1996年《刑事诉讼法》实施期间，检察机关在大部分案件中依旧按照原来全案移送的方式提起公诉。而检察机关在实务中对新《刑事诉讼法》规定的复印件移送主义置之不理的主要原因竟是"缺钱"。复印案卷材料对于检察院来说是一笔很大的开销，很多检察院因此不堪重负。而这些复印件在法院开庭之后往往被当成废纸予以废弃，造成巨大浪费。所以，检察院排斥复印件移送主义，仍然选择更经济的直接移送全部原件。[3]即便庭前移送复印件的做法不是绝对的不存在，"庭后案卷移送制度"的存在也使得复印件移送主义过早地被架空。按照1998年《六部委规定》，检察院在法庭上出示、宣读、播放的证据材料都要当庭移交人民法院。即便是无法当庭移交的，在休庭后3日内也必须移交给人民法院。而且，还规定对于在法庭上出示、

---

〔1〕 宋英辉等：《刑事诉讼法修改的历史梳理与阐释》，北京大学出版社2014年版，第290~291页。

〔2〕 张军主编：《〈中华人民共和国刑事诉讼法〉适用解答》，人民法院出版社2012年版，第275页、第278页。

〔3〕 参见仇晓敏："刑事公诉方式：复印件移送主义、起诉状一本主义抑或全案移送主义"，载《中国地质大学学报（社会科学版）》2007年第3期，第74页。

宣读、播放未到庭证人证言的，如果该证人提供过不同证言，人民检察院应当将该证人的全部证言在休庭后 3 日内移交。实际上，相当于控方在庭前形成的全部案卷材料仍然会移送给审判人员，只不过移送时间由庭前改为庭审结束之后。如此一来，对案卷材料有严重依赖的法官照样可以将庭审当成"走过场"，待庭后收到全部案卷材料之后，再通过阅览案卷材料书面审理的方式作出裁判。当然，定期宣判的制度也为这样的做法提供了可能。

由此看来，复印件移送主义几乎没有按照立法设想的那样在实践中存在过，它要么是被全案移送主义顶替，要么是被庭后案卷移送制度架空。在制度样态的分析中，我们不否认复印件移送主义的制度设计存在先天缺陷。但复印件移送主义并未在实务中真正实施的实践样态也不能因此而被回避。否则，有关复印件移送主义改革如何失败的讨论会一直陷于"悖论"之中，很大程度上影响我们对于全案移送主义与起诉状一本主义的正确认识。

## 第三节　回归：全案移送主义制度的
## 恢复（2012 年至今）

### 一、案卷移送制度再改革的分歧

刑事诉讼当中应该没有哪一种制度像案卷移送制度一样经历了如此波折又如此充满争议的改革历程。从最初的全案移送主义受到"庭审流于形式"的猛烈批判，到复印件移送主义甫一出台即广受褒奖，再到理想主义色彩颇重的创新举措在实践中无法推行。历经 30 多年之后，我国案卷移送制度何去何从竟成难解之题——彻底将复印件移送主义改为起诉状一本主义，还是以默认改革失败的方式退回到最初的全案移送主义之间产生了极大争议。

多数学者在改革思路上延续了 1996 年以来的对抗式诉讼理念，主张刑事诉讼改革应当继续沿着当事人主义的方向前进，认为实行起诉状一本主义是我国进一步深化庭审改革的必然趋势。他们在批判复印件移送主义制度妥协性的同时，坚持我国案卷移送制度应当采行彻底的起诉状一本主义。[1]曾经采行全案移送主义的糟糕后果以及复印件移送主义改革的挫败，使得学者们对起诉状一本主义的期望不断抬高。有学者认为起诉状一本主义能够彻底根除由复印件移送主义带来的各种弊端，并能够有效地保障整个诉讼结构的运作具有合法性、正当性及合理性。[2]当然，除了一步到位的改革思路之外，也有学者主张渐进式的改革路径，并提出了案卷移送制度改革"三步曲"：第一阶段，复印件移送主义作为一种过渡措施可以基本维持并稍加完善；第二阶段，待法官能力提高以及证据开示制度完善后逐步减少移送材料；第三阶段即最后阶段，待法官独立原则确立以及刑事简易程序完善后，实行专门法官主持的预审制度，切断庭审法官与案卷的接触。[3]总之，在理论界，起诉状一本主义的改革主张占据了上风，重新选择全案移送主义被认为是一种"倒退"。[4]

仅有少数学者认为形式意义上的英美当事人主义不应被当

〔1〕 陈卫东、郝银钟："我国公诉方式的结构性缺陷及其矫正"，载《法学研究》2000 年第 4 期，第 101 页。

〔2〕 李奋飞："从'复印件主义'走向'起诉状一本主义'——对我国公诉方式改革的一种思考"，载《国家检察官学院学报》2003 年第 2 期，第 63、80 页。

〔3〕 参见龙宗智：《刑事庭审制度研究》，中国政法大学出版社 2001 年版，第 166~168 页。

〔4〕 参见徐昕、黄艳好、卢荣荣："中国司法改革年度报告（2012）"，载《政法论坛》2013 年第 2 期，第 88 页。

作塑造我国刑事诉讼未来样态的模具，对当事人主义和起诉状一本主义在形式上的一味追求，忽视了我国职权主义色彩浓厚的现实基础，同时也混淆了方法与目的间关系的结果。因而，不顾现实地转向起诉状一本主义并不是案卷移送问题的正确解决之道。[1]而且，提出起诉状一本主义并非如支持者所言能够彻底解决法官预断问题，反而存在破坏集中审理、拖延诉讼效率、增加公诉权滥用风险等固有弊端。[2]相反，重新采用全案移送主义是在新的运行环境下的制度前进，不会影响裁判公正。[3]起诉方式究竟是采取卷宗移送主义还是起诉书一本主义，是一个制度选择问题，不能因为出现反复就认为是倒退。[4]

## 二、理想的妥协还是理性的选择：全案移送主义的回归

（一）修法后的全案移送主义制度与实践

1. 作为正式制度的全案移送主义

案卷移送制度的再改革并未如多数学者所呼吁的那样在中国的刑事诉讼中构建起一套完整的起诉状一本主义制度，而是选择了重新确立全案移送主义制度。但是，修改后的《刑事诉讼法》确立的全案移送制度又并非完全是原样照搬1979年《刑事诉讼法》实施期间的全案移送主义制度。与之前相比，当前全案移送主义制度存在着诸多不同之处。

---

〔1〕 参见汪建成："刑事诉讼法再修订过程中面临的几个选择"，载《中国法学》2006年第6期，第85页；孙远："卷宗移送制度改革之反思"，载《政法论坛》2009年第1期，第167页。

〔2〕 参见仇晓敏："论我国刑事公诉案件移送方式的弊端与选择"，载《中国刑事法杂志》2006年第5期，第95~97页。

〔3〕 李新枝："恢复卷宗移送主义不会影响裁判公正"，载《检察日报》2005年10月10日。

〔4〕 吴宏耀、王耀承："出现反复不一定就是倒退"，载《检察日报》2006年3月13日。

　　首先，立法上首次明确了我国案卷移送的正式制度。与前两次刑事诉讼立法对案卷移送制度并无专门规定的情形不同，2012年《刑事诉讼法》首次在公诉提起方式的条款中明确了我国案卷移送的正式制度。《刑事诉讼法》第176条是关于检察院提起公诉方式的规定，该条款在提起公诉的条件和起诉程序之后，紧接着明确增加了"将案卷材料、证据移送人民法院"的规定。正是基于这一新增规定，废止了我国案卷移送制度史上颇具特色的复印件移送主义，同时也是这一条款标志着我国刑事诉讼中全案移送主义作为正式制度的再度回归。

　　其次，案卷的构成正由控方单方信息向控辩双方信息渐变。无论是旧全案移送主义还是复印件移送主义，其移送的案卷仅是指侦查机关和检察机关制作形成的案卷材料，并不包括辩护方收集的材料。不同的是，现行《刑事诉讼法》对移送案卷的案卷构成进行了调整。尽管因变化程度不大而未能引起足够关注，但实际上已经使得案卷结构向着包含控辩双方信息的方向转变。检察院审查起诉阶段案卷一般根据情况分立为正卷和副卷。正卷主要包括诉讼过程中依法应当提供的法律文书、主要证据及其他材料；副卷则主要包括其他法律文书、证据以及在办案过程中产生的请示、报告、讨论意见等内部材料。检察院在提起公诉时必须向管辖法院移交的案卷材料是正卷即公诉卷，具体内容包括：①侦查机关移送审查起诉的侦查案卷；②起诉书；③新认定、补充的证据材料；④需要向人民法院移送的赃款、赃物及其他实物证据；⑤不宜移送的实物证据的证据清单、照片或其他证明文件；⑥人民检察院办理共同犯罪案件中，对同案犯已作不起诉决定的法律文书；⑦其他应随案移送的材料。[1]而

────────────

〔1〕 参见2016年最高人民检察院印发的《人民检察院诉讼文书材料立卷归档细则》第11条。

辩方则可以在侦查阶段和审查起诉阶段分别向侦查机关和检察机关提交书面意见，根据《刑事诉讼法》第 161 条和第 173 条规定，辩方提交的书面意见都必须附在侦查案卷或公诉卷之中，并随之一并移送人民法院。虽然在实践中，案卷之中的辩方材料与控方材料在数量上相差悬殊，甚至质量也不及控方，但至少优于仅有控方单方证据材料移送庭审法官查阅的情形。[1]

最后，2012 年的全案移送主义与 1996 年之前的旧全案移送主义存在不同的制度背景和运行环境。2012 年修正的《刑事诉讼法》一方面改革复印件移送主义为全案移送主义，另一方面又首次在立法上明确了公诉案件举证责任归检察机关一方。《刑事诉讼法》第 51 条明确规定，在公诉案件中由人民检察院承担证明被告人有罪的责任。虽然由人民检察院承担举证责任是我国刑事司法实践的一贯做法，但此举却是首次在法律层面对公诉案件举证责任予以明确规定，弥补了法律规定上的空白。[2]然而，两种改革措施并举导致实践中出现一个问题：检察机关由于在提起公诉时已经将全部案卷材料移送给管辖法院，那么如何在正式庭审当中履行其承担的举证责任之"举"证？实践中，主要存在两种做法：其一，人民检察院在正式的法庭审理过程中，公诉人需要出示、宣读、播放有关证据的，可以申请法庭出示、宣读、播放；其二，人民检察院基于出庭准备和履

---

〔1〕　李琛："刑事法官阅卷如何走向未来——改革轮回之后的实证研究"，载贺荣主编：《司法体制改革与民商事法律适用问题研究——全国法院第 26 届学术讨论会获奖论文集》，人民法院出版社 2015 年版，第 11 页。

〔2〕　"立法机关在表述证明责任分配时使用了'举证责任'而不是'证明责任'的表述方式，这并非无意为之，而是有意之举。立法机关主要考虑到以下两点：一方面，使用'举证责任'的表述方式是与民事诉讼法和行政诉讼法的规定保持一致；另一方面，人民法院在刑事审判过程中承担了一部分补充审查核实证据的义务。"陈卫东、柴煜峰："刑事证据制度修改的亮点与难点"，载《证据科学》2012 年第 2 期，第 141~142 页。

行庭审举证责任的需要，还可以在人民法院送达出庭通知书之前取回已经移送的案卷材料和证据。笔者通过对检察官的访问发现，部分地区的实践做法是法院在开庭当天，庭审开始之前将案卷交还给出庭支持公诉的检察官。

不过，改革后的案卷移送制度虽然废止了复印件移送主义，但保留了案卷材料庭后移送的做法。因此，新的案卷移送制度下，案卷在检察院和管辖法院之间的移转不是单向度流动而是循环流动：人民检察院在提起公诉时先向管辖法院移送案卷材料；在正式庭审开始前则需要为庭审准备和履行举证职责取回已经移送的案卷材料；最后公诉人还应当当庭向人民法院再次移交取回的案卷材料和证据，即便无法当庭移交，也应当在休庭后 3 日以内移交。

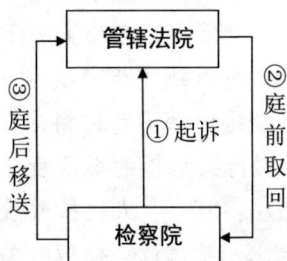

图 3.2　全案移送主义制度案卷移转流程

2. 法官庭前阅卷作为"隐性程序"的恢复

有关案卷移送制度和庭审实质化的争论，论者的重点往往放在法官应否庭前阅卷的价值判断上，进而从正反两方面分析和阐述法官庭前阅卷对庭审实质化的利弊影响。尽管这一问题的研究的确具有十分重要的意义，但不能因此就忽略了对法官庭前阅卷这一活动本身之规范与实践的关注。法官庭前阅卷的实践最早是与全案移送主义一并作为刑事司法传统而存在的，即便在制定《刑事诉讼法》之后，法官庭前阅卷仍然是缺乏明确规定的司法实践活动。1979 年《刑事诉讼法》作为我国第一部《刑事诉讼法》采行庭前实质审查制度，这一制度当然地要求法官必须在庭前阅卷以完成审查活动。但由于 1996 年《刑事诉讼法》改采复印件移送主义，法官庭前阅卷的实践在范围和程度上受到了一定的限制。当前，现行《刑事诉讼法》再度改采全案移送主义制度，并且是首次在立法上对该制度予以明确规定，却对法官庭前接触案卷材料问题仍然未作明确规定。然而，目前的司法实践已经继续了 1996 年《刑事诉讼法》之前的做法，即法官在庭前阅览案卷材料。笔者曾就此对基层法院的法官进行过访谈，从访谈中可以看出，阅卷是法官庭前准备工作的一项重要内容：[1]

问：法官会在开庭前阅读案卷材料吗？

Z 庭长："承办法官在领到立案庭送来的案卷材料之后，一般都会详细地看的。"

问："除了看材料，法官还会做哪些工作？"

Z 庭长："比较复杂的案件，有些法官会边阅卷边写阅卷笔录。"

问："是否会在阅完卷之后就写好判决书了？"

Z 庭长："对于简单案件是这样的，在阅卷后基本可以拟判决书草稿了。"

法官庭前阅卷活动的恢复，很大程度上是因为《刑事诉讼法》第 176 条的确立就是要保证法官庭前全面阅卷，从而进行

---

〔1〕　该基层法院系中部省份 S 省 J 市的城区法院，刑事业务庭分为刑一庭和刑二庭。Z 庭长为刑一庭庭长，该庭主要负责《刑法》分则第一章（危害国家安全罪）、第二章（危害公共安全罪）、第四章（侵犯公民人身权利、民主权利罪）、第六章（妨害社会管理秩序罪）以及第七章（危害国防利益罪）的刑事案件。

全面的审判准备，[1]因此，实行全案移送主义制度自然意味着重新允许法官在庭前阅卷。但从立法体例来看，第176条所在章节是对提起公诉方式的规定，并非针对法院庭审的准备工作，只不过在事实上为法官庭前阅卷提供了前提条件，但直接将其作为法官庭前阅卷的法律依据是否合理有待商榷。即便基于立法初衷便认为第176条是法官庭前阅卷的法律依据，当下法官庭前阅卷活动与1996年之前也不完全相同。1979年全案移送主义之下采行的是庭前实质审查，法官必须通过研读案卷材料进行公诉审查，庭前阅卷实际上是公诉审查活动的一部分。2012年《刑事诉讼法》虽然也是全案移送主义的制度设计，但按照当前程序性庭前审查的主流观点，法官不再就案卷材料进行审查。[2]由此，法官庭前阅卷已经脱离庭前审查程序，实际上成了一项单独的庭前准备"程序"。但由于这一"程序"并无法律明确规定，因此可以称之为隐性程序。换言之，法院在完成庭前审查程序之后，还要再由合议庭中的法官进行专门的阅卷活动。法官庭前阅卷的目的不再是审查公诉是否符合起诉标准，而单纯是为了熟悉案情、准备庭审。

3. 大数据、人工智能与全案移送主义

在形式上，我国全案移送主义制度的实践也开始随着人工智能辅助办案技术的发展向智能化迈进。大数据给案卷移送制度带来的这一变化值得关注。在前大数据时代，司法电子化一度被司法系统视为现代诉讼发展的重要方向。英国和德国在内的不少国家都在逐步推进电子卷宗的改革。广泛应用电子卷宗，

---

〔1〕 参见陈瑞华："案卷移送制度的演变与反思"，载《政法论坛》2012年第5期，第20页。

〔2〕 笔者认为这一代表性解释观点并不合理，具体理由将会在之后的章节中进行专门的说明。

使得司法外部联络和内部管理更为便捷，大大方便了法官远程调取案卷、诉讼参与人动态查阅案卷以及公众及时获取程序的相关信息。[1]电子案卷的普遍采用也被作为我国审判信息化建设的重要内容，以及司法信息化的未来愿景。[2]然而，案卷材料电子化仅仅是一种案卷材料载体的变化，其改变的是信息存储方式，带来的是携带、传递以及阅读上的经济。但在案卷资料信息的利用上与纸质材料的区别并不显著，因而对案卷移送相关制度也未能产生更多实质性的影响。

当前，随着大数据与人工智能技术的发展，大数据在以审判为中心的诉讼制度改革和诉讼智能化中开始得到深度应用。案卷在实现资料数据化的同时，也会对未来庭前审查、庭前会议以及案卷流转造成深刻的影响。例如，上海司法系统研发的我国首个刑事案件智能辅助办案系统（以下简称"206"系统），已经初显大数据和人工智能在案卷移送方面的应用。[3]该智能辅助办案系统通过大数据、云计算和人工智能技术，可以实现案卷中的证据信息抓取、证据校验和逻辑分析。"206"系统中涉及案卷的主要功能包括：电子卷宗移送、文书生成、证据指引以及非法言词证据排除等。在案卷实体移送方面，公检法三机关之间通过统一平台实现了互通互联、信息共享，案卷材料在辅助系统内可以完成移送和流转，节省纸质卷宗移送耗费的

---

〔1〕 See "National Rollout for Crown Court Digital Case System", available at https://www. gov. uk/government/news/crime－news－national－rollout－for－crown－court－digital－case-system（last visited 9 July 2017）；另参见周翠："德国司法的电子应用方式改革"，载《环球法律评论》2016 年第 1 期，第 104 页。

〔2〕 参见左卫民："信息化与我国司法——基于四川省各级人民法院审判管理创新的解读"，载《清华法学》2011 年第 4 期，第 156 页。

〔3〕 参见："揭秘'206'：法院未来的人工智能图景——上海刑事案件智能辅助办案系统 154 天研发实录"，载《人民法院报》2017 年 7 月 10 日。

人财物资源，提高效率。在案卷内容审查方面，目前"206"系统可以帮助检察机关对侦查案卷中的单一证据、证据链和全案证据进行校验、审查。而在未来，同样的技术也可以运用于法院对检察机关移送起诉的庭前审查，借助审查规则的细化和审查程序的智能化，更好地发挥庭前审查程序的效力。

图3.3  上海"206"系统页面[1]

## （二）回归全案移送主义的立法理由和制度逻辑

如果起诉状一本主义确实是我国案卷移送制度改革的理想目标，那么这一反复无疑像是同现实妥协的结果——改革没有因为限制性因素的存在而谋划如何克服障碍继续推进，反而轻易地退缩回到改革之前的状态。但从结果看来，立法者从一开始就没有将起诉状一本主义作为我国制度之模范，1996年《刑

---

〔1〕 图片来源："代号'206'，全国首个刑事案件智能辅助办案系统在沪诞生：人工智能将取代法官？"，载 http://www.sohu.com/a/155846697_119707，最后访问时间：2023年7月12日。

事诉讼法》的复印件移送主义也并非为最终实现起诉状一本主义而设计的一种过渡性质的制度，反倒更像一次试验性质的制度尝试。正因为是一次试验，既然试验效果不好，那么恢复之前的制度样态是通常做法，无所谓理想的妥协。因此，立法理由也只是说明了复印件移送主义的制度缺陷，并不认为存在解释重新选择全案移送主义的原因的必要性，一定程度上可以解释新《刑事诉讼法》中全案移送的立法意图一直"暧昧不明"的原因：[1]

这一改革在司法实践中效果不好，主要是法官在庭前对大部分案卷材料并不熟悉，不了解案件主要争议的问题，难以更好地主持、把握庭审活动，而且由于检察机关不在庭前移送全部案卷材料，辩护律师也无法通过到法院阅卷了解全案证据，特别是对被告人有利的证据。因此，本次《刑事诉讼法》修改时明确规定，人民检察院提起公诉，应当将案卷材料和证据移送人民法院。[2]

当然，从立法理由中仍然可以看出恢复全案移送主义是基于一种理性选择的结果，其制度逻辑恰恰和立法理由中提到的复印件移送主义的两大缺陷相关。首先，全案移送主义能够解决法官因不熟悉案情而难以把握庭审的问题。复印件移送主义使得法官无法在正式开庭审判前详细阅览公诉机关的案卷材料，对案情不熟悉的情况下也就无法作出充分的庭前准备，难以掌控庭审活动。而允许法官在庭前通览案卷材料，则能够使其充分地开展庭审准备工作，进而有效指挥庭审、提高诉讼效率。

---

〔1〕 参见孙远："全案移送背景下控方卷宗笔录在审判阶段的使用"，载《法学研究》2016年第6期，第156页。

〔2〕 全国人大常委会法制工作委员会刑法室编：《〈关于修改中华人民共和国刑事诉讼法的决定〉条文说明、立法理由及相关规定》，北京大学出版社2012年版，第206~208页。

不仅如此，法官在庭审活动中除了作为指挥者外还是重要的事实发现者，事先充分掌握案情是其完成这一庭审任务的有力保障。其次，全案移送主义有利于辩护方充分行使阅卷权。阅卷权是辩护权的重要组成部分，同时也是辩护方开展有效辩护活动的前提。在 1996 年之前，辩护方行使阅卷权是直接通过在法院查阅、摘抄、复制公诉机关移送的案卷材料来实现的。而改革后的复印件移送主义则使得法院无卷可供辩护方阅览，产生了架空阅卷权的问题。因此，恢复全案移送主义制度，公诉机关将用于庭审的全部案卷材料在庭前移送到法院，辩护律师在法院受理后、开庭前即可通过阅览控方全部案卷和证据材料了解检察官的指控，从而有助于做好防御准备工作。但与此同时，2012 年《刑事诉讼法》还在案卷移送制度之外对辩护人阅卷权进行了改革。《刑事诉讼法》第 40 条规定，辩护律师自人民检察院对案件审查起诉之日起，可以查阅、摘抄、复制本案的案卷材料。其他辩护人经人民法院、人民检察院许可，也可以查阅、摘抄、复制上述材料。新法取消了旧法对审查起诉阶段阅卷范围止于诉讼文书和技术性鉴定材料的限制，相当于提前了阅览公诉机关案卷材料的时间，也意味着辩护人阅卷权的行使不再完全依赖于法院对案卷材料的持有。尽管也有观点对这一改革的实际成效持怀疑态度，认为律师向检察机关申请阅卷，查阅案卷能否成功最终依赖于检察机关的自由裁量。[1]

### 三、悬而未决的难题：全案移送主义与庭审实质化的紧张

尽管立法恢复全案移送主义已是既成事实，但案卷移送制度并没有因此"一锤定音"。尤其对于青睐起诉状一本主义的论

---

〔1〕 参见汪海燕："合理解释：辩护权条款虚化和异化的防线"，载《政法论坛》2012 年第 6 期，第 30 页。

者而言，全案移送主义的回归即便不能被苛责为一种倒退，也只能算作是一时的权宜之计，案卷移送制度的改革仍是"未竟之业"。也有部分论者虽不赞成全案移送主义制度，但又鉴于短期内实现起诉状一本主义几乎没有可能，开始转向探索一条中间道路。于是，受意大利案卷移送制度的影响，双重案卷移送制度也被作为我国案卷移送制度未来改革的方向。[1]就双重案卷制度的设计而言，有以庭前审查作为分界，将案卷移送制度分为庭前审查前程序的全案移送和庭前审查后程序的部分移送；也有论者提出"两次移送制度"的，第一次由检察官制作用于预审的卷宗，第二次再制作证据目录移送庭审法官；还有论者提出由检察官制作仅包含侦查卷中的定罪证据的起诉卷移送给法院，其他证据材料均不再随案移送，实现起诉卷与侦查卷分离的双重案卷制度。[2]此外，即使是明确反对起诉状一本主义者也不得不承认全案移送主义仍然存在诸多问题悬而未决，尤其是其与审判中心主义、庭审实质化存在的紧张关系。

从 20 世纪 90 年代初认识到庭审形式化的积弊并着手改革刑

---

〔1〕　意大利 1988 年刑事诉讼法典展现了其刑事诉讼制度的改革，受到了英美对抗制模式的影响。为防止法官受检警侦查结果影响而产生偏见，侦查案卷被原则性地排除在法庭之外。具体而言，检察官在侦查终结后提起公诉，先由预审法官进行审查。在被告人被交付审判时，预审法官根据法典从侦查案卷中选择数量很少的允许庭审法官查阅的案卷材料，仅包括客观上不可能于法庭上再现的证据；审判开始前可能会灭失的证据；关于犯罪事实的记录；以及被告人前科记录。而且以上材料将被制成单独的审判卷宗。这一制度被称为"双重案卷制度"。该制度在于保证法官仅能知晓法庭上呈现的证据，而且只能以此作为裁判基础。See Giulio Illuminati, "The Frustrated Turn to Adversarial Procedure in Italy（Italian Criminal Procedure Code of 1988）", 4 Wash. U. Global Stud. L. Rev., 567, 571（2005）.

〔2〕　参见陈卫东："以审判为中心：解读、实现与展望"，载《当代法学》2016年第 4 期，第 19 页；参见唐治祥："意大利刑事卷证移送制度及其启示"，载《法商研究》2010 年第 2 期，第 148 页；刘译矾："论对公诉方案卷笔录的法律限制——审判中心主义改革视野下的考察"，载《政法论坛》2017 年第 6 期，第 122 页。

事审判制度开始，庭审改革至今已经持续了数十年之久。然而，改革一直未能取得良好效果，庭审形式化成为长期困扰中国刑事诉讼实践的"幽灵"。全案移送主义曾一度被视为是造成此问题的根源。1996 年改革案卷移送制度的原因正是在于全案移送主义被认为存在导致法官预断、庭审流于形式等诸多弊端。而废止复印件主义的原因之一也是其未能解决上述这些问题。如今，全案移送主义被重新恢复，但这并不意味着该制度原有问题的自动解决。在立法给出更好的解决方案之前，上述弊端仍将继续存在于司法实践当中。而且在"以审判为中心"的诉讼制度改革和庭审实质化的新情景中，这一问题将更加凸显。

　　研究范式与研究视角的转换或许会更好地为案卷移送制度难题的解决"开辟一些新的、通向知识和洞见的路径"。[1]立足于 2012 年《刑事诉讼法》所重新确立的全案移送主义，我们应当将关注的重心转向案卷移送制度自身的正当性问题，应当加强案卷制作的正当性和重新审视案卷使用的正当性。[2]近来，构建审判中心主义诉讼格局成为刑事司法实践的重要目标。然而，全案移送主义制度的回归被认为在很大程度上强化了既有的"案卷笔录中心主义"，阻碍了审判中心主义的构建。[3]在推进审判中心主义改革的当前阶段，如何理顺全案移送主义与庭审实质化之间的关系仍然有几个重要问题亟待关注：首先，审判中心主义在控审关系方面要求控审分离与公诉权的制约。实行全案移送主义制度后，法院对公诉机关案卷材料的庭前审

---

〔1〕　［美］理查德·A. 波斯纳：《超越法律》，苏力译，中国政法大学出版社 2001 年版，第 7 页。

〔2〕　参见熊秋红："刑事庭审实质化与审判方式改革"，载《比较法研究》2016 年第 5 期，第 44 页。

〔3〕　陈瑞华：《刑事诉讼的前沿问题》，中国人民大学出版社 2016 年版，第 519~520 页。

查应当如何进行方能符合审判中心主义的这一目标值得探讨。其次，庭审实质化的实现有赖于庭前会议的有效开展，庭前会议应当如何使用案卷材料，以及在裁决模式的庭前会议中被排除的非法证据的移送制度应当如何安排。再次，案卷笔录中心是实现审判中心主义的障碍。有必要厘清正式审判中公诉机关案卷材料的使用与案卷笔录中心主义的关系，明确全案移送主义制度下控方案卷材料的使用限制。最后，全案移送主义制度下职业法官与非职业法官在庭前接触案卷的权力差别是案卷移送制度的重要课题。我国人民陪审员制度改革中人民陪审员阅卷权的问题也相当值得关注。

总之，当前案卷移送制度的问题主要表现为全案移送主义与庭审实质化之间的紧张关系。尤其是去而复返的改革使得二者关系变得颇为微妙、复杂。全案移送主义制度能否合理存在很大程度上取决于其能否同其他诉讼制度相互协调，有效缓解其与庭审实质化的紧张关系，并在审判中心主义格局的建构中发挥积极作用。对于这些问题，不在理论和实践上进行深入的思考甚至有意避讳，只会使案卷移送制度处于争议的漩涡之中，甚至难以摆脱屡改屡败的魔咒。[1]

# 第四节　小结

从确立全案移送主义到独创复印件移送主义，再到全案移送主义的回归，我国案卷移送制度的演变经历了"初创—改革—回归"的曲折历程。一波三折的制度探索在积累实践经验的同时，也让刑事司法实践付出了不小代价，更为案卷移送制度的发展

---

〔1〕　参见郭华："我国案卷移送制度功能的重新审视"，载《政法论坛》2013年第3期，第157页。

蒙上了一层迷雾。梳理和检讨不同时期案卷移送制度的样态，认真反思制度改革失败的原因，我们有理由得出这样一种结论，即案卷移送制度应当被作为刑事诉讼制度体系的有机组成部分进行考察，脱离整体看待该制度甚至简单地将其视为一种纯粹的技术规范都是不适当的。忽略诉讼制度基础和配套保障机制，或者只在形式、技术层面关注案卷移送方式，一味地在形式上对某几种案卷移送方式进行优劣对比，难以避免制度陷入反复改革、屡改屡败的徒劳之中。

法律建构十分强调体系性，诉讼法尤甚。诉讼法极强的体系性体现在，某一个案的处理常常会适用到整部法律，其中任何制度间的不协调都很容易造成整部法律适用的紊乱。因此，作为刑事诉讼制度之一的案卷移送制度的改革也应当特别重视体系性。案卷移送制度不是一个孤立的诉讼制度，而是和其他诉讼制度相互配合，形成一定的诉讼结构，推进诉讼进程。[1]案卷移送制度的问题是案卷移送方式和一系列与之紧密相关的刑事诉讼制度之间协调运作的问题。所以，今后案卷移送制度的讨论不应简单依附于当事人主义或职权主义的诉讼模式之争，而是使得案卷移送制度与其他诉讼制度相互协调，共同助益庭审实质化，在审判中心主义格局的建构中发挥积极作用。

---

〔1〕　宋英辉主编：《刑事诉讼法学研究述评（1978—2008）》，北京师范大学出版社 2009 年版，第 311 页。

# C ▶第四章
hapter 4

# 全案移送制度下的庭前审查

在刑事诉讼制度体系之中，庭前审查程序处于衔接审前阶段和审判阶段的关键位置，体现和调整着作为诉讼格局重要侧面的控审关系。然而，目前全案移送主义与程序性审查相结合的实践，不仅存在制度安排上的不合理，同时也使得庭前审查程序沦为摆设，无法发挥维系控审分离，形塑审判中心主义诉讼格局的功能。因此，有必要运用法教义学解释的方法，在全案移送主义制度背景下对《刑事诉讼法》第 186 条作出合理解释方案以解决上述问题。

## 第一节　案卷移送制度与庭前审查

庭前审查制度，或称起诉审查制度，主要是指法院通过审查公诉机关移送起诉的案件以决定是否开启审判程序的制度。刑事诉讼中庭前审查制度的构造与案卷移送制度密切相关。我国于 2012 年修正《刑事诉讼法》时，规定人民检察院"向人民法院提起公诉，并将案卷材料、证据移送人民法院"，成为我国刑事诉讼法恢复施行全案移送主义的标志。[1]与此同时，庭前

---

〔1〕 参见陈瑞华："案卷移送制度的演变与反思"，载《政法论坛》2012 年第 5 期，第 14~24 页；张建伟："审判中心主义的实质内涵与实现途径"，载《中外法学》2015 年第 4 期，第 861~878 页；孙远："全案移送背景下控方卷宗笔录在审判阶段的使用"，载《法学研究》2016 年第 6 期，第 155~174 页。

审查条款修改为"人民法院对提起公诉的案件进行审查后，对于起诉书中有明确的指控犯罪事实的，应当决定开庭审判"。除删除旧法"并且附有证据目录、证人名单和主要证据复印件或者照片的"外，基本沿用原法条的表述。这一立法沿革被解读为我国《刑事诉讼法》废止了 1996 年的"复印件移送主义"，改采全案移送主义，但保留了庭前形式审查或称程序性审查。[1]按照这一观点，我国庭前审查程序在经历了"全案移送+实质审查"模式和"主要证据复印件+形式审查"模式后，现行所采用的是"全案移送+形式审查"的模式。

然而，研究各法治发达国家的刑事庭前审查制度可知，全案移送主义和庭前实质审查往往相对应，而起诉状一本主义则和庭前形式审查相对应。[2]那么，在我国全案移送主义的背景下，采行庭前形式审查方式是否存在制度错位？如果这一解释推导的结论是现有案卷移送制度与庭前形式审查方式之间存在矛盾的结论，而解决方法只能求诸案卷移送制度的再行修改，则可能造成立法体系的内在冲突，不利于法的安定性。不仅如此，由此立场形成的司法解释进一步造成刑事诉讼构造的形变。法院对公诉的庭前审查受到极大限制，致使法院实际上无法通过具有程序效力的方式制约公诉权，反而加剧了刑事诉讼庭前与庭审的多中心化，成为建构审判中心主义的一大障碍。此外，诉讼程序内部缺乏正式制约机制所导致的程序运行不畅，只得依赖外部权力给予调和，这又为外部权力干预司法提供了机会和渠道。

---

〔1〕　参见陈瑞华："案卷移送制度的演变与反思"，载《政法论坛》2012 年第 5 期；全国人大常委会法制工作委员会刑法室编：《〈关于修改中华人民共和国刑事诉讼法的决定〉条文说明、立法理由及相关规定》，北京大学出版社 2012 年版，第 214 页。

〔2〕　张军、陈卫东主编：《刑事诉讼法新制度讲义》，人民法院出版社 2012 年版，第 214 页。

总之，现有关于庭前审查条款的解释存在诸多合理性疑问，主要包括三方面的问题：其一，立法体系的内部紧张；其二，庭前审查制度存在重要功能的缺陷；其三，与审判中心主义诉讼制度改革旨趣相左。因此，在全案移送背景下，庭前审查条款究竟确立何种庭前审查程序仍应当从条文本身解释出发进行合理重述。

## 第二节　庭前审查条款既有解释的缺陷

### 一、庭前准备性质的形式审查解释

《刑事诉讼法》第 186 条规定："人民法院对提起公诉的案件进行审查后，对于起诉书中有明确的指控犯罪事实的，应当决定开庭审判。"通常认为该条文删除了原条款中"附有证据目录、证人名单和主要证据复印件或者照片"的审查内容，仅仅是为了废止"复印件移送主义"，并没有改变旧法庭前审查条款规定的形式审查。换言之，1979 年《刑事诉讼法》的实质审查并没有随着全案移送主义的恢复而恢复。据此观点，现行刑事诉讼法庭前审查条款确立的是一种全案移送主义下的形式审查。而且，该解释在实质上使得庭前审查制度退变为单纯的庭前准备活动。

尽管鲜有持此观点者对形式审查的解释结论作出过系统的阐述，但仍可从相关论述中大致理解既有解释在很大程度上采用了所谓目的解释的方法。根据 1979 年《刑事诉讼法》中庭前审查条款的规定，法官对案件实体问题的审查要形成犯罪事实清楚、证据充分之结论方可决定开庭审理。加之，法院在庭前审查中可以行使退侦权、要求撤诉权和调查权。[1]因而，学理

---

[1]　龙宗智："刑事诉讼庭前审查程序研究"，载《法学研究》1999 年第 3 期，第 60~71 页。

上将这种庭前审查方式称为实质审查或实体审查。立法废止该条的主要理由被阐述为实质审查方式"混淆了庭前审查与法庭审判的任务","把调查犯罪事实,核实证据作为了庭前审查的主要内容"。要求"审判人员确信犯罪事实清楚、证据确实充分才决定开庭审判","造成了审判人员'先入为主'、'先定后审'的现象,开庭审判也成为走过场"。立法的修改是"为了保证审判质量,达到审判客观公正的目的,避免法官先入为主,庭审流于形式"。[1]也就是说,第 186 条的立法目的是排除法官在庭前对实体问题的审查中产生预断,防止其形成先入为主的偏见而影响公正审判。由此得出修改后的庭前审查条款是摒弃了造成先入为主的实质审查,确立了可以排除预断的形式审查的解释结论。

然而,司法解释和其他相关规范的具体规定已经使所谓形式审查解释在实质上退变为法院在开庭前进行的事务性准备活动。最高人民法院发布的《关于适用〈中华人民共和国刑事诉讼法〉的解释》(以下简称《刑诉法解释》)第 218 条对人民法院庭前审查的具体内容作出了进一步规定。该条解释规定人民法院庭前审查的内容包括管辖权、起诉书记载内容、证据材料移送情况、涉案财物处理情况、参与诉讼活动的人员名单、有无附带民事诉讼、法律手续与诉讼文书是否齐备以及是否具有《刑事诉讼法》第 16 条第 2 项至第 6 项规定的依法不追诉情形。上述审查对象虽然较多,但基本上限于对案卷和证据材料是否齐备以及诉讼要件的审查,而不要求甚至是禁止法院对指控内容本身进行审查,如特别将《刑事诉讼法》第 16 条第 1 项排除在外。由此,尽管既有解释将当下的庭前审查方式称为形式审查,但其实所谓的庭前审查已经不具备起诉审查的意义,

---

〔1〕 全国人大常委会法制工作委员会刑法室编:《〈中华人民共和国刑事诉讼法〉条文说明、立法理由及相关规定》,北京大学出版社 2008 年版,第 357~358 页。

因为即便是形式审查，其对象也应当是审查公诉指控内容本身。因此，现有解释结论至多只能称之为庭前准备性质的"形式审查"。

此外，最高人民法院、最高人民检察院、公安部、国家安全部、司法部、全国人大常委会法制工作委员会联合颁布的《关于实施刑事诉讼法若干问题的规定》（以下简称《六部委规定》）也对《刑事诉讼法》第 186 条进行了细化，其第 25 条第 1 款规定"人民法院对提起公诉的案件进行审查后，对于起诉书中有明确的指控犯罪事实并且附有案卷材料、证据的，应当决定开庭审判，不得以上述材料不充足为由而不开庭审判"。相比于《刑诉法解释》第 218 条，该规定将法院审查的内容缩小到仅限于起诉书内容和案卷材料、证据的移送情况，审查对象和内容更为狭窄，更倾向于一种庭前准备活动。

## 二、忽视案卷移送制度改革的孤立解释

尽管立法草案、立法理由说明等材料是目的解释的有力依据，但"并非就是真正的立法者意志之表现，此即何以其不能拘束解释者之原因"。解释者应当整体考量法律条文所展现出的具有内在逻辑一致的立法目的，为此可以甚至不得不超越此类说明材料。事实上，结合全案移送主义的恢复来看，该种目的解释还存在孤立解释法条规范内涵的缺陷。

1996 年《刑事诉讼法》废止全案移送主义和法院不再以查阅全部案卷材料的方式进行庭前审查之间存在密切关联。同样，现行《刑事诉讼法》第 186 条与第 176 条的一并修改在立法目的上也应当具有一致性。第 176 条重新确立全案移送主义，目的显然在于扩大法院在庭前查阅案卷材料的范围与内容，与 1996 年的相关规定正好相反。因此，第 186 条在立法目的上也

不应当是 1996 年立法思路的简单延续，否则就与第 176 条的修改相抵牾。而且，起诉状一本主义排斥全案移送的原因正是基于控方案卷材料在庭前全部移送法院的做法有使法官产生庭前预断之虞。如果第 186 条的目的只是排除法官预断，那么立法者对案卷移送制度的修改就不应该是恢复全案移送主义，而是彻底采行起诉状一本主义。但第 176 条最终采行全案移送主义，也说明这种解释观点并不完全合理。

更为重要的是，忽视全案移送主义回归的立法背景，不仅造成立法体系内部的冲突紧张，而且忽视了其为弥补 1996 年以来形式审查运行缺陷所提供的重新解释立法的契机。1996 年《刑事诉讼法》修改庭前审查条款后，即有学者指出形式审查存在弱化庭前审查功能等诸种问题，批评其不符合各国立法的一般发展趋势。[1]只是，当时的学者基于我国不再有全案移送主义的判断，认为法官庭前通过案卷进行审查的方式已经不符合我国刑事诉讼改革方向。因此将更多的注意力放在未来独立预审程序的设立上，而对立法解释并未予以过多关注。[2]但在当前，这一判断的基础已经发生重大变化，立法再次采行了全案移送主义。如果解释者仍不重视这一变化对庭前审查条款解释的影响，继续将庭前审查不合理地解释为一般性的庭前准备活动，则意味着该制度运行还将继续困于 1996 年审查方式的弊端中。

### 三、审查结果欠缺法律效力的解释

现有司法解释和相关规定对庭前审查解释的不合理之处还

---

〔1〕 龙宗智："刑事诉讼庭前审查程序研究"，载《法学研究》1999 年第 3 期，第 60~71 页；宋英辉、陈永生："刑事案件庭前审查及准备程序研究"，载《政法论坛》2002 年第 2 期，第 65~75 页。

〔2〕 张泽涛："我国现行《刑事诉讼法》第 150 条亟需完善"，载《法商研究（中南财经政法大学学报）》2001 年第 1 期，第 125~131 页。

体现在审查后的处理结果缺乏效力。《刑事诉讼法》第 186 条规定，法院审查提起公诉的案件后，对于符合审查标准的，"应当决定开庭审判"。此处，我国《刑事诉讼法》采用了命令性规范的立法例。这种立法例由于没有明确规定法院对不符合审查标准的公诉案件如何处理，导致该种情况没有明确的法律规定可循。现行《六部委规定》第 25 条规定，"对于人民检察院提起公诉的案件，人民法院都应当受理"且"不得以上述材料不充足为由而不开庭审判"。这一规定将《刑事诉讼法》第 186 条中"应当决定开庭审判"解释为法院绝对不具有不受理起诉的权力，使得该条文随后列举的审查事项失去实质意义，审查什么甚至审查与否并不会产生不同效果。法院除决定开庭审判之外不具有其他任何处理权限，实际上使得庭前审查程序沦为虚置，显属不当解释。

　　相比而言，《刑诉法解释》对庭前审查的处理方式的具体规定更为务实。其在第 219 条规定的法院审查后针对不同情形的处理方式，可分为三种。在应当依法受理之外，还有退回人民检察院和通知人民检察院补送材料。[1]同时，该条第 2 款"对公诉案件是否受理，应当在七日内审查完毕"的解释，也可以说明法院对于公诉案件有受理与否的裁量权，并非必须受理。具体而言，三种处理方式与其各自事由分别是：①依法受理。具体事由包括：证据不足宣告被告人无罪后，检察院根据新的事实、证据重新起诉的；被告人真实身份不明，但犯罪事实清楚，证据确实、充分，按其自报的姓名起诉的。②退回人民检

---

　　[1]　2012 年《刑诉法解释》第 181 条还曾规定了一种处理方式是"裁定终止审理"，即"（六）符合刑事诉讼法第十五条第二项至第六项规定情形的，应当裁定终止审理或者退回人民检察院"。就终止审理而言，庭前审查属于诉讼受理阶段，审理尚未开始，因此不适宜裁定终止审理。2021 年《刑诉法解释》将"裁定终止审理"删去。

察院。具体事由包括：本院无管辖权；存在《刑事诉讼法》第16条第2项至第6项依法不追究刑事责任情形的；非缺席审判程序而被告人不在案的；经法院裁定准许撤诉后，没有新的影响定罪量刑的事实、证据而重新起诉的。③通知补送材料。应当移送的案卷材料不齐备，需要补充材料的，应当通知人民检察院在3日以内补送。其中对起诉书内容的要求是"是否写明被告人的身份，是否受过或者正在接受刑事处罚、行政处罚、处分，被采取留置措施的情况，被采取强制措施的时间、种类、羁押地点，犯罪的时间、地点、手段、后果以及其他可能影响定罪量刑的情节；有多起犯罪事实的，是否在起诉书中将事实分别列明"。

表 4.1 《刑诉法解释》中庭前审查的处理方式

| 处理方式 | 具体事由 | 法律依据 |
|---|---|---|
| 依法受理 | 证据不足宣告被告人无罪后，检察院根据新的事实、证据重新起诉的；被告人真实身份不明，但犯罪事实清楚，证据确实、充分，按其自报的姓名起诉的 | 《刑诉法解释》第219条第1款第5、7项 |
| 通知补送 | 应当移送的案卷材料不齐备，需补充材料的 | 《刑诉法解释》第219条第1款第4项 |
| 退回 | 本院无管辖权；《刑事诉讼法》第16条第2项至第6项；非缺席审判程序而被告人不在案的；经法院裁定准许撤诉后，没有新的影响定罪量刑的事实、证据而重新起诉的 | 《刑诉法解释》第219条第1款第1、2、3、6项 |

分析上述情形可见，《刑诉法解释》第219条仍是基于对

《刑事诉讼法》第 186 条作庭前准备性质之形式审查的解释立场，因而使其规定的审查后处理方式仅仅囿于缺乏程序效力的方式，其存在的问题大致可以分为三个方面：

其一，审查处理方式欠缺程序效力，不具备制约公诉权滥用的功能。司法解释规定的处理方式均表现出一定的非正式性，不具有严格的程序效力。公诉案件不符合庭前审查标准的，无论法院"通知补送"还是"退回"，都不会对公诉产生具有任何确定力的法效果。检察机关接到法院补送通知后不予补送材料或不在规定期限内补送的，缘此规定，法院似无其他措施而只得开庭。即便检察机关配合，随意补送若干材料，法院也只得开庭。当然，针对上述情形，理论上法院可以再行通知补送，但这也只会导致因程序的反复、拖延而无法及时终结。同样，退回的处理方式亦有上述缺陷。法院以退回方式处理起诉的，并没有正式终结检察机关的公诉，检察机关仍可决定是否再行起诉。欠缺程序效力的审查处理方式，无法有效制约检察机关公诉权的行使。法院在庭前审查这一连接审前与审判的关键程序中，如果不是无可作为的话，也是处于被动地位的。法院根本无法承担制约和引导审前阶段的功能，反而有使审判程序受制审前阶段的危险，构成阻碍审判中心主义诉讼格局形成的障碍之一。[1]

其二，审查后处理方式在效力上的暧昧，不仅从内部阻碍合理诉讼格局的形成，同时也为司法外权力的介入提供了机会。无法将问题的最终解决限制在正式程序内，将增加外部权力干预司法的风险。系统内部机能因存在效能缺陷而无法解决系统出现的问题，而系统又必须维持运转时，外部干预成为必然选

---

〔1〕　陈卫东："'以审判为中心'与审前程序改革"，载《法学》2016 年第 12 期，第 120~125 页。

择。现有审查处理方式下，一旦遭遇上述假设情形，法院与检察院之间的僵持就有可能造成诉讼程序"瘫痪"。而在我国，外部权力本就存在"协调"刑事诉讼职能的冲动，为避免这种程序不畅，司法系统甚至不得不选择借助于外部权力协调解决庭前审查问题。[1]

其三，审查处理方式仍保留了法院与检察机关的体制联系，有混淆控审职能之虞。从目前形式审查方式来看，通知补送的方式仅仅存在程序效力过弱的问题。一旦改变审查方式，通知补送的方式和内容如何规定就会涉及控审分离原则。经法院审查，检察机关案卷和证据材料所呈现的犯罪事实不明确的情况下，法院是否要给予检察院通知补送的机会？如果由法院通知检察机关补充相关卷证材料，似有法院偏袒检察机关之嫌，产生"法院失去中立立场，法检同一条战壕"的印象。这一联系不以妥当方式解决，法院就有可能随时位于或被置于控诉者的地位，审判中心主义诉讼格局所要求的控审分离也就无法真正实现。

## 第三节　庭前审查条款解释的价值立场

现有解释导致的突出问题是使得庭前审查作为审判权制约公诉权的意义被极度弱化。而这种制约关系不彰，控审职能的同质化就无法得到解决，侦查、公诉、审判的多中心在实质上异变为一个中心，即侦查中心。侦查中心主义痼疾最终将阻碍

---

〔1〕　最高人民法院在为法官正确理解和适用法条而编写的《新刑事诉讼法及司法解释适用解答》中对此有明确的说明："对于人民检察院应当移送的材料、证据而未移送的，可以要求人民检察院补送。人民检察院拒不补送足以影响审判公正的，人民法院可以向上级人民法院反映或者提起政法委协调。"参见最高人民法院研究室编著：《新刑事诉讼法及司法解释适用解答》，人民法院出版社 2013 年版，第198 页。

审判中心主义诉讼格局的形成。因此，庭前审查条款的解释应当重新明确其价值立场，即通过合理解释发挥庭前审查调整控审关系，形塑审判中心主义诉讼制度的功能。

### 一、审判中心主义诉讼格局中的控审关系

与"中心论"相比，"阶段论"的问题在于每一个诉讼阶段都各自封闭地成为一个中心，而且每个诉讼阶段承担的职能在本质上趋同。就现有控审关系而言，检察机关是强制侦查措施和审查起诉的裁断者，法院无介入干预的权力。因而相对于审判阶段，审前成为一个独立、封闭的阶段。同时，在流水线型的纵向诉讼构造中，侦、控、审职能存在同质化的趋势，即共同承担追诉犯罪的职责。由此，导致控审关系形成了配合有余、制约不足的顽疾。而且在职能同质化的情况下，由于公安、检察机关的机构性质和职权决定了其追诉职能的强大，反而形成了主要是前面机构（与诉讼阶段）制约（或影响）后面机构（与诉讼阶段）的格局。[1]因此，侦、控、审在结构安排上呈现的多中心在实际运行中表现为侦查中心主义。而建构审判中心主义诉讼格局就是对既有诉讼职能间关系的调整与重构，其目的在于打破侦查中心主义，以审判权作为诉讼格局的中心，主导整个刑事诉讼程序的进行。具体而言，审判中心主义下的控审关系调整应该着眼于控审分离与公诉权制约。

控审分离是现代刑事诉讼构造的基本原理，该原则对调整和重构我国当前控审关系仍然具有重要意义。[2]构建以审判为

---

〔1〕　参见左卫民："审判如何成为中心：误区与正道"，载《法学》2016年第6期，第6~10页。

〔2〕　马永平："论审判中心主义对重构诉审关系的影响"，载《法学论坛》2016年第5期，第64~71页。

中心的诉讼制度的前提是不同诉讼职能的分工合理、定位明晰。我国《刑事诉讼法》明确规定了"分工负责、互相配合、互相制约"的基本原则，但"配合有余"、职能同质化一直是控审关系没有解决的问题。因此，构建审判中心主义，首先要贯彻控审分离原则。起诉与审判是两种截然不同的诉讼行为，各自所承担的诉讼职能与诉讼任务并不一致。[1]审判在刑事诉讼中发挥的应当是终局裁断功能。有罪的举证责任不应当由法院承担，而必须由控方完成。法院通过行使审判权裁断控方举证是否达到证明标准。此外，审判权裁断功能的定位还有赖于其在刑事诉讼构造中的独立性和中立性地位。法院在意愿或机制上偏向于控方（实践中经常如此），实质上都是分担控诉职能的表现，偏离了裁判者的角色定位，将同样损害控审分离原则。

控审分离是审判中心主义的基础，但并不构成审判中心主义下控审关系的全部内容。"中心论"还进一步强调审判在各职能关系间的中心性制约功能。长期以来，法院审判很大程度上受制于侦查与起诉，案件一旦被移送起诉，法院便基本按照侦查结论和公诉意见作出判决。"公安造案、检察院照办、法院宣判"形象地说明了审判对审前阶段制约的缺失，法院中立裁断功能被严重束缚的现象。审判的中心性制约功能就是在审判中心主义格局中发挥审判程序对审前程序的制约引导功能。就控审关系而言，即是审判程序对公诉权的制约。尽管目前我国的刑事司法体制不采用令状主义，不具备建立强制措施的司法审查机制的条件，但审前阶段的公诉活动受到审判的监督和制约则已有相当的制度基础。法院能够充分利用庭前审查程序监督

---

〔1〕 卞建林、谢澍："'以审判为中心'视野下的诉讼关系"，载《国家检察官学院学报》2016年第1期，第33~42页。

制约公诉，而不是放任公诉阶段独立成为一个中心甚至反向制约审判，才有可能避免以往因案件轻易"带病"进入审判程序，造成"起点错、跟着错、错到底"的严重后果。[1]

## 二、庭前审查调整控审关系的制度功能

庭前审查调整控审关系，实现审判中心主义的要求，有赖其能够发挥两大制度功能：第一，防止检察机关滥行起诉；第二，维系控审分离的诉讼架构。[2]

### （一）防止检察机关滥行起诉

监督与制约公诉权，防止检察机关滥行起诉，是庭前审查应当具备的最主要的价值基础和制度功能。在普通法系国家，防止起诉权滥用的典型制度即是预审制度。尽管英国的预审制度起源更早，但由于英国法传统中起诉制度的独特性，美国的预审制度相比而言更为典型。[3]美国刑事司法中设置预审制度的目的即在于防止作为国家权力的公诉权的恣意，保护人民免于政府草率的、恶意的、无充分证据的、政治或宗教迫害的起诉。[4]检察官针对关切法益重大的重罪案件的指控并不能直接开启法院的庭审。在向管辖法院提起公诉（prosecution）前，检察官对犯罪行为的控诉（complaint）需要经过治安法官的审查。

---

〔1〕　参见孟建柱："主动适应形势新变化、坚持以法治为引领、切实提高政法机关服务大局的能力和水平"，载《人民法院报》2015年3月18日。

〔2〕　参见孙远："全案移送背景下控方卷宗笔录在审判阶段的使用"，载《法学研究》2016年第6期，第155~174页。

〔3〕　英国法传统中对犯罪的控诉历来非国家垄断，在专业警察和检察官尚未形成时期，控诉完全由私人提起。因此，其预审制度的功能从一开始并非针对国家权力的制约，而是保证起诉不被私人滥用。See Mireille Delmas-Marty and J. R. Spencer, *European Criminal Procedures*, Cambridge University Press, 2002, p. 172.

〔4〕　Coleman v. Alabama, 399 U. S. 1, 90 S. Ct. 1999 (1970), 转引自王兆鹏："起诉审查——与美国相关制度之比较"，载《月旦法学杂志》2002年第9期。

治安法官在预审程序中审查控诉后认为不符合审查标准的则可径行作出驳回控诉的决定。尽管美国部分州允许检察官以相同证据向治安法官重新提起控诉，但无论是否要求重新提起控诉都须提出新的证据，驳回控诉的审查处理结果在程序上均有终结检察官本次控诉的效力。在重罪案件必须由大陪审团审查的州，控诉经治安法官审查准予提交大陪审团后，仍需大陪审团审查决定检察官指控能否起诉至法院以开启庭审。大陪审团审查后不提出起诉书的，检察官无法向管辖法院提起公诉。[1]由此可见，在审查处理方式具备程序效力的情况下，检察官并不能恣意发动公诉权开启庭审指控当事人有罪。无论是治安法官的驳回控诉决定，还是大陪审团的不予签发起诉书的决定，都对检察官的指控产生程序上的约束效力。

（二）维系控审分离的诉讼架构

在职权主义诉讼模式中，庭前审查除了监督制约检察官起诉权力，还承担维系控审分离架构的重要功能。在德国，作为庭前审查制度样态的中间程序是一种建立在全案移送主义基础之上的实质审查。德国的检察官向管辖法院提出起诉后，在开启审判程序（主审程序）之前，其公诉必须经过单独的审查程序——中间程序。此一程序中，法官通过审查控方移送的全部案卷和证据材料决定检察官起诉是否达到了德国法要求的法定起诉门槛即"足够犯罪嫌疑"。法官审查后认为起诉未达到足够犯罪嫌疑之门槛的，应当裁定驳回，拒绝本案进入主审程序。检察官不服驳回裁定的可以提出抗告，但驳回裁定未有抗告或经抗告仍被法院裁定驳回的，拒绝开启主审程序的裁定即生确定力。检察官非基于新的事实或证据不得再次就该案件起

---

[1] 参见陈运财："起诉审查制度之研究"，载《月旦法学杂志》2002年第88期。

诉。〔1〕由此，未达到法定门槛而有滥诉嫌疑的起诉经中间程序过滤后，被阻隔在审判程序之外。此外，由于德国刑事诉讼采职权主义模式，调查原则要求法官在庭审中负有探究实质真实的义务。法官为发现案件真相、形成内心确信，除听审当事人之外，应本其职权，调查可能影响其判决的各项证据资料。〔2〕因此，检察官提起的公诉若未达起诉门槛而直接进入审判程序，意味着将犯罪嫌疑证明至充足的责任由控方转移给法院承担。而法院过分地承担举证责任，增加了控审职能混同的危险。故而，在职权主义诉讼模式中，将未尽控方举证责任的公诉排除在审判程序之外的庭前审查方式，在一定程度上可以起到避免控审职能混同的功能，确保控审分离的诉讼架构得以维系。

## 第四节　回归文义解释重述庭前审查条款

### 一、文义解释的优先使用性与范畴

尽管我国司法解释具有法律效力，但其毕竟是最高人民法院对立法的一种解释，而非立法本身。而且，司法解释存在具体的解释内容中既看不到原法律的条文，也不明确被解释的法律用语的问题。这种不针对具体条文和用语的抽象司法"解释"，很大程度上脱离了立法条文本身，其更多的是表现了司法解释制定者的意图，而非立法目的。〔3〕所以，司法解释并不足

---

〔1〕　参见林钰雄："论中间程序——德国起诉审查制度的目的、运作及立法论"，载《月旦法学杂志》2002 年第 88 期。

〔2〕　Mireille Delmas-Marty and J. R. Spencer, *European Criminal Procedures*, Cambridge University Press, 2002, p. 309.

〔3〕　参见陈春龙："中国司法解释的地位与功能"，载《中国法学》2003 年第 1 期，第 24~32 页。

以直接用来支撑某一解释观点或作为其他解释的依据。对法律条文的解释，仍然可以并且也需要从具体法律文本本身出发。

在法律解释方面，解释者可能过分寄希望于直接发现假设已经包含在法律条文中的某种确定含义，从而偏好目的解释，并因此夸大目的解释在众多法律解释方法中的优先地位和决定作用。然而，不管出于何种目的，文义解释才应当是解释法律必须优先使用的方法，文义解释是所有解释的出发点。已成立的法律得到普遍的服从是法治的基本要素之一，而过度解释法律就有可能成为法律的再造，从而"逃逸"对现行制定法的服从义务。因此，法治是反对任意解释的。文义解释的优先使用性既是法律解释的方法，同时也是法律解释的原则，该原则本身就蕴含着限制任意解释的功能。法律条文语词意义明晰，则不得解释。语词意涵存在争议的，应当优先针对条文语词本身并在其可能包含的多种意涵中进行解释。"只有在具有排除文义解释的理由时，才可能放弃文义解释。文义解释具有优先性，即只要法律措词的语义清晰明白，且这种语义不会产生荒谬结果，就应当优先按照其语义进行解释。"[1]

当然，鉴于文义解释是本论述所使用的主要解释方法，有必要对其范畴进行重点说明。文义解释的范畴绝非局限于组成法律条文的语词本身，不是死抠字眼的呆板释义。笔者赞同从更广的含义上理解和运用文义解释方法，即凡其解释的对象是法律语词，所使用的方法是发现，姿态是对法律服从，解释结果没有背离可能的文义，就属于文义解释。由此，文义解释包括了字面解释、限缩解释、法意解释、合宪解释、当然解释、

---

〔1〕 孔祥俊：《法律解释方法与判解研究》，人民法院出版社 2004 年版，第325 页。

语法解释、体系解释、比较解释。[1]虽从条文语词出发，但不拘泥于文字，多种文义的确定同样可以借助逻辑、产生历史和体系，甚至也包括立法者价值判断在内的各种理性工具。[2]从这一意义上就可以理解，耶林所指出的"目的是全部法律的创造者，每条法律规则的产生都源于一个目的，即一种实际的动机"并非在解释方法的层面强调目的解释而否定文义解释的优先性。

## 二、"起诉书中有明确的指控犯罪事实"的解释

### (一) 标准：由起诉法定门槛到离谱控制

庭前审查制度的重要目的即在起诉法定原则之下，由法院审查检察官之起诉是否已达到法律设定的起诉门槛，那么其审查标准自然应当是法定起诉门槛。不过，根据我国《刑事诉讼法》规定，法定起诉门槛也即提起公诉的证据要求与有罪证明标准均为事实清楚，证据确实、充分，应负刑事责任。如果我国庭前审查标准采法定起诉门槛之表述，势必有致使法官混淆庭前审查与正式庭审的风险。因此，庭前审查标准的设置必须考虑我国刑事证明标准的形式一元化特点。

**表 4.2　我国刑事证据标准一元化的具体规定**

| 情形 | 审查主体 | 条件/标准 | 所在条文 |
|------|---------|-----------|---------|
| 侦查终结 | 侦查机关 | 犯罪事实清楚，证据确实、充分 | 第 162 条第 1 款 |

---

〔1〕 陈金钊："文义解释：法律方法的优位选择"，载《文史哲》2005 年第 6 期，第 144~150 页。

〔2〕 ［德］魏德士：《法理学》，丁小春、吴越译，法律出版社 2003 年版，第 328 页。

| 情形 | 审查主体 | 条件/标准 | 所在条文 |
|---|---|---|---|
| 无法查明被追诉人身份案件的起诉、审判 | 检察院法院 | 犯罪事实清楚，证据确实、充分 | 第 160 条第 2 款 |
| 提起公诉 | 检察院 | 犯罪事实已经查清，证据确实、充分 | 第 176 条 |
| 简易程序 | 法院 | 案件事实清楚、证据充分的 | 第 214 条第 1 款第 1 项 |
| 速裁程序 | 法院 | 案件事实清楚，证据确实、充分 | 第 222 条第 1 款 |
| 自诉案件开庭审判 | 法院 | 犯罪事实清楚，有足够证据 | 第 211 条第 1 款第 1 项 |
| 有罪判决 | 法院 | 案件事实清楚，证据确实、充分 | 第 200 条第 1 项 |

我国刑事证明标准的形式一元化区别于同样秉持起诉法定原则的大陆法系主要国家，后者在立法上设定的公诉证据标准不同于有罪证明标准，即公诉证据标准往往低于有罪证明标准。因而，将起诉证明标准作为法院庭前审查的标准并不存在上述问题。在英美国家，公诉证据标准与有罪证明标准的关系也基本如此。有的甚至立法并不单独规定提起公诉的证据标准，但实务中检察官追诉犯罪通常要努力达到有罪证明标准，事实上几乎所有负责任的追诉机关都会如此。[1]然而，这并不妨碍其

---

〔1〕 有关刑事证明标准的研究可参见陈学权："论侦查终结、提起公诉与审判定罪证据标准的同一——以审判中心主义为视角"，载《苏州大学学报（哲学社会科学版）》2017 年第 2 期，第 57~65 页；李辞："再论提起公诉证明标准"，载《东南学术》2018 年第 6 期，第 181~189 页；孙长永："提起公诉的证据标准及其司法审查比较研究"，载《中国法学》2001 年第 4 期，第 119~139 页。

庭前审查标准的设定。因为，庭前审查制约公诉权滥用，维系控审分离架构主要在于对公诉权的离谱控制。所以，有无独立起诉证据标准，采用何种标准以及其与有罪证明标准之关系如何虽然是很重要且有争议的问题，但审查标准的法条表述可以不必纠结于此，只要其围绕审查公诉是否过分离谱即可。

或是基于刑事证明标准一元化问题暂无纾解之策，或完全是从司法实务中庭前审查架空庭审的现象进行考量，总之立法以修改庭前审查的标准而非公诉证据标准的方式规避了法定起诉门槛与有罪证明标准一致的问题。从而，直接设立起不同于有罪证明标准的庭前审查标准，即"起诉书中有明确的指控犯罪事实"。独立的庭前审查标准在事实上为该条款的合理解释创造了更大的空间，具有十分积极的意义。当然，这一积极意义的发挥仍有赖于妥当地解释现有审查标准的意涵。

（二）方式：综合案卷材料判断起诉书中的指控

首先，新《刑事诉讼法》第186条在规定庭前审查对象时使用的表述为"提起公诉的案件"。尽管在表述上与1996年《刑事诉讼法》第150条相同，但结合案卷移送制度的变化比较分析这一条文用语，应当明确两条文中"案件"的意指存在差别。1996年《刑事诉讼法》第150条是以"复印件移送主义"为前提的，法院能够在庭前接触到的"案件"仅包括起诉书、证据目录、证人名单和主要证据复印件，而不包括侦查卷宗等详细反映案件实体内容的材料。因此，法官审查"提起公诉的案件"不得不限于对上述材料是否完备进行形式上的审查。而新《刑事诉讼法》恢复"全案移送主义"之后，检察机关提起公诉需要将全部案卷、证据材料移送管辖法院。那么，此时"案件"的内容就不只是起诉书等简要材料，而是检察机关移交的所有案卷和证据材料的总称。第186条规定的"人民法院对提起公诉的案件进行审查"即是对呈现案件实体内容的案卷和证据材料进行全面审查。否则，恢复全案移送主义的意义便不存在。

其次，第186条中作为庭前审查标准的"起诉书中有明确的指控犯罪事实"，其意涵也存在很大的解释空间。在"复印件移送主义"之下，由于庭前无法接触到其他案件材料，法院只能通过审查起诉书本身记载的内容来决定起诉书中指控的犯罪事实是否明确。而限于起诉书的性质，其与犯罪事实有关的内容一般是对被告人的身份、犯罪的时间、地点、手段、后果、定罪量刑情节等的简要记载。因此，凡起诉书形式上具备了特定要件即达到"明确"。但如前所述，第186条条文语词的解释应当结合全案移送主义的制度前提。在恢复全案移送主义之后，一方面法官在庭前就已经开始阅卷，其范围扩大到全部案卷和证据材料，另一方面仍要限制法官只能查看起诉书记载内容是否明确。这既不现实，也不合理。因而，"对提起公诉的案件进行审查后"决定起诉书中有无明确的指控犯罪事实，应被解释为法院在全面审查完案卷、证据等完整呈现指控事实的材料后，综合判断起诉书中指控的犯罪事实是否明确。

最后，指控犯罪事实明确即要排除完全离谱的公诉。完全离谱的公诉显然属于公诉权的滥用，是庭前审查程序要阻止的对象。而是否离谱，可以采用"证据之形式上有罪"（prima facie）类型的审查标准。[1]"证据之形式上有罪"是指就检察官所提出的证据，无需经过解释，且不考虑证据能力和证明力的情况下，足以支持控诉方之主张。如果检察机关在庭前移送的案卷和证据材料，足以支持其起诉书中的指控，即认指控犯罪

---

〔1〕 参见王兆鹏："起诉审查——与美国相关制度之比较"，载《月旦法学杂志》2002年第9期。

事实明确。相反，根本不足以支持其指控，即认指控犯罪事实不明确。总而言之，《刑事诉讼法》第186条中的"有明确的指控犯罪事实"，其内涵宜作"证据之形式上有罪"的解释。当然，需要再次强调，该条款解释为法官查阅全部案卷、证据材料后，综合判断指控犯罪事实是否明确，甄别滥用公诉权的离谱指控，不等于要求法官形成有罪心证，后者在审判中心主义下更是应当被禁止的。

综上，上述解释方案充分利用了立法表述的修改所创造的解释空间，尽可能地实现关联法条间的融通，并且使得指控犯罪事实明确的所指更加清晰，便于法官理解和把握。同时，这一解释也与现有司法实务中审判人员的实践相符。不仅如此，通过将法官庭前阅卷工作与庭前审查制度相结合，使其不再仅仅是在为庭审做准备，丰富了法官庭前阅卷的目的。更重要的是，将庭前阅卷纳入庭前审查制度之中，为庭前阅卷目的设定了规范上的边界——指控犯罪事实是否明确，随时提醒法官注意其与有罪证明标准的区别。

### 三、"应当决定开庭审判"的解释

要解决庭前审查功能缺失的问题，除了要改变审查标准和审查方式的极端形式化解释，还需要重新解释"应当决定开庭审判"的规范内涵，以此强化庭前审查结论的法律效力。立法既然清楚地限定了法院应当作出开庭审判决定的条件，那么凡不符合该条件的，法院作出开庭审判以外的其他处理方式才符合法律规范目的。法院在审查之后，针对不同情形可以作以下处理：

（1）对案卷材料移送是否齐备的审查。尽管卷证材料是否移送齐备并非庭前审查制度主要目的，一般不作为审查对象，但因为其作为法官判断起诉书指控的犯罪事实是否明确之依据，有必要确保齐备。应当审查的内容主要包括《刑诉法解释》第218条第2项至第9项规定的对象。案卷材料未移送的，应通知检察机关限期补送。逾期未补送的，因法院无法依据案卷材料进行审查，应裁定不予受理。

（2）对诉讼要件的审查。在现行司法解释中，诉讼要件被作为我国庭前审查的内容之一，同样有其必要性和合理性。具备诉讼要件是法院能够进行实体判决的前提条件，由于我国刑事诉讼法没有规定专门的形式裁判来解决此类问题，[1]因此，仍需要保留其作为庭前审查对象。欠缺诉讼要件的情形主要包括无管辖权、已过追诉时效、被特赦的、告诉才处理欠缺告诉以及被告人不在案或死亡等，依照目前司法解释规定的处理方式是退回检察院。就退回检察院而言，存在诉讼抗辩性不强，程序正当性和权威性较弱。[2]笔者认为，可以根据欠缺诉讼要件的具体情形，分别作出不予受理和驳回起诉的裁定。欠缺的诉讼要件若属于本院无管辖或被告人不在案的，法院应作出不予受理的裁定；若属于已过追诉时效、被特赦的、告诉才处理欠缺告诉以及被告人死亡且非第297条第1款但书情形的，因欠缺之诉讼要件根本不可补齐，法院应直接作出驳回起诉的裁定。

（3）法院审查全部案件材料后，综合判断认为起诉指控的犯罪事实明确的，应当决定开庭审判。由于此处采用决定，且法条并未明文规定可复议，此决定一经作出即生法律效力，案件进入正式审判程序。

（4）法院经审查全部案件材料后，认为起诉指控的犯罪事

---

〔1〕 林钰雄：《刑事诉讼法》（下册），新学林出版社2020年版，第201页。

〔2〕 张曙："刑事诉讼中的管辖错误及其处理"，载《法学家》2020年第3期，第114~125页。

实未明确的，应当径行作出驳回起诉的裁定。但属于可能对司法公正有重大影响的情形的，法院应当通知检察院限期补正。

（5）经法院审查，案件是先前经法院裁定准许撤回起诉的案件，且没有新事实或新证据的，法院也应当作出驳回起诉的裁定。凡法院所作的驳回起诉的裁定，一经生效，检察机关没有新的事实或新的证据，不得再行提起公诉。

此外，还应当考虑针对法院在庭前审查中所作出的不予受理和驳回起诉的裁定其救济途径的合理设计。笔者建议可以参照现行司法解释中关于自诉案件不予受理和驳回起诉裁定的规定，允许检察机关就上述裁定提起抗诉，从而提高诉讼的抗辩性和程序的精细化。

## 第五节　小结

基于 1979 年《刑事诉讼法》中规定的庭前审查制度运行不良的后果，立法摒弃了实质审查模式。新《刑事诉讼法》中规定的庭前审查条款被认为是向形式审查的彻底转变，但甫一施行就被学者敏锐地指出其问题所在。然而，先见之明未能引起足够重视。由于既有解释形成了绝对排斥实质审查模式的刻板认识，且现有所谓的形式审查更符合刑事诉讼多中心和流水线构造，其与形式审查之间的紧张关系没有充分暴露。当下，随着审判中心主义改革的推进，现有解释已愈加无法担负建构审判中心主义要求的控审关系的任务，相反其导致我国庭前审查程序既不能发挥制约公诉权的作用，也无法促进控审分离诉讼架构的形成，在实质上沦为摆设。[1]

---

〔1〕　魏晓娜：“以审判为中心的诉讼制度改革：实效、瓶颈与出路”，载《政法论坛》2020 年第 2 期，第 155~172 页。

庭前审查程序连接审前和审判两大阶段，是刑事诉讼中的关键一环，其程序意义不亚于庭审。庭前审查程序运行合理，能够发挥审判程序对审前程序的制约引导功能，有助于形塑健康的控审关系，形成审前与审判阶段的良性互动。为此，解释者有必要回到全案移送主义回归的背景之下，对庭前审查条款重新进行合理解释。明确庭前审查条款制约公诉权滥用的目的，形成法官庭前查阅移送卷证并据此综合判断公诉指控犯罪事实是否明确的审查方式，强化庭前审查处理结果的程序效力。从而使法院能够利用庭前审查程序监督制约公诉权的行使，贯彻控审分离原则。最终，助益审判中心主义诉讼格局的形成。

当然，如何避免法官预断仍然是庭前审查必须要注意的问题，其与加强庭前审查制约滥诉的功能二者不可偏废。虽然，当前在刑事诉讼中设立独立的程序，实行庭前审查法官与庭审法官分离尚未见时机，但从长远来看，其应当成为未来完善庭前审查制度需要思考的重要问题。[1]

---

〔1〕 洪浩："从'侦查权'到'审查权'——我国刑事预审制度改革的一种进路"，载《法律科学（西北政法大学学报）》2018年第1期，第170~180页。戴长林、罗国良、刘静坤：《中国非法证据排除制度：原理·案例·适用》，法律出版社2016年版，第230页。

# C ▶第五章
## hapter 5

# 裁决型庭前会议与案卷移送制度

　　庭前准备的模式在很大程度上影响着案卷移送制度的设计，全案移送主义制度的预期功能之一便是有利于法官在庭前全面阅卷从而充分准备庭审。庭前会议作为一种独立庭前程序的设置，使得庭前准备模式开始发生转变。这一转变为解决法官阅卷有致预断危险的问题提供了制度空间和可能路径。建构裁决型庭前会议的目的在于避免庭前会议功能的失范，也由此引出了审前阶段排除的非法证据的移送问题，成为案卷移送制度研究中独具中国特色的问题。

## 第一节　文本与实践：庭前会议的个案考察

　　随着立法和司法解释对庭前会议相继作出规定，该程序在司法实践中的运用也呈日益增多的趋势。然而，在具体适用庭前会议的过程中，关于庭前会议条款的法律解释和实际程序运作还存有诸多争议，包括庭前会议处理事项的范围，程序的主持主体、被告人的参与权利以及程序效力等问题。这些问题既是庭前会议程序的基本问题，也是该程序有效运作的关键，同时还关系庭前会议能否作为程序载体促进庭审实质化的实现。因此，在探讨庭前会议与案卷移送制度的关系之前，应当首先尽可能地从文本和实践两方面出发厘清上述问题。

## 一、庭前会议的制度样态

《刑事诉讼法》第 187 条第 2 款规定，审判人员可以在开庭之前，召集公诉人、当事人和辩护人、诉讼代理人，对回避、出庭证人名单、非法证据排除等与审判相关的问题，了解情况，听取意见。该条款在我国刑事诉讼制度中首次创设了庭前会议程序，改变了过去庭前准备活动的纯事务性准备性质，为建构程序意义上的庭前准备程序搭建了制度框架。[1]设置独立的庭前会议程序的初衷在于消除因庭前准备活动的薄弱导致庭审程序时常被迫中断的弊端。通过庭前会议强化庭前准备，"在控辩双方的同时参与下，法官就案件程序问题集中听取意见"，进而明确庭审重点、保障集中审理、提高庭审效率、保证庭审质量。[2]从《刑事诉讼法》的规定来看，涉及庭前会议的法条仅有第 187 条第 2 款一款，该条款对我国庭前会议程序的程序框架进行了较为笼统的规定。

第一，第 187 条第 2 款似乎仅规定了庭前会议由审判人员召集的启动方式即依职权启动，并未规定庭前会议是否可以由控辩双方或其他诉讼主体申请启动。虽然从目前庭前会议的功能定位看，其作用偏向于帮助法官整理案件争点，更好地掌控庭审，并不直接处理控辩双方的诉讼权利和重大利益，但最高人民法院在 2017 年《人民法院办理刑事案件庭前会议规程（试行）》（以下简称《庭前会议规程》）中规定了庭前会议依申

---

〔1〕 参见汪建成："刑事审判程序的重大变革及其展开"，载《法学家》2012年第 3 期，第 91 页。

〔2〕 全国人大常委会法制工作委员会刑法室编：《〈关于修改中华人民共和国刑事诉讼法的决定〉条文说明、立法理由及相关规定》，北京大学出版社 2012 年版，第 215 页。

请启动的情形。[1]根据该规定，控辩双方有权申请人民法院召开庭前会议，由人民法院决定是否召开庭前会议。

第二，与同属审前程序的庭前审查的规定相似，立法对庭前会议的主持主体规定比较模糊，具体由何种哪一主体主持并不明确。实际上，主持人员问题的关键在于庭前会议的主持主体与审判组织之间的关系问题。也即，庭前会议主持主体是否以及应否与审判组织为同一主体。根据《庭前会议规程》第3条的规定，庭前会议由承办法官或者其他合议庭组成人员主持，合议庭其他成员也可根据案件情况参加。《刑诉法解释》第230条规定，庭前会议由审判长主持，合议庭其他审判员也可以主持庭前会议。

第三，该条款中"可以召集"的表述，意味着庭前会议是一种选择性的程序而非必经程序。在审查起诉与法院庭审之间，并非固定地增加了一个独立的程序环节。在正式庭审之前是否召集庭前会议，由审判人员依据案件具体情况逐案决定，既可以召集也可以不召集。

第四，庭前会议的参与主体较为广泛，除了作为控辩双方法律专业人士的公诉人和辩护律师，还包括被害人、自诉人、犯罪嫌疑人、被告人、附带民事诉讼的原告人和被告人在内的当事人都在庭前会议参加主体的范围之内。但是，该条款是否意味着赋予了此类主体参加庭前会议的诉讼权利，还是说审判人员可以自行从中决定庭前会议的参与主体。这一问题的关键在于被告人是否享有参加庭前会议的诉讼权利。《庭前会议规

---

[1] 《人民法院办理刑事案件庭前会议规程（试行）》第1条第2款规定："控辩双方可以申请人民法院召开庭前会议。申请召开庭前会议的，应当说明需要处理的事项。人民法院经审查认为有必要的，应当决定召开庭前会议；决定不召开庭前会议的，应当告知申请人。"

程》明确了被告人参与庭前会议的诉讼权利，规定被告人申请参加庭前会议或者申请排除非法证据的，人民法院应当通知被告人到场。但《刑诉法解释》规定应当通知被告人的情形为：庭前会议准备就非法证据排除了解情况、听取意见，或者准备询问控辩双方对证据材料的意见的，应当通知被告人到场。

第五，该条款将庭前会议处理事项规定为"与审判相关的问题"也较为粗疏、宽泛。虽然法条列举了回避、出庭证人名单和非法证据排除三类处理事项，但这三类处理事项并不能明确与审判相关的问题具体是何种性质的问题。争议较多的便是庭前会议是否可以涉及案件的实体问题。司法解释已有细化。

第六，该条款明确了我国庭前会议的立法定位，即召集庭前会议的目的在于帮助审判人员了解案件情况，听取诉讼主体的意见。"了解"和"听取"意味着参与主体可以在庭前会议中陈述和发表意见，但如果参与主体就相关问题存在争议时如何处理，立法并没有规定。由此，立法限制了庭前会议程序的功能，其并不具备作出有效力的实质决定的制度功能。

**二、司法实践中庭前会议的运作——基于刘某军案、谢某案的考察**

在法律文本之外，既有实践为庭前会议程序的研究提供了案例素材。通过对司法实践中适用庭前会议的典型案例的考察和剖析，可以发现庭前会议在实际运作中的经验和问题，进而有助于更恰当地解释法律条文，更加有效发挥庭前会议的制度功能。本部分以刘某军案和谢某案作为考察案例，主要是基于刘某军案在庭前会议适用上引起的争议最大，而谢某案则有可靠的庭审直播记录记载法庭对庭前会议的具体说明。另外，有关两案庭前会议的报道信息较为详细，因而适合作为案例素材。

2013 年原铁道部部长刘某军受贿、滥用职权案是有关庭前会议的著名案例。根据公诉机关指控，被告人刘某军身为国家工作人员，利用职务上的便利，先后为 11 人谋取利益，非法收受他人财物共计 6460 余万元，数额特别巨大，情节特别严重；身为国家机关工作人员，徇私舞弊，滥用职权，致使公共财产、国家和人民利益遭受特别重大损失，情节特别严重，依法应当以受贿罪、滥用职权罪追究刑事责任。该案由最高人民检察院侦查，因案情重大、复杂，二次延长了审查起诉期限各半个月，二次将该案退回补充侦查。〔1〕该案仅卷宗材料多达 400 多册，由两名主审法官"每天工作到夜里十一二点"，"封闭了将近一个月的时间"才完成了阅卷工作。〔2〕然而，案情如此重大、复杂，卷宗量如此巨大的案件，正式庭审却仅仅进行了三个半小时就结束了。本应至少开两天庭的案件却仅仅用数小时完成审理的反差使得外界抨击庭审只是走过场，甚至有专业律师对该案辩护律师是否进行了有效辩护表示质疑。〔3〕根据主审法官和辩护律师的解释，该案之所以能够快速结案，原因在于法院在开庭前召集公诉人、被告人刘某军及其辩护人参加了为期一天的庭前会议。由于庭前会议的充分进行，庭审时证据出示得以简化，且被告人和辩护人无异议，庭审辩论只围绕一个有异议的细节开展，所以庭审能够在三个半小时之内结束。这一解释

---

〔1〕 参见《中华人民共和国最高人民检察院公报》2013 年第 6 期，第 24 页。

〔2〕 "主审法官谈刘志军案：400 多本卷宗，封闭办案一个月"，载 http://legal. people. com. cn/n/2014/0704/c42510-25240127. html，最后访问时间：2017 年 10 月 24 日。

〔3〕 刘某军案辩护人钱某阳表示如果没有庭前会议，这个案件至少要开两天庭。参见"刘某军案 3 个半小时庭审不是走过场"，载《潇湘晨报》2013 年 7 月 2 日；上海律师斯伟江撰文认为，律师要维护当事人的利益，也需要维护社会正义。山东律师李金星发文质疑："该案有没有真正的辩护？"，参见"刘某军案庭审仅 3.5 小时引争议，律师否认走过场"，载 http://news. sina. com. cn/c/sd/2013-06-20/134527451893. shtml，最后访问时间：2017 年 10 月 24 日。

虽然在一定程度上消除了社会上对该案庭审时间过短的不理解，但引起了学界就庭前会议法律规定和适用的争议。

有关庭前会议适用的另一案例是 2017 年谢某煽动颠覆国家政权、扰乱法庭秩序案。该案审理法院在正式庭审前也同样召开了庭前会议。根据湖南省长沙市人民检察院的指控，该案被告人谢某为某律师事务所执业律师，自 2012 年以来，其先后多次公开发布言论攻击、诋毁政府部门、司法机关及国家法律制度，公然煽动他人颠覆我国国家政权，推翻社会主义制度，严重危害国家安全和社会稳定。此外，被告人谢某在 2015 年作为代理律师代理行政诉讼案件时，在开庭审理过程中，采取拍桌子、辱骂法官等方式煽动当事人及旁听人员对抗法庭决定，聚众哄闹、冲击法庭。值庭法警依法维持法庭秩序遭到谢某等人的阻挠，造成庭审秩序严重混乱，庭审被迫中止两个小时。公诉机关认为应当以煽动颠覆国家政权罪和扰乱法庭秩序罪追究被告人谢某的刑事责任。[1]该案一度因被告人的律师身份以及"遭遇酷刑"的传言而被境内外媒体广泛关注。境内外媒体相继报道被告人谢某"被疲劳审讯""被烟熏""以前受过伤的腿被折磨""被殴打到半夜叫救护车"，甚至还有媒体在报道中加入了声称是谢某遭遇酷刑的图片。湖南省人民检察院刑事执行检察局为此专门成立了独立调查组，对这一事件进行调查。[2]长沙市中级人民法院在开庭前组织控辩双方召开了庭前会议。

本部分通过收集、梳理刘某军案主审法官和辩护律师在媒体上对本案诉讼程序的介绍，以及谢某案庭审直播记录对庭前

---

〔1〕《湖南省长沙市人民检察院起诉书》（长检刑二刑诉〔2016〕85 号）。

〔2〕"律师谢某'遭遇酷刑'真相调查：酷刑是故事加细节想象出来的"，载 http://www.thepaper.cn/newsDetail_ forward_ 1630180，最后访问时间：2017 年 11 月 2 日。

会议的说明，对庭前会议在司法个案中的运作稍作剖析。

第一，庭前会议的启动主体和适用情形。即便《刑事诉讼法》没有明确规定庭前会议依申请启动的形式，但这并不意味着其他诉讼主体不能向法院提出召开庭前会议的意见。事实上，实践中的确存在检察机关和辩护方向法院提出召开庭前会议意见的情况，所附理由主要集中在"申请排除非法证据"和"案情重大复杂"两方面。[1]这两种理由其实均来源于当时最高法院的司法解释对庭前会议适用情形的规定。修改后的 2021 年《刑诉法解释》第 226 条规定法院可以决定召开庭前会议的情形包括：①证据材料较多、案情重大复杂的；②控辩双方对事实、证据存在较大争议的；③社会影响重大的；④需要召开庭前会议的其他情形。在刘某军案中，主审法官召开庭前会议的原因，即是基于该案证据材料较多、案情重大复杂、社会影响重大的案件的情形。[2]此外，《刑诉法解释》第 227 条规定了控辩双方申请启动的情形。

第二，庭前会议的召开形式。首先，庭前会议的结构基本是三角结构。与诉讼各方单方面进行的诉讼准备活动不同，庭前会议是一种三方共同参与的审判准备活动。在刘某军案中，法院召集了公诉人、被告人刘某军及其辩护人共同参加该案的庭前会议，是一种与审判相同的三角结构。其次，庭前会议程序的主持人员一般是该案件合议庭的法官。虽然在刘某军案的

---

〔1〕　秦明华、周宜俊、俞小海："构筑司法公正与效率之间的平衡——刑事庭前会议运行现状分析与制度构建"，载《上海政法学院学报（法治论丛）》2014 年第 1 期，第 30 页；左卫民："未完成的变革——刑事庭前会议实证研究"，载《中外法学》2015 年第 2 期，第 473 页。

〔2〕　"审判长详解刘志军案 5 疑问"，载 http://news.163.com/13/0709/10/93B7IUB700014AED.html#from=relevant#xwwzy_35_bottomnewskwd，最后访问时间：2017 年 10 月 24 日。

现有相关报道中，并未清楚说明该案中庭前会议的主持人员是否为合议庭法官。但在谢某案中，庭前会议则明确是由合议庭组织召开的。[1]在实践中，庭前会议通常是由该案合议庭的法官主持进行的，也即主持庭前会议的审判人员仍要参与后续正式庭审。此外，庭前会议是以不公开、口头形式进行的。由于庭前会议并非庭审程序，不适用审判公开原则。刘某军案的庭前会议是在羁押被告人的监狱中进行的，没有公众旁听，也没有媒体，是不公开进行的。虽然不公开，但庭前会议也并不是秘密的书面审理。在庭前会议中，公诉人、被告人和辩护律师主要以口头的形式就证据发表异议，就与审判相关的其他问题交换各自意见。

第三，庭前会议的参与主体。依照 2012 年最高人民法院的司法解释，法院"根据案件情况"可以通知被告人参加。缺乏明确条件的视情况而定实质上限制了被告人参加庭前会议的权利。据此解释，被告人参加庭前会议需要经过法院决定。法院不通知被告人参加的，被告人便无权参加。但是，从《刑事诉讼法》的规定来看，立法对当事人与公诉人、辩护人和诉讼代理人的参与资格并无区别对待，没有特别限制当事人参加资格的立法意图。由于最高人民法院司法解释的规定，在司法实践中，被告人并非一律参加庭前会议。部分地方法院规则规定，在被告人不参加庭前会议的情况下，应当对其辩护人的参加进行专门授权，或者要求检察机关提前征求被告人对证据的意见。[2]在刘某军案中，被告人刘某军参加了庭前会议，并在庭前会议中对控方证据材料发表了自己的意见。《庭前会议规程》规定了

---

〔1〕"谢某煽动颠覆国家政权和扰乱法庭秩序案—审公开开庭审理直播"，参见湖南省长沙市中级人民法院官方微博。以下如无特别说明，有关谢某案庭前会议的内容均出自该庭审审理直播记录。

〔2〕莫湘益："庭前会议：从法理到实证的考察"，载《法学研究》2014 年第3 期，第55~56 页。

法院对于被告人参与庭前会议的申请应当一律准许，确认了被告人参与庭前会议的诉讼权利。随后 2021 年《最高人民法院关于适用〈中华人民共和国刑事诉讼法〉的解释》（即 2021 年《刑诉法解释》）第 230 条第 3 款规定了应当通知被告人到场的情形，即庭前会议准备就非法证据排除了解情况、听取意见，或者准备询问控辩双方对证据材料的意见时。

第四，庭前会议的具体内容。庭前会议引发争议最大之处在于庭前会议的内容是否可以涉及案件实体问题，还是应仅限于程序性问题。刘某军案的庭前会议的内容主要包括：①程序性事项。控辩双方就管辖、回避、申请非法证据排除等程序性问题进行沟通，发表各自意见。②控方证据展示。公诉机关通过多媒体设备向被告人刘某军逐一出示了本案证据材料，由被告人和辩护人对控方证据发表意见。③安排庭审时证据出示方式。辩护律师提出要求检察院在庭审时着重出示某份有利当事人证据的意见；对与当事人没有多大关系的证据，则提出不需要在庭审时详细出示的意见。从上述庭前会议的内容来看，不仅包括了程序性事项，还包括了部分实体性的问题，以致该案的实体质证环节在庭前会议阶段已经解决了一大部分。在谢某案中，庭前会议中进行的事项则包括：①公诉人、被告人及辩护人对案件管辖的异议；②被告人及辩护人是否申请不公开审理；③公诉人、被告人及辩护人是否申请证人、鉴定人出庭；④被告人、辩护人是否提出排除非法证据申请；⑤被告人、辩护人是否提交新证据，申请通知新的证人到庭，申请调取新的证据或申请重新鉴定或勘验；⑥控辩双方展示了拟在法庭上出示的证据材料，听取控辩双方对证据材料的意见；⑦控辩双方对庭审举证、质证的顺序等庭审方式安排的意见。

第五，庭前会议的效力。《刑事诉讼法》规定的庭前会议的功能是就与审判相关的问题了解情况和听取意见,并不作出实质性的处理。庭前会议笔录的效力也未在立法中有明确体现。因此,实践中,控辩双方往往是在庭前会议中就有关事项达成"共识",如在"快播案"中各方人员在庭审会议中就部分庭审重要程序事项达成共识。《刑诉法解释》也对"共识"的效果进行了规定,根据其第184条第2款的规定,控辩双方就证据材料发表意见,无异议的证据可以在庭审时简化举证、质证。由此,庭前会议不只是"了解"和"听取",而是可以实际"解决"问题的。刘某军案中被告人及其辩护人在庭前会议中对控方证据逐一发表意见,对证据内容的客观性、收集的合法性表示无异议的证据,在庭审中的举证、质证以及法庭辩论都大大简化。庭审中,控辩双方举证质证和法庭辩论的方式表现为:①检察机关依法出示证据,采用多媒体展示、归纳说明、宣读证言节选等方式进行;②被告人刘某军承认检察机关指控犯罪事实,在法庭辩论阶段未提出辩解;③辩护人对指控刘某军受贿4900万元的定性提出意见。

### 三、超越文本:庭前会议制度功能的生长

#### (一) 证据开示

庭前会议的现行立法显示出很强的职权性,这与我国庭前会议的制度初衷和功能定位有关。我国庭前会议的主要目的在于帮助法官有效控制庭审,确保庭审顺利进行,提高审判效率。因而,在启动形式和议题内容等方面的设置上更着眼于法官,而非控辩双方。但是,并不是说我国庭前会议就完全不涉及对抗式庭前会议中事关权力制约与权利保障的问题。[1]相反,我

---

〔1〕 左卫民:"未完成的变革——刑事庭前会议实证研究",载《中外法学》2015年第2期,第479页。

国庭前会议存在解决此类问题的制度空间，并且在个案中也的确为证据开示、意见交换的实践提供了契机和平台。甚至，证据开示已经成为实践中庭前会议的重要内容。上述典型案件表明，检察机关会在庭前会议中向被告人及其辩护律师逐一展示证据。一方面，证据开示过程中，控辩双方就证据发表意见，才能够有助于整理案件主要争点；另一方面，控辩双方在证据开示后就不存异议的证据可以在庭审中简化举证、质证等环节，使得庭审针对争议问题展开充分审理，提高庭审效率、保障庭审质量。

（二）争点整理

庭审实质化要求实现案件经过充分的审理，而充分审理则需要建立在互相沟通的基础上，进而在庭审中针对性地进行充分的进攻和防御。[1]虽然了解情况和听取意见均是旨在帮助审判人员更好地熟悉案情和把握庭审，但从控辩双方角度出发，陈述案情和发表意见同时也是一个梳理案件争点的过程。在实践中，控辩双方在庭前会议中就程序问题、证据问题发表意见，进而发现双方在事实主张和法律方面的争议，对于双方存在争议的问题在庭前会议笔录中被重点记录，进而在后续庭审程序中引导控辩双方集中在争点问题上进行充分的举证、质证和辩论。不过，目前庭前会议通过制作笔录固定争点的做法，其效果基本依赖于控辩双方对已达成共识的自觉遵守，毕竟控辩合意对于控辩双方和审理程序均无法定的约束力。控辩双方并不能在庭前合意处分与审判相关的问题，仍需要在正式庭审中表态，因而在一定程度上限制了争点整理效果的发挥。

---

〔1〕　参见［日］田口守一：《刑事诉讼法》，张凌、于秀峰译，中国政法大学出版社 2010 年版，第 207 页。

（三）庭审安排

在司法实践中，除了证据开示和整理争点的功能，庭前会议还承担了安排庭审方式和证据调查方式的功能。在庭审方式问题上，控辩双方在庭前会议中，可以对案件是否进行公开审理提出申请。但是，由于我国刑事诉讼采行在庭审中确认的方式决定审理程序，庭前会议一度未能承担程序分流的功能。不过，随着认罪认罚从宽制度的建构，发挥庭前会议繁简分流的功能日益重要。《庭前会议规程》规定对于被告人在庭前会议中认罪的，人民法院可以在核实其认罪自愿性和真实性后，决定适用速裁程序或者简易程序审理。此外，庭前会议还涉及庭审证据调查方面的问题。"为使审判期日能够贯彻集中审理之要求，法院必须于准备阶段事先确定，到底在审判期日应行调查哪些证据。"[1]在我国庭前会议中，控辩双方对出庭证人、鉴定人、有专门知识的人的名单提出意见，同时还对提出证据的范围如是否提出新证据，以及证据出示方式进行意见交换。

## 第二节　庭前准备模式转变对全案移送主义的影响

### 一、阅卷式到会议式：庭前准备模式的转变

（一）阅卷式庭前准备模式

我国刑事诉讼法学理论中，习惯用庭前准备指称《刑事诉讼法》第 187 条第 1 款和第 3 款规定的内容，并不包含同条第 2 款新增的庭前会议。[2]但是，准确地说，第 187 条第 1 款和第 3

---

〔1〕 林钰雄：《刑事诉讼法（下册 各论编）》，中国人民大学出版社 2005 年版，第 154 页。

〔2〕 参见陈光中主编：《刑事诉讼法》，北京大学出版社、高等教育出版社 2012 年版，第 315 页。

款的庭前准备只是法院的庭前准备活动。一般而言，庭前准备活动除了法院之外，应当包括参与庭审的控辩双方在庭审期日前进行的准备活动。据此理解庭前准备活动，可以发现，长期以来，我国刑事诉讼的庭前准备活动始终是围绕"阅卷"进行的，笔者将其归纳为阅卷式庭前准备模式。

首先，检察机关在开庭前的准备活动主要是通过查阅、研读侦查卷宗而开展的。当然，检察机关在准备过程中也有可能进行讯问、询问、复（勘）验、复（检）查以及鉴定等活动，但此类活动也都是为了更有效地"阅卷"。其次，辩护方的庭前准备活动更是围绕阅卷进行的，甚至可以说几乎完全依赖于阅览控方的案卷材料。其中，最为典型的就是辩护人阅卷权制度。控方在收集、调取证据方面所拥有的资源优势是辩方所不具备的，为了能在两者之间实现实质上的"平等武装"，不少国家在刑事诉讼制度中设置了事先向辩方披露控方证据的制度。至少从历史的角度看，证据开示均是从控方向辩方开示证据开始的。[1]在我国，控方证据的庭前披露呈现为"阅卷权"的制度安排。概言之，辩护人通过立法所赋予的在检察机关和法院查阅、摘抄、复制案卷材料的权利了解、掌握控方证据。而且，由于我国辩护方自主调查取证空间有限，阅卷活动基本成了辩护人庭前准备活动的全部，是辩护权充分行使的关键。最后，裁判方即法院最重要的庭前准备活动也主要表现为"阅卷"。由于目前有权解释主体对庭前审查作程序性审查的解释，所以法官庭前阅卷的实践惯例并非出于法律上的明确要求。其原因在于，庭审法官为了主导和控制庭审，需要提前充分熟悉案情和证据材料。因此，法官在准备阶段，往往会耗费大量时间阅读检察机

---

[1]　龙宗智："刑事诉讼中的证据开示制度研究（上）"，载《政法论坛》1998年第1期，第7页。

关移送的全部案卷材料，并且据此撰写详细的阅卷笔录。案件越复杂，法官耗费在阅卷上的时间占庭前准备活动全部时间的比重越大。[1]不仅如此，法官强烈的阅卷需求已经成为影响案卷移送制度改革的重要因素。全案移送制度回归的一个重要原因即在于复印件移送主义制度使得法官在缺乏对案情和证据充分了解的情况下无法有效掌控庭审。

我国阅卷式庭前准备模式的特点主要体现在三个方面：一是书面性。庭前准备活动的开展基本是以书面的案卷材料为轴心运转的，主要表现为诉讼的各方主体阅读控方案卷中的各类书面证据材料。书面性的特点决定了案卷材料对诉讼中各主体的重要性，正式制度和机制的设计均须支持和保障各主体能够有效接触和使用案卷材料。二是单方性。庭前准备活动基本是由控辩裁各方分别、单独进行的。在正式庭审开始之前，三方之间几乎不存在就与审判相关的问题进行沟通的正式机制。由于欠缺严格的禁止单方面接触原则，同时现实中有需要，法院与检察机关或辩护方之间存在着非正式的沟通实践。但总体而言，即便是居于中间地位的法院，其庭前准备活动也是单方面进行的，而且是单方面阅览一方（控方）的证据材料。三是单向性。与单方性不同，所谓单向性是就控辩双方之间信息流动而言的。在以阅卷权为制度背景的庭前准备活动中，辩护方享有在庭前查阅控方全部案卷材料的权利，但检察机关则很少有了解辩方证据的正式机制。当然，其中很重要的原因在于辩护方自主调查取证权利的有限性，其证据的质与量都不足以使检察机关产生知悉对方证据的利益冲动。总体上，信息是从检察

---

[1] "在庭前工作时间中，法官的阅卷时间占据了'大头'"，"基本接近并超过了其庭前工作时间的60%"。参见左卫民："时间都去哪儿了——基层法院刑事法官工作时间实证研究"，载《现代法学》2017年第5期，第177页。

机关向辩护方单向流动的。

（二）会议式庭前准备模式

庭前会议程序的设置不仅在形式上改变了过去单一的阅卷式庭前准备模式，而且在功能设置上还具有很大的延伸空间。从总体上而言，会议式庭前准备模式是一种三方共同参与，信息双向流动的制度构造。首先，庭前会议是一种三方结构的庭前准备活动。与诉讼中各主体各自、单方进行准备活动的阅卷模式不同，庭前会议是由法院、公诉人、被告人及其辩护人三方共同参与的。在阅卷模式下，法官在庭前单方面接触控方案卷，既在形式上不符合法官中立的要求，在实质上也容易使法官承继检察官的有罪预断，影响法官后续庭审中证的形成。三方结构的庭前会议，则为法官在控辩双方同时在场的情况下接触双方证据材料，平等地听取双方意见提供了平台。其次，会议式庭前准备活动表现出更强的口头性。会议型的形式决定了该程序更加偏向口头性。在庭前会议中，控辩双方会就相关问题当场发表意见，法院也会就控辩双方的意见进行询问。最后，庭前会议是一种双向信息互动的制度。一方面，庭前会议中，不仅检察机关要向辩护方出示用于庭审的证据，而且检察机关也可以从辩护方了解对方的证据，不同于阅卷模式下信息的单向流动。另一方面，控辩双方不仅仅是出示己方证据，而且还会就与审判相关的问题交换意见。庭前会议的目的在于解决程序性争议和明确庭审重点，而且要交换意见，进行沟通、协商等互动。当然，还有论者根据对实践中庭前会议样态的观察，对庭前会议进行了进一步分类归纳，将实践中的庭前会议分为听证模式和会商模式两类。在听证模式的庭前会议中，控辩双方就程序性争议提出证据并发表意见，主持庭前会议的法官就该争议问题作出裁判。而会商模式的庭前会议中，控辩双方或控辩裁三方就与审判相关的问题仅进行交流和沟通，也即仅限于"了解情况，听取意见"。[1]不过，无论是听证模式还是会商模式，其作为庭前会议在实践中的样态都不影响本部分对庭前准备模式转变的总体判断。而庭前会议不仅带来了庭前准备活动模式的转变，同时也为案卷移送制度诸多问题的解决提供了可能的路径。

## 二、法官单独阅卷模式的替代和预断防止

全案移送主义制度正当化的一大理由在于法官对把握案件争点、积极掌控庭审的需求。因为法官需要厘清案情、明晰要点进而指挥庭审进行，所以法官需要在开庭前充分阅卷。既然法官需要庭前充分阅卷，案卷移送制度必须为这一需求提供渠道，因此，采行全案移送主义是合适的。然而，全案移送主义制度的最大问题在于，法官单方面阅览控方案卷将极易导致法官产生有罪预断，影响正式庭审中法官心证的形成。于是，案卷移送制度改革的逻辑陷入两难——为了避免法官预断，必须摒弃全案移送主义；摒弃全案移送主义，法官缺乏充分准备，难以掌控庭审。但其实这一困境是在阅卷式庭前准备模式的场景中产生的，庭前准备模式向会议式的转变，庭前会议作为独立程序的设置为解决全案移送主义下法官预断问题提供了可能路径。

首先，庭前会议同样能够甚至更好地承担全案移送主义的准备功能。全案移送主义制度改革，不能忽视其对于便利法官充分准备庭审所起到的重要作用。全案移送主义制度的替代或优化均需考虑这一需求，而庭前会议无疑是可以承担庭前准备

---

[1] 参见贾志强："从实证到理论：论我国刑事庭前会议的听证模式"，载《新疆大学学报（哲学社会科学版）》2015年第4期，第49~50页。

功能的制度，因为庭前会议最基础的功能就是庭前准备。作为一种三方结构的庭前准备程序，控辩双方共同参与，就有关审判的问题即时发表意见，充分交换信息。相比于阅览案卷材料，庭前会议能够优先过滤无争议问题，更有效地明确案件争点。通过庭前会议中控辩双方的互动，法官可以更全面地了解案情，明晰案件争点，确定庭审重点。

其次，庭前会议在形式上具有防止法官预断的结构。法官预断是全案移送主义制度受到的最大质疑，其根本在于法官庭前阅览控方案卷的实践。同样是庭前准备，庭前会议与法官单独阅卷不同，法官在公诉人、被告人和辩护人共同参与的情况下，平等地听取双方意见。相比于单方面查阅控方案卷材料，庭前会议的结构有利于抑制法官形成片面的有罪预断。不过，由于现行《刑事诉讼法》对审前程序的法官以"法院"或"审判人员"进行了笼统规定，审前程序法官与庭审程序法官之间的关系较为模糊，一定程度上成为庭前会议发挥预断防止功能的障碍。在实践中，庭前程序往往是由分配到该案的合议庭法官负责开展的。换言之，合议庭法官一般要负责庭前阅卷，召开庭前会议，最后仍要继续参与庭审。因此，尽管庭前会议在结构形式上具有抑制预断形成的优势，但主持庭前会议的法官在庭前会议前就已接触了控方案卷材料，可能已经在前一阶段形成了预断，庭前会议并不能防止这种预断跟随法官进入庭审程序。

尽管目前庭前程序的结构还存在上述问题，但庭前会议作为一种独立的程序，具备装载防止预断装置的空间。庭前会议完善防止法官预断的功能，有两种可能的路径：其一，人员分离。其二，案卷分离。庭前会议作为独立程序的特点，具备阻隔法官的连续性的制度基础，因此设立单独的庭前会议法官，分隔庭前会议与正式庭审成为发挥庭前会议排除预断功能的可能路径。有论者从庭前程序与庭审程序的视角出发，对此提出了改革构想，主张对立案庭进行功能性的改造，将立案庭法官改造成兼具公诉审查和庭前准备功能的预审法官，由立案庭法官主持庭前审查和庭前会议，从而实现庭前法官与庭审法官之间角色的分离。[1] 笔者认为，选择在庭前会议后再行更换法官主持庭审程序并不妥适。庭前审查、阅卷和庭前会议的法官为同一法官，而由没有阅过卷宗又未参加过庭前会议的法官主持正式庭审，与庭前会议帮助法官整理争点、掌控庭审，确保庭审顺利进行，提高庭审效率的目的不相契合。而且，庭前程序中首先有使法官产生预断可能的是庭前审查而非庭前会议，庭前会议中辩方的不同意见只会有助于减轻而非加剧这种预断。[2] 因此，庭前程序与庭审程序法官角色分离可能更应该从庭前审查程序改革上入手，而由合议庭成员主持庭前会议是符合庭前会议功能定位的。有关案卷分离的内容将在之后进行专门论述。

### 三、辩护方证据信息知悉权的另一种实现形式

除了法官主持、把握庭审的需求，全案移送主义制度另一正当化理由在于其对辩护方阅卷权的保障功能。[3] 不合理解决辩护方证据信息知悉的权利保障问题，全案移送主义制度的改革就无法顺畅进行。庭前会议在全案移送主义之外，为解决辩护方证据信息知悉权保障问题提供了可能。我国刑事诉讼法历

---

〔1〕 陈卫东、杜磊："庭前会议制度的规范建构与制度适用——兼评《刑事诉讼法》第 182 条第 2 款之规定"，载《浙江社会科学》2012 年第 11 期，第 38 页。

〔2〕 莫湘益："庭前会议：从法理到实证的考察"，载《法学研究》2014 年第 3 期，第 58 页。

〔3〕 全国人大常委会法制工作委员会刑法室编：《〈关于修改中华人民共和国刑事诉讼法的决定〉条文说明、立法理由及相关规定》，北京大学出版社 2012 年版，第 206~208 页。

来采行辩护人阅卷制度，而且在 2012 年《刑事诉讼法》之前，立法对辩护人阅卷权的内容采用的是阶段式阅卷的规定。辩护人阅卷分为审查起诉阶段的阅卷和审判阶段的阅卷。在审查起诉阶段，辩护人阅卷的内容十分有限，仅限于案件的诉讼文书、技术性鉴定材料。而只有等到公诉机关提起公诉，法院受理之后，辩护人才能够在法院完整地阅览到公诉机关的证据材料。因此，在阶段式阅卷权的制度设计下，全案移送主义制度对辩护方阅卷权的行使而言是十分重要的制度支撑。只有控方在正式庭审前将全部案卷材料移送法院，辩护人才能够充分实现阅卷权。但是，随着新《刑事诉讼法》改变阶段式阅卷的立法模式，阅卷时间和内容得以统一。当前，辩护方已经能够直接在检察院审查起诉阶段，查阅全部案卷材料。理论上，全部案卷材料移送法院已经不再是阅卷权实现的必要条件。当然，由于缺乏有效约束，公诉机关在实践中很可能因为控方利益而妨碍阅卷权的充分行使，如隐藏部分案卷材料或干脆找理由不给辩护人阅卷，使得审判阶段阅卷在现阶段仍有现实必要性。

因此，除了阅卷时间和内容的统一对全案移送制度构成影响外，庭前会议在阅卷权制度之外为辩护方证据信息知悉权提供了另一种制度路径。全案移送主义制度所保障的阅卷权只是审前证据信息交换形式中的一种，在对抗式诉讼中，审前证据信息的交换则是通过证据开示制度实现的。[1]在结构形式上，庭前会议为控辩双方陈述情况、发表意见提供了一个信息披露和交互的渠道。当庭前会议的议题围绕证据问题进行时，该程序便在一定程度上具有了证据开示的功能。而且，无论是庭前会议的司法解释，还是在具体的司法实践中，证据开示已经成

---

[1] 参见宋英辉、魏晓娜："证据开示制度的法理与构建"，载《中国刑事法杂志》2001 年第 4 期，第 49 页。

为该程序的一项重要内容。从上述典型案例可见，为了明确争点，检察机关往往会在庭前会议上逐一出示用于支持公诉的证据材料，辩护方则对出示的证据发表意见。甚至辩护方也可以在庭前会议中提出证据或证据线索。当然，由于我国并非英美对抗式的诉讼模式，加之辩护方自主调查能力和空间有限，辩护方在庭前开示证据的可能性和必要性并不大，由控方开示案卷证据材料仍然是重点。虽然这意味着庭前会议中的证据开示与现行的阅卷权制度在效果上差别不大，但通过庭前会议进行证据开示，在保障辩护方证据信息知悉权的同时，还可以避免阅卷权制度依靠全案移送主义的问题。庭前会议不仅可以实现静态的阅卷权制度的功能，而且在内容上比之更为丰富。因此，"保障辩护方阅卷权"作为采行全案移送主义的理由便不那么充分。当然，庭前会议的证据开示要完全取代阅卷权制度，可能还有待进一步完善：首先，明确证据开示义务的主体既包括检察机关，也包括辩护方。尽管检察机关的地位和资源优势决定了其成为证据开示的主要一方，但辩护方证据的开示同样有利于发挥庭前会议的功能，保证集中审理和庭审效率。[1]其次，就证据开示的范围而言，检察机关应当开示用以支持公诉的所有证据材料和其他诉讼材料；辩方则除了现阶段承担主动开示《刑事诉讼法》第42条规定的不在犯罪现场、未达到刑事责任年龄、属于依法不负刑事责任的精神病人的证据，以及证人名单外，还应当就用于庭审的书证、物证、鉴定意见等进行开示。最后，明确证据开示的效力。无正当理由不履行证据开示义务的，法院可以禁止其向法庭提交未经开示的证据。虽然将未经开示的证据一律排除出定案根据不妥当，但应由承担出示义务

---

〔1〕 龙宗智："刑事诉讼中的证据开示制度研究（下）"，载《政法论坛》1998年第2期，第77页。

一方说明理由，或给予对方充分准备的时间。[1]

## 第三节　裁决型庭前会议与非法证据的移送

### 一、庭前会议的程序效力与庭审实质化

有关庭前会议程序效力的讨论，研究者存在两方面的担忧：一方面，担忧庭前会议缺乏程序效力，无法对后续程序形成有效约束，导致庭前会议准备功能失范，影响正式庭审集中、充分地审理；另一方面，担忧庭前会议过分实体化的倾向，僭越处理定罪和量刑等案件实体内容，取代正式庭审，导致新的庭审虚化问题。总而言之，有关庭前会议程序效力的制度安排需要在庭审实质化的场景中展开。

（一）效力缺失导致庭前会议功能失范

庭前会议无法就与审判相关的问题作出具有法律效力的决定而面临效力缺失的批评，更为严重的是庭前会议效力的缺失有可能导致该程序整体功能失范，继而无助于庭审实质化的实现。理想状态下，通过庭前会议将涉及程序性问题的争议解决在庭前，同时提前明确庭审重点，安排好庭审方式和步骤，保障庭审能够集中进行。而庭审的集中进行则是贯彻直接审理原则、言词审理原则和自由心证原则的前提和基础。如果没有庭审的集中进行，断断续续的庭审或长时间休庭将导致庭审法官对案件情况的遗忘或记忆模糊化，法官为了能够接续认知，可能更加依靠书面的案卷材料，因而审判在实质上偏离了直接言词审理原则，庭审便成了"走过场"。

---

　　[1]　参见王强之："论刑事庭审实质化的庭外制度保障"，载《政治与法律》2016 年第 9 期，第 158 页。

就我国庭前会议制度而言，现行立法对于庭前会议的规定，使得该程序并不能针对争议问题作出有效力的决定，也就无法发挥保障集中审判等上述功能。根据《刑事诉讼法》的规定，立法将庭前会议的功能定位为"了解情况、听取意见"。从条文表述来看，无论是了解情况还是听取意见，其结果均不具有确定力，对后续程序亦缺乏约束力。庭前会议中控辩双方即便对管辖、回避等纯粹的程序性问题产生争议，也仅能以发表各自意见为限，争议问题的解决仍然要等到正式庭审开始之后。如此一来，控辩双方在庭前会议中已经提出或发表过意见的问题，仍然可以甚至是不得不在正式庭审中重复提出、争辩。因此，庭审仍有出现无休止的休庭和庭审中断的危险。[1]庭审程序中程序性争议与实体问题交叉并存，也容易导致庭审节奏紊乱。庭前会议不仅未能实现制度设计之初提高庭审效率之目的，反而徒增诉讼成本，耗费司法资源。自然，各主体缺乏参与庭前会议的积极性，法律效力的欠缺被认为是导致实践中庭前会议适用率较低的重要原因。[2]

（二）过度实体化造成正式庭审虚化

一方面，庭前会议缺乏效力受到批评；另一方面，庭前会议的实体化因有导致法官"预断"而致庭审虚化的问题也遭到批判。《刑事诉讼法》对庭前会议事项范围的现有规定较为粗疏，"与审判相关的问题"的覆盖范围颇为宽泛，并不存在特别的限制。尽管第187条第2款列举了回避、出庭证人名单和非法证据排除三类庭前会议事项，但这三类事项不具有明显的概括

---

〔1〕 参见吉冠浩："论庭前会议功能失范之成因——从庭前会议决定的效力切入"，载《当代法学》2016年第1期，第150页。

〔2〕 参见戴长林："庭前会议程序若干疑难问题"，载《人民司法》2013年第21期，第8页。

性或代表性，不足以明确该法条中"等与审判相关的问题"的性质进而确定其范围。2021年《刑诉法解释》第228条进一步列举了庭前会议中法官了解和听取意见的事项，包括管辖、回避、控方占有但未移送的有利被告人的证据、新证据、诉讼参与人出庭名单、非法证据排除申请、不公开审理申请以及证据材料异议等。但其中既有纯粹的程序性事项，如管辖、回避、出庭证人名单以及非法证据排除等；同时也包括了涉及案件实体的事项，如提出新证据以及证据材料异议等。除此之外，最高人民法院通过司法解释增加了庭前会议的功能，附带民事诉讼的调解也被纳入庭前会议的范围之中。《人民检察院刑事诉讼规则》（以下简称"最高检《规则》"）第396条在非法证据排除问题方面，进一步充实了庭前会议的功能。根据该条规定，当事人、辩护人、诉讼代理人在庭前会议中提出非法证据申请，认为证据系非法取得时，人民法院认为可能存在以非法方法收集证据情形的，人民检察院可以对证据收集的合法性进行说明。而根据《刑事诉讼法》规定，公诉人对证据收集合法性的证明一般是在法庭审理阶段，通过提请法庭当庭播放相关时段的讯问录音、录像，对有关异议或者事实进行质证。

在司法实践中，部分法院在庭前会议中涉及与审判相关的问题表现在五个方面：了解或询问排非情况、了解质证意见和其他证据问题、了解辩护（量刑）意见和双方争议内容、了解程序性问题、了解被告人是否有作案时间等。[1]从中可以看出，实践中庭前会议涉及的问题同样既有程序性问题也有实体问题。因此，无论是法律和司法解释的规定，还是司法实践的运行，庭前会议范围都不限于程序性问题，实体问题同样是庭前会议

---

[1] 左卫民："未完成的变革——刑事庭前会议实证研究"，载《中外法学》2015年第2期，第475页。

内容的一部分。因此，有论者批评庭前会议存在实体化倾向，有虚置甚至取代法庭审理之嫌。[1]原因在于法院在庭前会议中处理的内容不完全局限于管辖、回避等程序性问题，还涉及与定罪量刑相关的事实和证据等广泛的实体性问题。法官在庭前会议中对案件实体问题进行处理后，仍然会继续作为合议庭成员参与正式庭审，或者说实践中，庭前会议程序一般是由受理合议庭中的法官主持进行的。因此，法官之前由于处理案件实体所形成的认识和理解在庭审中便成为一种"预断"，影响到法官对庭上呈现事实和证据的认定，与庭审实质化要求的法官心证形成于法庭相违背。而且，庭前会议作为一种准备性质的程序，不公开进行的特点使得实体问题的处理可能会与审判公开原则、直接言词审理原则相抵触，同样是对庭审实质化的背离。

**二、裁决型庭前会议的建构**

**（一）准备程序必须以程序性争议为限？**

无论从立法目的来看，还是从立法中庭前会议条款所处位置来看，庭前会议的根本定位是一种准备程序。在比较法的视野中，准备程序通常是以事先解决程序性问题，从而提高庭审效力和庭审质量的制度安排，与处理实体性问题的审判程序存在严格分别。[2]而且，从庭前会议与庭审实质化的关系中，可以看出庭前会议解决实体问题将有架空庭审，造成庭审虚化的严重后果。因此，从准备程序的定位出发，庭前会议的内容应当以解决程序性争议为限。然而，这并不意味着准备程序中完

〔1〕 汪海燕："论刑事庭审实质化"，载《中国社会科学》2015年第2期，第116页。

〔2〕 参见施鹏鹏、陈真楠："刑事庭前会议制度之检讨"，载《江苏社会科学》2014年第1期，第165页。

全不能涉及实体部分。准备程序的功能不只是程序裁判，更重要的在于案件争点和证据的整理。控辩双方以及法官在庭前整理并明确案件的争点所在，有利于在庭审中就争点问题有针对性地展开持续、充分的审理。而争点与证据的整理势必涉及指控事实、适用法律及证据等内容。[1]因此，准备程序不可能不涉及案件实体问题。例如，在日本审前整理程序中，为保障审理持续地、有计划地、迅速地进行，在受诉法院主持下，双方当事人需要明示在庭审中所要主张的预定事实、请求证据调查、彻底开示证据，充分对审理进行计划。[2]在我国庭前会议中，控辩双方明确用以庭审的证据以及是否提出新证据，法官询问控辩双方对证据材料的异议，对于双方没有异议的，简化审理程序，对于有异议的作为重点审理等，在一定程度上属于对证据和争点的整理。对证据和争点的整理有助于庭审持续、集中地进行，尽管涉及实体性问题，但一概禁止并不完全合理。

（二）会商模式到裁决模式：程序效力的确定

程序性争议作为庭前会议的重要内容虽然不存在争议，但当下庭前会议对程序争议问题的处理，仅限于提出请求、表达意见。庭前会议的实际运行呈现为一种会商模式，只是为控辩双方提供了一个庭前交流和磋商的平台。控辩间的"弱合意"虽然可以为程序效力提供正当来源，但具体争议的彻底解决仍然必须拖到正式庭审，庭前会议的作用显得可有可无。[3]事实

---

[1] 参见闵春雷、贾志强："庭前会议制度适用问题研究"，载《法律适用》2013年第6期，第6页。

[2] ［日］田口守一：《刑事诉讼法》，张凌、于秀峰译，中国政法大学出版社2010年版，第212页。

[3] 参见汪海燕："庭前会议制度若干问题研究——以'审判中心'为视角"，载《中国政法大学学报》2016年第5期，第132页。

上，当前赋予庭前会议争议解决的功能具有十分重要的意义。正如有学者提出，"庭前会议处理的程序问题涉及审判及其结果的正当性，将这些问题集中在庭前会议中解决，不仅有助于实现程序正义，也因庭前程序与庭审程序的相对分离，可以避免程序违法对实体审判产生不利影响"。[1]庭前会议如能形成更具实质性与权威性的程序处理决定，在促进庭审的对抗化、平等化与集中化方面，其会有相当的制度前景。[2]因此，庭前会议应当具备裁决争议的程序效力，从当前的会商模式向裁决模式转变。

首先，法院应当在庭前会议中具有解决争议的权力。在会商模式中，法院在庭前会议中扮演的是倾听者的角色，以了解情况和听取意见为限，庭前会议笔录并无实质约束力。即便实践中存在控辩双方达成庭前共识的做法，但同样缺乏正式效力。裁决模式则要求法院在部分问题上扮演裁决者的角色。法院能够对控辩双方间就程序问题产生的争议作出裁决，在庭前会议程序中即行解决。而且，庭前会议的裁决将对后续程序产生约束力，控辩双方在庭审中再次就同一问题提出异议时，法庭原则上不予审理。最高人民法院《庭前会议规程》虽然没有采用裁定，而是以"庭前会议报告"的形式宣布争议处理结果，但已经明确了处理结果的约束力。控辩双方没有新的理由，在庭审中再次提出申请或者异议的，法院应当驳回。

其次，以失权效果强化庭前会议集中解决程序性争议的功能。为保证程序性争议能够集中在庭前会议中得到解决，有必

〔1〕 汪建成："刑事审判程序的重大变革及其展开"，载《法学家》2012年第3期，第92页。
〔2〕 郭华："刑事庭前会议制度的功能与价值——以审判为中心诉讼制度改革背景下的思考"，载《人民检察》2016年第5期，第23页。

要考虑设置失权的效果。控辩双方应当在庭前会议中提出程序性争议，无正当理由在庭前会议中未提出异议，而后在庭审中提出的，法院不予审理。当然，仅仅因为当事人未在庭前会议中提出异议而一律剥夺其在庭审中提出该异议的权利，有可能会严重损害被告人的诉讼权利和司法公正。因此，在确保庭前会议争议解决功能的同时，要充分考虑保障被告人的利益，在督促当事人及时行使权利、保障庭审效率与保障被告人利益、实现司法公正之间进行价值取舍，其标准宜采用有利于被告人原则。具体而言，如果在庭审中提出的异议有利于被告人，如非法证据排除问题，应当允许被告人在说明理由之后提出。

最后，构建裁决模式的庭前会议，应当同时考虑程序裁定的救济问题。由于我国没有独立的程序性裁判机制，如果庭前会议可以就争议作出裁定，而没有专门就该裁定的上诉机制，当事人便只能通过一审结束后的上诉寻求救济。但是，时效性乃程序权利实现之灵魂，将程序性问题的救济放在审判完全结束之后的上诉中，权利保障的效果可能会大打折扣。[1]因此，裁决模式的庭前会议应当同时考虑建立程序上诉制度，当事人对程序裁定有异议的可以及时提起上诉。

（三）庭前会议不应对事实形成实体决定

尽管庭前会议会涉及案件实体问题，但也仅以整理案件争点和证据作为目的和限度，并不应对事实形成实体决定。这与庭前审查程序有所不同。庭前审查程序的目的在于防止公诉权的滥用，法院在庭前审查中认为检察机关起诉未达到法定条件而根本不可能为有罪判决的，应当裁定驳回起诉。其目的不在于代替无罪判决，而是对明显违反起诉法定原则的"离谱控

---

〔1〕　汪海燕、殷闻："审判中心视阈下庭前会议功能探析"，载《贵州民族大学学报（哲学社会科学版）》2016年第3期，第168页。

制"。[1]在庭前会议中，控辩双方就事实与证据形成的争议记录在庭前会议后，将在庭审中作为重点进行审理，但事实和证据的实体处理则要在而且只在庭审中进行。

此外，庭前会议中涉及案件实体的还有证据开示功能。根据我国《刑事诉讼法》规定，控辩双方在庭审中均有调取新证据的权利，其对于发现事实具有合理性，但无限制地允许在庭审中调取新证据，很有可能导致控辩双方为证据突袭而在庭前故意隐瞒证据。过多的证据突袭则容易造成庭审的无休止中断。比如，检察机关在开示证据时故意隐藏部分用于庭审的证据，而后在庭审阶段提出，很可能导致辩方要求给予足够的时间进行辩护准备，于是造成审理延期。反之亦然。因此，庭前会议中应当有督促控辩双方履行各自证据开示义务的机制，如限制庭前会议之后证据准入资格，防止证据突袭造成庭审中断的情况出现。原则上，控辩双方应当在庭前会议中提交的证据，无正当理由未提交的不得在庭审中提出。[2]

综上，裁决型的庭前会议中既处理程序性问题，又涉及实体问题，并且还将对部分问题直接作出有约束力的裁决。因此，可以预见许多以往属于审判阶段的问题会提前到庭前阶段处理。而且越是重大、复杂的案件，越是需要召开庭前会议的案件，庭前会议需要准备和处理的事项就越多。所以很可能出现庭前准备程序的膨胀，与庭审程序比重失调的情况，而且这种情况已经在司法实践中出现，如刘某军案的庭审程序仅持续了3个半小时，而庭前会议则进行了整整一天。因此，将来立法对庭前

---

〔1〕 林钰雄：《刑事诉讼法（下册 各论编）》，中国人民大学出版社 2005 年版，第 97 页。

〔2〕 参见牟绿叶："移送案卷少点还是多点"，载《法制日报》2012 年 1 月 21 日。

会议的制度安排应当注意其与庭审程序保持适当的平衡关系。[1]

### 三、作为非法证据之案卷材料的移送

（一）庭前会议中非法证据排除的裁决

非法证据排除是庭前会议的重要事项之一。在庭前会议中解决证据收集合法性争议，主要存在两方面的考虑：一方面，与庭前解决其他程序性争议的目的相同，有助于保障庭审程序紧密围绕实体问题，进行持续不间断的审理，从而提高庭审效率和质量；另一方面，与非法证据的特点有关，非法证据进入审判阶段，可能污染法官心证的形成，继而影响实体问题的审理，因此有必要在庭前即予以排除，防止非法证据进入裁判者视野。[2]然而，当前庭前会议在上述两方面均存在不足之处。

目前，庭前会议在非法证据排除问题上仍然呈现为一种会商模式，而非裁决模式。《人民法院办理刑事案件排除非法证据规程（试行）》（以下简称《排除非法证据规程》）对庭前会议中非法证据排除事项的处理步骤进行了细化，具体包括：①被告人及其辩护人说明排除非法证据的申请及相关线索或者材料；②公诉人提供证明证据收集合法性的证据材料；③控辩双方对证据收集的合法性发表意见；④控辩双方对证据收集的合法性未达成一致意见的，审判人员归纳争议焦点。据此，控辩双方可在庭前会议中就证据收集合法性问题进行讨论和协商。然而，根据《排除非法证据规程》第15条的规定，其将"控辩合意"作为庭前会议非法证据排除的处理方式：控辩双方对证

---

〔1〕　[日]田口守一：《刑事诉讼法》，张凌、于秀峰译，中国政法大学出版社2010年版，第213页。

〔2〕　参见汪海燕、殷闻："审判中心视阈下庭前会议功能探析"，载《贵州民族大学学报（哲学社会科学版）》2016年第3期，第169页。

据收集合法性达成的一致意见对后续庭审产生约束力，控辩双方无正当理由不得在庭审中再行异议；控辩双方对证据收集合法性未达成一致意见的，庭前会议仅有归纳争点的功能。换言之，法院不在庭前会议中就证据收集的合法性进行实质调查，非法证据的认定和排除仍要等待正式庭审进行。

"庭审保留论"者认为，虽然程序性争议应当尽量在庭前会议中解决，但重大程序争议应当保留至庭审中解决。其理由主要在于，非法证据排除不是简单的个别证据的排除，而要综合全案证据进行考量，庭前会议并未对全案证据进行调查，因而不适宜就证据资格问题作出裁定。只有在庭审中对全案证据进行调查后，才可以解决。然而，在庭前程序中解决证据资格问题是合乎多数国家的司法实践的，而且我国非法证据排除制度的发展和完善也均体现出程序问题优先的理念。此外，庭前会议解决证据收集合法性问题对于完整构建上述裁决型庭前会议，保障庭审集中进行和庭审实质化也具有重要意义。因此，法院应当在庭前会议中就控辩双方无法达成一致意见的证据合法性问题进行调查，并作出具有效力的裁定。当然，与庭前会议中其他程序争议问题一样，非法证据排除的裁定也应当有独立机制给予裁定关系人及时的救济。[1]

### （二）案卷中非法证据的移送问题

与域外非法证据排除将重点放置于审判阶段不同，我国建立了一套贯穿侦查、审查起诉、一审直至二审阶段的具有中国特色的非法证据排除体制。[2] 而且从统计数据来看，审前阶段

---

〔1〕 参见叶青："庭前会议中非法证据的处理"，载《国家检察官学院学报》2014 年第 4 期，第 137 页。

〔2〕 参见吴洪淇："证据排除抑或证据把关：审查起诉阶段非法证据排除的实证研究"，载《法制与社会发展》2016 年第 5 期，第 149 页。

进行的非法证据排除不在少数，自 2013 年以来，各级检察机关因排除非法证据决定不批捕 2624 人，不起诉 870 人。[1]由是，在全案移送制度下，审前被认定为非法证据的案卷材料是否要继续进入审判阶段便同样成为一个具有中国特色的问题。如果构建起的裁决型庭前会议可以对证据收集合法性争议先行裁决，那么就有必要考虑上述第二个方面的问题，即庭前会议中被裁定为应当排除的非法证据是否仍可随全部案卷移送人民法院？

1. "移送加说明但不出示"：案卷中非法证据的移送方式

我国现行立法和司法解释在非法证据移送问题上采行了一种独创一格的方式，笔者称其为"移送加说明"的方式。根据最高检《规则》第 73 条的规定，被排除的非法证据应当随案移送，并写明为依法排除的非法证据。此外，2017 年由"两高三部"颁布的《关于办理刑事案件严格排除非法证据若干问题的规定》也采行相同的移送方式，其第 17 条规定，人民检察院对审查认定的非法证据，应当予以排除，不得作为批准或者决定逮捕、提起公诉的根据。但是被排除的非法证据应当随案移送，同时应当写明为依法排除的非法证据。因此，在庭前阶段被认定为非法证据甚或被"排除"的非法证据，仍然要在提起公诉时根据全案移送的规定，一并移送到人民法院。不同的是，检察机关应当对此类非法证据附加说明。

本部分探讨的庭前会议也是审前排除非法证据的阶段之一。那么，庭前会议中排除的非法证据是否仍然要移送呢？由于《庭前会议规程》和《排除非法证据规程》尚未规定庭前会议能够对非法证据排除直接作出决定，因而也就没有关于被庭前

---

［1］　参见 2017 年《中国人权法治化保障的新进展》白皮书，载 http://www. scio. gov. cn/zfbps/32832/Document/1613514/1613514. htm，最后访问时间：2023 年 7 月 12 日。

会议排除的非法证据如何移送的规定。尽管如此，《排除非法证据规程》的其他条文仍然可以在一定程度上反映出庭前会议后非法证据相关案卷材料的处理方式。《排除非法证据规程》第13条第2款是有关检察机关在庭前会议中撤回证据的规定。庭前会议就证据收集合法性进行审查时，允许检察机关自行撤回证据。检察机关主动撤回的证据虽然不能说都是非法证据，但至少是检察机关在审查中认为证据收集合法性存疑的证据。对于此类撤回证据的处理，该款规定，检察机关仍应当随案移送，但需要同时写明为撤回的证据。而且，该款进一步规定没有新的理由，不得在庭审中出示该撤回证据。由此，可以看出庭前会议后非法证据或证据收集合法性存疑的证据采行的是"移送加说明但不出示"方式。实际上，按照《排除非法证据规程》第4条的规定，我国非法证据的移送方式均可以称为"移送加说明但不出示"。该条针对所有阶段排除的非法证据规定，经依法予以排除的证据，不得出示、宣读。这条规定与立法和司法解释中"移送加说明"的规定结合，构成了我国非法证据移送的"移送加说明但不出示"方式。

2. 非法证据对证据评价过程的影响——原子主义和整体主义的解释

我国在非法证据移送方式上所采行的"移送加说明但不出示"方式，可以运用证据评价的原子主义和整体主义理论进行解释。[1]关于非法证据对证据评价心理过程的影响，不同的证据评价路径有着不同的认识。原子主义重视每个证据的证明力，因而关注某个特定证据对事实认定者的影响；整体主义则认为

---

[1] 有关证据评价中的原子主义和整体主义的论述，参见牟绿叶："论非法证据排除规则和印证证明模式的冲突及弥合路径"，载《中外法学》2017年第4期，第1070页。

心证的形成是建立在事实认定者对所有证据综合评价的基础上，并不特别强调某个特定证据对心证形成的影响。因此，倾向原子主义的英美证据法，其非法证据排除规则十分强调将不具备证据资格的证据排除在事实认定者的视野之外，使该类证据根本无法进入审判程序。事实认定者不知非法证据的存在，也就无法对其心证之形成造成影响。而与之相对，倾向于整体主义的我国，在非法证据排除制度安排方面似乎不太关注或担心非法证据对裁判者心证整体性的污染，认为个别非法证据不会导致法官对整个证据评价的偏差。作个不太严谨但比较形象的比喻，英美非法证据排除规则认为非法证据和证据评价心理过程的关系像是水和墨汁的关系。心证形成过程就像是一泓清水，非法证据则是墨汁，在水中滴入一滴墨汁，那么整个水体都会受到墨汁的污染。因此，要严格防止墨汁滴入水中。而我国对于二者关系的认识更像是豆子和石子的关系。心证的形成就像一堆豆子，非法证据不过是混进豆子堆中的石子，并不会影响其他豆子，那么只要仔细观察找出这颗石子并将之剔除出去即可。因此，我国非法证据排除制度更注重非法证据的发现。这一发现的主体既可以是法官，也可以是侦查机关或检察机关，也可以是其他参与诉讼的主体提醒法官，从而避免法官将非法证据作为定案根据造成冤假错案。

3. 非法证据移送方式的弊端与完善路径

按照传统对非法证据排除规则的行为效果的理解，非法证据一旦进入事实认定者的认知视野，将有对心证的形成造成污染的危险。审判人员接触和了解非法证据的内容，都会实际影响法官的心证。[1]因此，我国移送非法证据的做法就存在非法

---

〔1〕 参见汪海燕：“论刑事庭审实质化”，载《中国社会科学》2015年第2期，第117页。

证据影响庭审法官心证的弊端。因为，目前我国庭前审查程序和庭前会议程序的主持法官与庭审法官并不分离，移送的非法证据都将会被庭审法官接触和阅览。对此，有论者提出构建"二元法庭"来避免庭审法官接触非法证据。[1]此种观点主张由立案庭法官主持庭前审查程序和庭前会议程序，从而构建起实质上的预审庭，与正式审判的法庭相分割。庭审法官不在庭前接触包括非法证据在内的任何案卷材料，由此避免其对庭审法官的影响。然而，一方面，建立"二元法庭"所需要的司法成本十分高昂，以至于许多国家并不倾向于选择这种方式的改革，我国在法官员额制改革的背景下实现这一改革的困难更大；另一方面，如前所述，庭前会议的庭审准备功能决定了该程序更适合由庭审法官主持，因而分离庭前会议法官与庭审法官也并非最优的制度安排。因此，通过"二元法庭"阻隔非法证据移送方式的构想实施起来存在困难。

虽然彻底防止法官接触非法证据的构想与现实存在差距，但并不意味着我国非法证据移送方式无法被进一步完善。由于我国非法证据排除制度尚处于初期发展阶段，可以将制度建构的重点放在程序审查优先原则的保障方面。非法证据排除的程序性问题与定罪量刑的实体问题交叉混杂，其结果要么可能是实体问题架空非法证据排除规则，要么可能是非法证据被当作实体裁判中的量刑情节。而非法证据案卷的单独移送，则有助于适当分离非法证据排除裁判与实体裁判，尽量消除上述弊端。具体而言，首先，在提起公诉之前已经被排除的非法证据，应当在提起公诉时即移出公诉案卷，不应当再向法院移送；其次，在庭前会议中，辩方提供相关线索和材料申请排除非法证据后，

---

〔1〕 参见陈卫东、杜磊："庭前会议制度的规范建构与制度适用——兼评《刑事诉讼法》第 182 条第 2 款之规定"，载《浙江社会科学》2012 年第 11 期，第 39 页。

控辩双方就该证据收集合法性达成一致认为是非法证据的，以及检察机关主动撤回的证据，也应被移除出案卷材料；最后，控辩双方在庭前会议中对证据收集合法性未达成一致的证据材料，应当单独制定成一卷，由庭审法官在法庭调查环节前先行调查非法证据排除问题时使用，以此实现最大限度地将取证合法性问题从实体问题中剥离出来。[1]

## 第四节　小结

庭前会议作为一个独立程序引入我国刑事诉讼庭前阶段，为建构程序意义上的庭前准备程序搭建了制度框架。在庭前准备活动由书面、单方和单向的阅卷式向口头、三方结构和双向度的会议式转变的过程中，庭前会议发挥着重要的作用。而这一转变有在全案移送主义制度之外，为解决法官准备庭审以及辩方证据信息知悉权的保障提供了不同的可行路径。因而，在案卷移送制度的改革上，庭前会议将有很大的制度前景。然而，当前庭前会议缺乏效力是亟待解决的问题，否则有使该程序功能失范的危险。裁决型庭前会议的建构就是要明确庭前会议的程序效力，发挥明确庭审重点、保障集中审理、提高庭审效率、保证庭审质量的功能。当然，同时注意庭前会议与庭审实质化之间的平衡。非法证据排除问题是庭前会议的重要内容之一，裁决性庭前会议有必要解决证据合法性争议对保障庭审集中进行和庭审实质化具有重要意义。由于我国建立的贯穿审前和审判阶段的特色非法证据排除制度，审前阶段已排除的非法证据的移送问题便成为我国非法证据排除制度和案卷移送制度的特

---

〔1〕　牟绿叶："论非法证据排除规则和印证证明模式的冲突及弥合路径"，载《中外法学》2017 年第 4 期，第 1085 页。

殊问题。现阶段所采行的"移送加说明但不出示"方式有影响法官心证形成的弊端,但"二元法庭"的构想并非当前最优的制度安排。考虑到我国非法证据排除制度属于起步阶段,可以将完善非法证据移送制度的重点放在程序审查优先原则的保障方面。通过形式上移除和单独移送非法证据之案卷材料,适当分离程序裁判与实体裁判,从而避免非法证据排除与实体问题的互相干扰。

# 第一审程序中案卷的合理使用与限制

审判中心主义视野下，全案移送主义最需要回应的便是庭审"走过场"的问题。但问题的症结并非案卷移送方式，而主要是案卷笔录中心主义传统造成的案卷的不合理地位和作用。因此，全案移送主义制度下，庭审实质化的路径在于审判阶段案卷的合理使用与限制，具体讨论应当区分简易和普通程序，以及审前和庭审程序。此外，还应当注意使用主体的差别，正在进行的人民陪审员制度改革中的提前阅卷机制有进一步讨论的必要。

## 第一节 "案卷"而非"移送"：全案移送与庭审虚化的逻辑

全案移送主义制度的研究最终不可避免要面对的还是导致庭审虚化的批判。代表性的观点是全案移送主义导致了案卷笔录中心主义，而后者又导致了庭审"走过场"。按照这一逻辑，庭审实质化的改革首先要废除全案移送主义制度。然而，全案移送主义导致庭审虚化的逻辑推断其实并不严谨。真正导致庭审虚化的是案卷笔录中心主义，换言之，是案卷在审判中的地位和使用方式。而案卷笔录中心现象的根源也不在于全案移送主义，不是因为采行全案移送主义造成了刑事诉讼呈现出案卷笔录中心现象，甚至正好相反，案卷笔录中心使得案卷移送制度采用了全案移送的方式。案卷笔录中心传统之深厚甚至使得刑事诉讼无法摆脱全案移送主义，企图改变案卷移送制度的改革受到挫折。事实上，案卷笔录中心的原因并非技术性的，而是结构性的。行政化的司法组织需要案卷作为上下级沟通的基础和方式；不同审级的同质化使得上级法院需要案卷重现庭审，同时案卷也保证了不同审级间作出裁决的依据相同。此外，法官面临的考核体系也使得法官需要通过压缩庭审来尽快结案，阅卷成为合适的替代选择等。全案移送主义不应当成为案卷笔录中心主义的"替罪羊"，相反，全案移送主义为庭前程序制度功能的充分发挥提供了基础条件。

因此，在庭审中心主义视野下研究案卷移送制度，并非要一味将起诉状一本主义作为改革的唯一途径。庭审实质化的实现应当瞄准案卷笔录中心主义这一症结。诚如最高大法院法官所言，在坚持全案卷宗移送制度的情况下，如何实现庭审实质化才是我国刑事审判制度需要解决的问题。所以，研究第一审程序中案卷如何使用不仅仅是基于现实主义哲学考量的一种不得已。厘清案卷材料在庭审中的使用与庭审实质化之间的关系，有助于我们更理性地看待全案移送主义制度。合理使用和限制案卷笔录，纠正其在刑事审判中的不合理地位与作用，在起诉状一本主义域外模式与案卷笔录中心本土背景的两极之间探索最适宜我国的案卷移送制度，最终消解案卷笔录中心主义对庭审实质化、侦查中心主义对审判中心主义的阻碍。笔者认为，首先，案卷在审判程序中的使用与程序类型有密切关系。庭审实质化对简易型程序和普通程序的要求不同，因而案卷使用问题的讨论不能一刀切地应用于所有类型的程序，而是要区分简易型程序尤其是认罪型简易型程序和普通程序。其次，即便在适用普通程序审理的案件中，案卷在庭前程序与庭审程序中的地位和作用也应当有所不同。这与庭前程序和庭审程序二者各自的性质和功能不同有关。最后，人民陪审员在审判中对案卷材料的使用问题也具有讨论价值，而这一问题尚未引起足够重视。之前的讨论中业已说明，职业法官与非职业法官在接触案卷方面的权限不同是英美法系和大陆法系案卷移送制度的共同特征，即两大法系均限制或禁止非职业法官查阅案卷。然而，当前我国人民陪审员提前阅卷机制的改革与这一趋势恰恰相反。这一改革方向是否合理以及什么应当是我国人民陪审员使用案卷材料的合理制度安排，值得进行充分讨论。因此，本部分将从以上三个方面分别展开研究。

## 第二节　认罪认罚从宽型简易程序中的案卷使用

庭审实质化意味着庭审程序的精密化，被告人权利保障的全面化。相应的后果是，投入审判的司法资源不仅会大幅增加，而且审判效率也会因之有所降低。于是，与庭审实质化进程相对，刑事诉讼制度的发展出现了另一趋势即刑事程序简易化。刑事程序简易化或者说简易型程序，是处理部分案情简单、刑罚较轻刑事案件时适用的特殊程序。简易型程序的特点在于对庭审程序的部分简化以及被告人权利的部分放弃与克减。正当程序在强调程序对等性的同时也要求当事人的意志自由应受到尊重。[1]换言之，正当程序保障被告人程序选择的自由。因此，被告人有权自愿放弃其所享有的诉讼权利，有论者将这一理论基

---

〔1〕　参见王敏远主编：《刑事诉讼法学》（上），知识产权出版社2013年版，第100~101页。

础称为"权力放弃对价说"。[1]如被告人不自证其罪特权是刑事诉讼法上最重要的原则，发展出沉默权等一系列保障被告的权利。但被告人自愿放弃这一权利，主动供述，法院采纳此自愿供述并不违反正当程序。通过被告人自愿弃权同意诉讼程序的简化，与正当程序的要求无违，一定程度上化解了程序简化和正当程序的矛盾，为前者提供了部分正当性。之所以是部分正当性，是因为刑事程序的简化不完全等同于一般程序性权利的放弃。有效的程序简化的精髓在于证据调查方式和证据规则的简化或省略，这还需要被告人在实体方面弃权即自愿认罪来为制度正当性提供保障。被告人在审判过程中，选择自愿认罪而放弃与控诉机关对抗，则降低或消除了证据规则和证据调查程序的必要性，因而不同程度地对程序予以简化或省略不会直接违背正当程序，程序简化与正当程序的矛盾借由被告人自愿认罪得以调和。

以被告人自愿认罪为基础，简易型程序可以大幅简化和省略正当程序所要求的证据规则和证据调查方式。换言之，庭审实质化所严格要求的庭审原则和规则不适用于此类简易型程序。有鉴于此，检察机关移送的案卷在审判中如何使用的问题便需要分为简易型程序和普通程序两种情形讨论。在我国，以被告人自愿认罪为基础的简易型程序主要包含在认罪认罚从宽制度之中。认罪认罚从宽制度是指在被告人自愿认罪、自愿接受处罚、积极退赃退赔的案件中，其诉讼程序、处罚标准和处理方式从宽的制度体系，其中诉讼程序的从宽就包括了庭审程序的从简或从略。首先，刑事速裁程序是认罪认罚从宽制度的典型形态。速裁程序是我国刑事诉讼试行程序繁简分流的新设计，

---

[1] 参见赵恒："论从宽的正当性基础"，载《政治与法律》2017年第11期，第128页以下。

在试点两年后被纳入认罪认罚从宽制度试点工作范围继续试行。在符合速裁程序适用条件的案件中，被告人认罪认罚并同意适用速裁程序的，庭审将不再进行法庭调查、法庭辩论，庭审被大幅度简化。其次，除了速裁程序外，我国刑事诉讼法中既有的简易程序也是以"被告人承认自己所犯罪行，对指控的犯罪事实没有异议"为前提，对讯问被告人、询问证人、鉴定人、出示证据、法庭辩论等庭审过程简化的程序。此外，刑事和解程序适用条件中的"被告人真诚悔罪"也是被告人认罪认罚的表现，虽然《刑事诉讼法》未明确规定和解程序庭审的简化，但庭审程序简化也应是题中之义。[1]

　　既然速裁程序、简易程序和刑事和解程序均是对庭审程序的简化而不在庭审实质化范畴之内，那么法官审理案件就可以也需要进行庭前阅卷和依据案卷裁断案件。事实上，我国司法实务中已有区别简化审和普通程序中案卷使用的理念和规范。根据2003年最高人民法院、最高人民检察院、司法部发布的《关于适用普通程序审理"被告人认罪案件"的若干意见（试行）》第6条的规定，被告人自愿认罪适用该意见简化审理的案件，人民法院在开庭前可以阅卷。在该意见实施期间，刑事诉讼采行的是复印件移送主义，限制庭审法官接触案卷材料是这一案卷移送制度的制度取向。但这条规定区分了以认罪为基础的简化审理程序，允许其不受一般普通程序中卷宗使用的限制。在此类程序中，被告人认罪后不再在庭审中行使举证、对质、辩论等权利，法官的主要职责在于审查被告人认罪的自愿性和明智性。[2]

---

　　〔1〕　陈卫东："认罪认罚从宽制度研究"，载《中国法学》2016年第2期，第48页；付奇艺："认罪认罚从宽程序的体系完善与结构优化——从'以审判为中心'切入"，载《中国政法大学学报》2016年第6期，第153~154页。
　　〔2〕　参见胡铭："认罪协商程序：模式、问题与底线"，载《法学》2017年第1期，第176页。

在此前提之下，法官可以根据为被告人认罪意思所包含的控方案卷中的证据材料进行裁判。尤其是在速裁程序中，法庭调查和法庭辩论程序都不再进行，那么案卷当然成为法官裁判案件的主要依据。有论者在主张速裁程序应进一步凸显简化时认为，速裁程序甚至可以发展为书面审核的模式。[1]

## 第三节　普通审理程序中案卷的使用与限制

### 一、庭前程序中案卷的使用

普通程序可以进一步细分为庭前程序和庭审程序两个阶段。目前，我国庭前程序包括庭前审查程序和庭前会议。在两种庭前程序中，案卷都发挥着重要作用。首先，在庭前审查程序中，案卷是审查和制约公诉权滥用的重要依据。按照实质审查解释庭前审查程序的规定，法官应当审查检察机关的证据是否足以使其指控的犯罪事实明确，而审查对象则是移送的全部案卷、证据材料。因此，在庭前审查程序中，案卷应当被作为实质审查的依据被使用。当然，在理想情况下，采用庭前审查法官与庭审法官分离的制度设计，由非庭审法官实质审查案卷材料，可以避免法官因为对案卷材料的预先判断影响庭审。其次，在庭前会议中，案卷材料是证据开示和争点整理的基础。庭前会议在实践中已经初步具备了证据开示和争点整理的功能，控方向辩方开示证据主要是通过逐一展示案卷中的证据材料完成的，而双方争点的梳理也基于上述案卷材料进行。由庭审法官主持庭前会议是该程序的准备活动性质决定的，因为争点整理不完

---

〔1〕　林喜芬："认罪认罚从宽制度的地方样本阐释——L、S、H三个区速裁试点规则的分析"，载《东方法学》2017年第4期，第131页。

全是控辩双方对攻防要点的明确，法官更要以此明确审理重点，并据此安排庭审计划。虽然法官庭前接触案卷材料有致使其产生预断的担忧，但由于庭前会议的功能设计和三方结构的特点，法官接触案卷材料与单独阅卷并不相同。即便在采行起诉状一本主义的日本，法官也会在审前整理程序中直接接触证据材料。但由于是在双方当事人同等参与的程序中，为确立审理计划而确认双方主张，并由此整理庭审争点，决定证据调查范围的活动，与以证据形成与案件实体相关的心证不同，所以被认为并不违反预断防止原则。[1] 总之，在庭前程序中使用检察机关移送的案卷材料是合理的，也是必要的。

## 二、庭审程序中案卷使用的限制

与庭审实质化形成冲突而常被关注的其实是案卷在庭审阶段的使用。笔者就案卷在普通第一审程序中的使用情况，对 J 市基层法院审理的一起适用普通程序的刑事案件进行了观察。2016 年 6 月 8 日，立案庭将张某盗窃案一案的案卷材料送至刑一庭 Z 庭长处。Z 庭长随即将该案分配给该庭 G 法官。6 月 21 日，G 法官开始对该案的案卷进行专门的阅卷工作，总共用时40 分钟左右。随后，G 法官开始草拟判决书。首先是判决书中固定的格式内容，如公诉机关、被告人等基本信息以及公诉机关指控等。然后，复制起诉书中指控事实的主要内容和证据作为判决书中"经审理查明"和"公诉机关当庭出示的证据"部分。最后，将盗窃罪的条文和本案中的量刑情节在最后部分进行梳理罗列，并按照该省制定的量刑细则计算出刑期。6 月 25日，张某盗窃案正式开庭审理，合议庭由 G 法官和该庭的 2 名

---

[1] 酒卷匡『刑事訴訟法』（有斐閣、2016 年）、261 頁。

人民陪审员组成,被告人没有辩护律师。G法官宣布案由、法庭组成人员、回避申请和被告人权利之后,由公诉人宣读起诉书,张某辩称自己"不是偷而是想借来用"。公诉人对被告人张某进行了讯问,法官也对张某进行讯问,张某反复强调自己不是盗窃。接着,公诉人简要地进行了举证,主要由法官从案卷材料中逐一取出物证照片、相关书证以及证人证言等交由被告人查看。被告人没有提出异议,也没有提出证据。法庭辩论阶段,公诉人发表了公诉意见,被告人除重复上述意见外,未能就事实和证据发表辩护意见。最后,被告人在最后陈述中表明"自己不懂法,犯了错",希望法院能够从轻处理。G法官宣布休庭,择日宣判。

上述观察案例在一定程度上反映了我国案卷笔录中心主义的特点,法官不仅在庭前阅卷,而且直接将案卷中的事实和证据部分作为判决书草稿的内容。这意味着案卷笔录的证明能力和证明力在审判中是天然的、优先的,基本可以作为裁判的依据。相反,法庭审理基本不会对裁判的形成起到决定作用。案卷笔录中心主义的核心内涵应当主要是指案卷在庭审中呈现出的特殊而不合理的作用,具体反映在我国刑事审判中则包括法庭调查的内容大量是案卷笔录,案卷笔录证据能力的天然推定,案卷笔录证明力优先,以及法官将案卷笔录作为定罪量刑主要依据等。[1]

(一)直接言词审理原则与对质权保障

限制案卷笔录在庭审中的滥用,首先应当是确立与之相对的直接言词审理原则。直接言词审理原则或称直接原则,最初就是为了否定法官依照侦查机关的案卷笔录裁判案件的审判制

---

〔1〕 参见胡铭:"审判中心、庭审实质化与刑事司法改革——基于庭审实录和裁判文书的实证研究",载《法学家》2016年第4期,第16页以下。

度而确立的。形式的直接原则反对的是调查的委托，证据的调查必须由裁判者亲自进行，而不得委托或依赖其他机关完成；实质的直接原则反对的是证据代替品，其要求法官必须针对原始证据进行调查，而不得以证据的代替品（主要是指笔录等）作为认定案件的依据。[1]法官完全依赖侦查卷宗作为裁判基础相当于"委托"他机关完成了证据的调查，是对形式的直接原则的违反；而充斥法庭调查的几乎是案卷笔录，代替了证人本人出庭作证，则违反了实质的直接原则。因此，根据直接原则，法官应当以最能够接近原始证据的方法进行审理，具体而言包括：①法官应当亲自接触、查看书证、物证的原始形态；②法官应当认真听取被告人的当庭辩解以及其辩护人提出的辩护意见；③证人应当出庭口头作证，包括要求侦查机关人员出庭作证说明情况等证据方法进行调查。而不应当以检察机关朗读证人询问笔录、被告人讯问笔录、侦查人员情况说明等书面材料的证据方法替代之。

其次，从被告人角度而言，就是要保障其对质权。对质权是刑事诉讼人权保障的重要内容之一，而且是"刑事审判中对被告的最低限度的保障"。[2]对质权是指被告人享有要求提供对自己不利证言的证人出庭接受质证的权利。这是被告人程序主体地位得到近现代刑事诉讼制度承认的必然结果。即便在职权主义的语境当中，被告人与证人对质也并非和诉讼模式格格不入。相反，对质是发现实体真实的审判制度课以法院的义务，也就是说，因发现真实之必要，法院应当给予被告人对质的机

---

〔1〕　参见〔德〕克劳思·罗科信：《刑事诉讼法》，吴丽琪译，法律出版社2003年版，第429~430页。

〔2〕　〔奥〕曼弗雷德·诺瓦克：《〈公民权利和政治权利国际公约〉评注》，孙世彦、毕小青译，生活·读书·新知三联书店2008年版，第343页、第356页。

会，而非自由裁量。[1]如果法庭以宣读大量案卷笔录的方式进行证据调查，被告人则无法当面对证人进行细致的盘问和对质，这不仅是对被告人对质权的直接剥夺，同时也是法院对发现真实义务的违反。因此，从对质权的保障角度出发，法官必须使必要证人出庭接受对质。很重要的前提是，庭前会议中应当进行案卷材料的证据开示，以明确出庭的必要证人名单；同时，为保证必要证人能够出庭，应当建立强制证人出庭作证的保障机制。[2]

（二）证人证言证据能力的限制

庭审程序中案卷笔录使用问题还需要考虑对案卷笔录的证据能力和证明力的限制。普通法系所确立的传闻证据规则有限制案卷笔录类证据之证据能力的功效。传闻证据规则或传闻证据排除规则，是排除传闻证据进入庭审的证据规则。换言之，传闻证据原则上是不具有证据能力的。我国案卷笔录中心主义的证人证言笔录即属于传闻证据中的"其人在审判期日外所作成之供述书或录取其供述之笔录"类。具体到庭审中，由控方举出的侦查机关制作的询问笔录属于"法庭内供述证据之替代品"，应当设置概括性排除的规则。同时，英美传闻证据规则设置了一套复杂的例外规定，使得证人证言在某些特定情形下仍得以作为证据使用。例如，美国《联邦证据规则》第 803 条和第 804 条规定了数十种例外，第 807 条还规定了概括性的例外。事实上，我国《刑事诉讼法》对鉴定意见的规定已经类似传闻证据排除规则的例外情形。根据《刑事诉讼法》第 192 条第 3 款，鉴定人应当出庭作证而拒不出庭的，鉴定意见不得作为定

---

〔1〕 参见林钰雄：《刑事诉讼法（上册 总论编）》，中国人民大学出版社 2005 年版，第 133 页。

〔2〕 参见易延友："证人出庭与刑事被告人对质权的保障"，载《中国社会科学》2010 年第 2 期，第 175 页。

案的根据。但同时存在排除的例外情形，即公诉人、当事人或者辩护人、诉讼代理人对鉴定意见没有异议的。换言之，当事人表示同意的，该传闻证据仍然得作为定案的证据。然而，鉴于我国当前司法实务中证人出庭率尚未得到改善的实际情况，若完全否定书面证言的证据能力，可能会导致证据资源不足，造成事实认定上的困难，因此立法并未将传闻证据规则适用于鉴定人之外的证人的证言笔录。[1] 不过，《人民法院办理刑事案件第一审普通程序法庭调查规程》（以下简称《法庭调查规程》）第 51 条第 1 款补充规定了，证人未出庭作证的，除非其庭前证言的真实性能够确认，否则法庭不得将之作为定案的根据。

　　然而，即便在彻底采用直接审理原则的诉讼制度中，虽然案卷笔录因违反实质的直接原则而原则上不得作为证据使用，但同样存在一定的例外。德国《刑事诉讼法典》规定了当庭宣读笔录代替直接询问的例外情形，根据笔录制作主体的不同可以分为两大类：第一类，非司法询问笔录。非司法询问笔录是指不是在法官面前而是在警察或检察官面前制成的询问笔录。对于以宣读此类笔录代替直接询问，法典规定了几类极其苛刻的适用情形：①证人、鉴定人或共同被指控人死亡或出于其他原因在可预见的时间内不能接受法院询问；②被告人有辩护人，且检察官、辩护人和被告人同意；③涉及财产损害的存在状态或额度的笔录部分。第二类，司法询问笔录。司法询问笔录则是指证人庭前向法官所作的证言笔录。虽然司法询问笔录是在法官面前作出的，但由于直接审理原则之故，法典仍然将此类证言笔录的宣读限制在下列几种情形中：①因疾病、虚弱或其

---

　　[1]　参见万毅："论无证据能力的证据——兼评我国的证据能力规则"，载《现代法学》2014 年第 4 期，第 142 页。

他无法排除的障碍，证人、鉴定人或共同被指控人在较长时间或不确定时间内无法到场参加法庭审理；②因路途遥远并鉴于其陈述的重要程度，不能苛求证人或鉴定人到场参加法庭审理；③检察官、辩护人和被告人都同意宣读的。[1]

（三）从证明力切入：被告人庭前供述的证明力的限制

对于被告人庭外供述的证据能力的限制，英美法系则显得比较宽松，多不适用传闻证据规则予以规制。根据美国联邦证据规则，出庭证人的庭前陈述被排除出传闻的定义之外而属于"非传闻"。主要原因在于，反对传闻的理论根据在于传闻使得对方当事人缺乏对陈述人进行反询问的机会。但如果证人已经出现在法庭上，并不会导致对方当事人无法就陈述进行反询问，因此该种庭前证言不是传闻。如果被告人放弃沉默权作证，其庭前供述具有可采性。[2]在英国，被告人庭外供述受到的限制也较为宽松。对于被告人庭外供述的可采性问题，英国法历来沿用古老的普通法中的自白任意性规则。只要被告人庭外供述出于自愿，那么该供述即具有可采性。但目前，该自白任意性规则已经被1986年《警察与刑事证据法》第76条所取代。第76条概括性地规定了被告人庭前供述的可采性，只要该供述与争议事实具有相关性且不存在依照本条应当排除的情形即可被作为证据使用。该条第2款规定了应当排除口供的主要情形：①受强迫作出的；②存在任何在当时的情形下可能导致口供不

---

〔1〕 宗玉琨译注：《德国刑事诉讼法典》，知识产权出版社2013年版，第200~201页。

〔2〕 "美国证据法学家Michael H. Graham认为，之所以把证人的庭前不一致陈述规定为非传闻而不是传闻的例外，是因为证人现在在法庭上能够接受反询问，使得证人庭前不一致陈述的传闻风险能够得到避免；而传闻例外则是建立在陈述本身具有可信性基础上的。"王进喜：《美国〈联邦证据规则〉（2011年重塑版）条解》，中国法制出版社2012年版，第242页。

可信的言语或行为的。除非控方能够证明该口供不存在上述情形且达到排除一切合理怀疑的标准。该条款确立了英国法上独立的供述采信与排除规则，被告人口供可采信已经不再有必要和需求适用传闻法则。[1]

不过，基于我国案卷笔录中心主义、口供中心主义的特殊情况，有必要对被告人口供的证明力予以限制，也可以谓之是对证明力的矫正。而且相比于对案卷笔录的证据能力进行限制，对案卷笔录证明力的限制在当下可能更具有现实可行性。限制案卷笔录的证明力就是要改变现阶段案卷笔录证明力优先的状况。就被告人庭前供述、自书材料而言，当其与当庭供述不一致时，庭前供述和自书材料的证明力可以从以下几个方面加以限制：首先，应当一般性地确立被告人当庭供述的证明力优于庭前供述和自书材料的证明力，在当庭供述与庭前供述、自书材料均没有相关证据印证时，不得采信其庭前供述或自书材料。其次，被告人能够就不一致之处作出合理解释，并能够与相关证据印证的，应当采信其当庭供述。最后，只有在被告人不能就不一致之处作出合理解释，且其庭前供述、自书材料能够与相关证据印证的，才可以采信其庭前供述或自书材料。此外，在证人庭审证言与庭前证言发生矛盾时，也可以比照采用相同的规则限制证人庭前证言的证明力。目前《法庭调查规程》对证人证言认证规则的规定在一定程度上采用了上述规则。

另外，案卷中非法证据的使用问题已经在庭前会议部分有过讨论，理想的情况是在提起公诉之前以及庭前会议之中排除的非法证据都将从案件卷宗中移除，因而不会在庭审中出现而被使用。即便是控辩双方未就证据收集合法性达成一致意见而

---

〔1〕　See Paul Roberts & Adrian Zuckerman, *Criminal Evidence*, second edition, Oxford University Press, 2010, p. 523.

进入庭审的证据材料，也被制作成单独卷宗由法官在先行调查非法证据排除问题时使用。

## 第四节　人民陪审员庭前阅卷的限制

通过对刑事案件审判中人民陪审员庭前阅卷规范与实践的考察，可以发现庭前阅卷机制改革存在庭前不阅卷与"陪而不审"因果错位、庭前预断不利于实质参审以及背离庭审实质化改革目标的问题。比较域外陪审员阅卷的立法模式，无论采行何种案卷移送制度和裁判权配置模式，陪审员庭前接触案卷相关材料均受到限制。实现我国人民陪审员实质参审目标，未来应当禁止陪审员庭前阅卷，转而依靠庭审形成心证；优化庭审信息的呈现，保障人民陪审员在庭审中准确获知案件事实；增强我国法官指示制度的可操作性，促使法官积极履行指引、指示义务；进一步完善合议庭评议规则，提高人民陪审员认定案件事实的独立性。

### 一、刑事案件人民陪审员庭前阅卷的规范与实践

刑事案件中人民陪审员庭前阅卷主要指在刑事审判程序中担任合议庭成员的人民陪审员为参审之目的，在开庭之前查阅案卷材料的活动。我国人民陪审员制度在传统上具有"同职同权"的特点，人民陪审员在参与人民法院的审判活动中，除法律有特别的规定，同职业法官享有相同的权力。[1]因此，在理论上，人民陪审员和合议庭的职业法官一样享有庭前阅卷的权力。不过，仍有必要从规范和实践层面对人民陪审员阅卷权作细致考察。

在规范层面，《刑事诉讼法》并未对人民陪审员庭前阅卷作

---

〔1〕　彭小龙："人民陪审员制度的复苏与实践：1998—2010"，载《法学研究》2011 年第 1 期，第 15~32 页。

出明确规定。直接原因是《刑事诉讼法》没有专门规定审判人员庭前阅卷活动的条款，即便职业法官们的庭前阅卷工作也并非一种法定程序，毋宁是一种"隐性程序"或者内部工作机制。因此，人民陪审员的庭前阅卷问题也自然缺乏立法空间。作为我国第一部关于人民陪审员制度的单行法律，《全国人大常委会关于完善人民陪审员制度的决定》也并未作出规定。2010 年最高人民法院出台的《关于进一步加强和推进人民陪审工作的若干意见》第 13 条规定"人民法院应当为人民陪审员查阅案卷、参加审判活动提供工作便利和条件。接到陪审通知的人民陪审员，应当在案件开庭前完成阅卷工作"。但这一规定事实上对于改变司法实践中人民陪审员不阅卷的常态并未发挥多大作用。相反，从既有实证研究中可以窥见，几乎没有陪审员会在法院开庭之前进行阅卷工作。虽然有些陪审员会利用开庭前的间隙翻翻案卷，部分法官会在庭前间隙简单介绍案情或者提示陪审员翻看案卷，但即使是这种形式的"阅卷"也并不多见。[1]刑事审判中，庭前阅卷活动一般都由承办案件的法官进行，而人民陪审员仅仅是在开庭日当天到法院参与庭审活动而已。

　　鉴于人民陪审员制度在实践运行中出现的诸多问题，2015年出台的《人民陪审员制度改革试点方案》，围绕人民陪审员选任条件、选任程序、参审范围、参审职权、人民陪审员退出、惩戒和履职保障等机制改革提出了顶层设计。该方案将人民陪审员阅卷机制作为实质参审改革的重要内容，提出"健全人民陪审员提前阅卷机制，人民法院应当在开庭前安排人民陪审员阅卷，为人民陪审员查阅案卷、参加审判活动提供便利"的改

---

　　〔1〕 张嘉军："人民陪审制度：实证分析与制度重构"，载《法学家》2015 年第 6 期，第 1~14 页；刘方勇："人民陪审员角色冲突与调适"，载《法律科学（西北政法大学学报）》2016 年第 2 期，第 155~166 页。

革目标。继而《人民陪审员制度改革试点工作实施办法》（以下简称《实施办法》）第18条规定"人民法院应当在开庭前，将相关权利和义务告知人民陪审员，并为其阅卷提供便利条件"。随后，各地法院在司法实践中对人民陪审员庭前阅卷机制的具体设计进行了探索，可以将之大致概括为三种方式：①组织阅卷方式。法院在开庭前专门安排时间召集陪审员到法院参与阅卷工作。如河南省西峡县人民法院每次有人民陪审员参与庭审，都会在抽选人民陪审员之后，组织人民陪审员进行阅卷工作，同时就案件焦点和争议问题向他们进行解释、答疑。广西壮族自治区部分地方法院在法院内部专门设置人民陪审员阅卷办公室，为陪审员查阅案件卷宗材料提供场所。〔1〕②庭前阅卷会议方式。法院在开庭日之前，组织合议庭的人民陪审员和法官参加庭前阅卷会议。如黑龙江省鸡西市鸡冠区人民法院，庭前阅卷会议中由主审法官向人民陪审员等合议庭成员以宣读诉讼文书、出示相关证据等形式介绍案情，然后由合议庭成员共同研究庭审焦点、制作庭审提纲、确定人民陪审员在庭审中需要调查的案件事实。〔2〕③线上远程阅卷方式。部分法院借助互联网技术，建立线上陪审系统，实现陪审员远程阅卷。如江苏省南京市鼓楼区人民法院、重庆市梁平区法院开发了人民陪审员手机应用程序，人民陪审员可凭个人密码登录该法院的人民陪审员网络平台，查看法院同步扫描的参审案件电子卷宗。山东省济南市天桥区人民法院也同样研发了互联网陪审系统，案件信息经过扫描上传至该系统后，人民陪审员可以不用到法院就能

---

〔1〕 "西峡：人民陪审员履职改革无止境"，载 https://www.chinacourt.org/article/detail/2016/10/id/2315133.shtml，最后访问日期：2021年5月18日。

〔2〕 "鸡西市鸡冠区法院：庭前会议保障人民陪审员阅卷权利"，载 http://www.hljcourt.gov.cn/public/detail.php?id=9148，最后访问日期：2021年5月18日。

开展庭前阅卷工作，甚至通过该系统还可以以音视频传输和共享桌面等方式，实现远程合议功能。这些都为人民陪审员参审提供了便利。[1]

2018年《人民陪审员法》颁布之后，最高人民法院颁布的《关于适用〈中华人民共和国人民陪审员法〉若干问题的解释》第8条直接原文采纳了《实施办法》第18条的规定。由此可见，《人民陪审员法》及其司法解释在法律层面明确肯认了人民陪审员庭前阅卷权。然而，在实践层面，强化庭前阅卷机制对于改变人民陪审员不阅卷的现实状态进而对解决"陪而不审、合而不议"是否有效尚有待观察。但此处更为关注的问题是，在庭审实质化改革中，合议庭中职业法官庭前阅卷本就备受质疑，强化人民陪审员庭前阅卷机制的改革是否独具正当化的理由？人民陪审员实质参审的改革目标能否证成庭前阅卷机制的合理性？完善人民陪审实质参审是否有其他更为妥适的路径？

## 二、人民陪审员庭前阅卷的制度反思

（一）庭前不阅卷与"陪而不审"因果错位

人民陪审员阅卷机制改革试图通过强化庭前阅卷机制，使得陪审员能够事先阅览全案卷宗材料，详察案情争点，做足庭审准备工作，进而从容应对正式庭审活动，改变"陪而不审、合而不议"的现象，达致陪审员实质参审目的。[2]然而，这一

---

〔1〕《最高人民法院关于人民陪审员制度改革试点情况的中期报告》，载 http://www.npc.gov.cn/zgrdw/npc/lfzt/rlyw/2016-07/01/content_ 2033658. htm，最后访问日期：2021年5月18日。

〔2〕2015年最高人民法院、司法部颁布的《人民陪审员制度改革试点方案》在"完善人民陪审员参审案件机制"的改革中提到"健全人民陪审员提前阅卷机制"，目的在于"改变人民陪审员陪而不审、审而不议等现象……保障人民陪审员参审权利和效果"。

改革思路存在一定因果错位之疑。笔者认为，未在庭前阅卷并非人民陪审员"陪而不审"的原因。相反，后者所体现出的人民陪审员定位不明和制度架空是陪审员不阅卷的原因。正是因为陪审员处于"陪衬""附庸"地位，其既不实际主导庭审的进行，最终也不会对评议结果产生实质性影响，才导致庭前阅卷变得缺乏必要性。在这种架空的制度运作中，无论是陪审员主动阅卷的积极性，还是激励陪审员阅卷的外部动力都较为欠缺。至于"陪而不审"状况的形成，最早与人民陪审员制度逐渐式微有关，《宪法》和《法院组织法》相继删去普遍适用陪审员参审的规定，使得人民陪审员的角色从"全面参审""全能参审"的设计渐渐转向"陪而不审"。[1]除此之外，制度运行造成"陪而不审"还存在"主体利益说""诉讼效率说"和"同职同权说"等不同解释，但均未将人民陪审员不阅卷作为原因。[2]

当然，除定位不明和制度架空之外，还存在其他造成人民陪审员不阅卷的因素。首先，庭前阅卷本身的非正式性，使得阅卷主体和形式缺乏明确规定。在案卷中心主义之下，庭前阅卷关乎庭审的开展甚至裁判结果，与庭审地位相比有过之而无不及。因此，受到司法责任制、内部办案机制与考核机制影响，作为实际责任主体的承办法官必然会在庭前独立进行该项工作。[3]至于合议庭中的其他成员，即便是职业法官，在一般情况下也不参与。没有法定的组织形式能让人民陪审员参与到这

---

〔1〕 韩大元："论中国陪审制度的宪法基础——以合宪论和违宪论的争论为中心"，载《法学杂志》2010年第10期，第19~24页；吴玉章："陪审制度在中国的兴衰"，载《读书》2002年第7期，第105~111页。

〔2〕 参见孙长永主编：《中国刑事诉讼法制四十年：回顾、反思与展望》，中国政法大学出版社2021年版，第122~123页。

〔3〕 参见郭倍倍："人民陪审员制度的核心问题与改革路径"，载《法学》2016年第8期，第94页。

种由承办法官负责的阅卷活动中。其次，由于陪审员补助和单位规章制度等方面的问题，人民陪审员无法在本职工作之外投入更多的时间和精力预先研读案卷材料。而且，按照法律规定需要人民陪审员参与的案件往往重大复杂，其案卷材料庞杂，阅卷需要耗费数天甚至数十天时间，一律要求陪审员阅卷并不现实。最后，人民陪审员欠缺阅卷专业能力。阅卷对于刑事法官而言是一项需要专业训练的职业技能。研读卷宗并撰写阅卷笔录是合格的刑事法官所具备的专业能力。而作为外行人的人民陪审员并不具备这种阅卷能力。通过高强度、连续性的阅卷工作，从繁芜的案卷和证据中，厘清案件事实、审核证据矛盾以及归纳争议焦点，超出了人民陪审员的能力范围。总之，从上述原因的分析来看，"陪而不审"的现象无法通过庭前阅卷机制加以解决。[1]

（二）庭前预断不利于人民陪审员实质参审

实质参审被作为证成人民陪审员庭前阅卷改革合理性的主要理由。有学者认为，庭前准备阶段，人民陪审员了解案情不充分难以有效参与庭审，而确保人民陪审员庭前知悉所陪审的案件信息是人民陪审员实质性参审的关键一环。[2]通过强化庭前阅卷，补强人民陪审员对案件信息的获取，保证陪审员知悉案件基本情况，实现陪审员与庭审节奏保持合拍、同步便是实现了实质参审。[3]的确，在当前刑事案件庭审中，仍然存在证人出庭率低，书面证据材料依赖度高以及举证质证不充分的现象，裁判者仅通过听审尚无法获得足够的信息支撑心证的形成。

---

〔1〕　黄河："裁判者的认知与刑事卷宗的利用———直接审理原则的展开"，载《当代法学》2019年第5期，第127~137页。

〔2〕　刘昂、杨征军："人民陪审员实质性参审的要求及实现"，载《河北法学》2016年第7期，第179~188页。

〔3〕　杨馨馨："陪审员参审职权调整的实践困惑与路径突破——从'同职同权'到'分工合作'"，载《法学论坛》2016年第6期，第146页。

就人民陪审员而言，表现为其在实际参与合议庭评议过程中，不得不依附于因庭前仔细阅览过案卷而掌握更多"额外信息"的法官，以致无法独立作出判断。然而，选择强化陪审员庭前阅卷作为解决实质参审不足的路径，不仅没有把握问题症结，而且庭前阅卷所造成的陪审员预断反而不利于其实质参审。

事实上，人民陪审员庭前阅卷机制改革沿袭了全案移送主义改革的思路，或者说是全案移送主义在人民陪审员制度中的体现。因此，其必然存在着全案移送主义的弊病，甚至更为糟糕。首先，裁判者在庭前研读控方单方提交的诉讼文书和证据材料，并凭此熟悉案情、制定庭审计划以及主导庭审，很可能形成先入为主的偏见，进而影响审判的公正性。如果人民陪审员依赖庭前阅卷获取信息，同样面临产生庭前预断的可能。基于控方卷宗获取的案件信息，将影响人民陪审员在正式庭审中的独立听审，难以保证其以中立无偏的立场参与审判。[1]其次，人民陪审员缺乏阅卷能力，难以达到归纳案情和整理争点的目的。职业法官通过阅卷归纳要件事实和整理案件争点，依赖其法律专业能力以及长期职业训练的逻辑推理和判断能力，而这些能力显然是作为外行人的陪审员所不具备的。[2]对于普通人而言，案卷中各类诉讼文书、笔录、书证以及照片等都是枯燥乏味、烦冗复杂的。寄望人民陪审员像职业法官一样通过研读书面材料充分了解案情，做足庭审准备并不现实，以此增强人民陪审员参审的实质性存在困难。最后，人民陪审员由于阅卷能力和审判经验的缺乏，相比职业法官，更容易受片面证据的

---

〔1〕 刘译矾："论对公诉方案卷笔录的法律限制——审判中心主义改革视野下的考察"，载《政法论坛》2017 年第 6 期，第 121~130 页。
〔2〕 樊传明："陪审员是好的事实认定者吗？——对《人民陪审员法》中职能设定的反思与推进"，载《华东政法大学学报》2018 年第 5 期，第 118~131 页。

不良影响。如果说职业法官尚能因其常年参与审判形成的裁判经验和职业理性看待案卷材料，相对欠缺这些素质的陪审员则较难做到。指控犯罪的庭外证据对人民陪审员的影响不只是预断，甚至可能加深其对被告人的偏见。这种偏见难以使陪审员秉持无罪推定、疑罪从无的原则参与庭审。[1]

可见，人民陪审员庭前阅卷机制改革所能解决的仅仅是人民陪审员不依赖职业法官的信息，但并不会改变裁判者依赖控方案卷材料而非庭审形成心证的事实。表面上看，陪审员的审判职权得到了进一步保障，但在实际效果上并不利于人民陪审员公正审判，通过独立听审形成裁判结论。

（三）　庭前阅卷背离庭审实质化改革目标

回溯陪审团与庭审中心主义发展的历史，庭审中心主义所强调而为现代刑事诉讼遵从的集中审理原则、直接言词原则和证据排除规则等一系列庭审原则和规则，与陪审团审判的法律传统有着密不可分的关系，甚至可以说陪审团审判造就了这些原则和规则。[2]即使在实行参审制的大陆法系国家，同样是在引入了陪审制度之后，才使得上述庭审原则和规则在刑事审判中得以贯彻落实。[3]有鉴于此，在我国刑事诉讼之中，人民陪审员制度改革亦应推动而非掣肘证据展示规则、非法证据排除规则、直接言词原则、辩论原则以及集中审理原则等一系列庭审实质化的原则、规则的确立与落实。[4]

---

〔1〕　万旭："论人民陪审员制度改革对全面贯彻证据裁判的影响"，载《新疆大学学报（哲学人文社会科学版）》2017 年第 4 期，第 36~43 页。

〔2〕　易延友：《证据法的体系与精神——以英美法为特别参照》，北京大学出版社 2010 年版，第 42~46 页。

〔3〕　参见施鹏鹏：《陪审制研究》，中国人民大学出版社 2008 年版，第 86 页。

〔4〕　参见刘计划："我国陪审制度的功能及其实现"，载《法学家》2008 年第 6 期，第 72 页。

诚然，司法裁判离不开对案件信息的充分掌握，信息获取的限制确实会影响到人民陪审员制度的实践运作。但这并不能说明，帮助人民陪审员充分获取庭外信息的制度改革是唯一或最优方案。[1]刑事审判中，控方案卷的使用逐步受到严格限制是庭审实质化改革的必然趋势，继续强化人民陪审员庭前阅卷显然与之相背离。依赖控方案卷材料获取信息，只会进一步固化侦查中心的地位。[2]相反，将陪审员参审重心放置于庭审而非庭前，把法庭调查、法庭辩论、当庭发问等作为获取案件信息的主要途径，才是庭审实质化的应有之义。[3]

首先，庭审实质化改革要求证据出示在法庭、证人出现在法庭以及诉辩意见发表在法庭，由此将使得案件信息的呈现更加集中于庭审阶段，裁判者能够从庭审中获取的信息将更为全面和丰富。而庭前阅卷机制则是要求裁判者依靠庭外信息甚至主要是控方提供的信息，显然与庭审实质化改革的要求不符。其次，强化庭前阅卷机制会阻碍人民陪审员参审机制改革与庭审实质化改革相辅相成、相互促进。严格限制案卷使用，提高庭审实质化程度，有助于实现人民陪审员实质参审。相反，人民陪审员在开庭前研读案卷，在开庭后依据案卷作出裁判，只会进一步加剧庭审虚化，无益于实现陪审员实质参审。[4]既然陪审员可以在庭前通过阅卷知晓案件证据材料，依据案卷材料

---

〔1〕 参见彭小龙："人民陪审员制度的复苏与实践：1998—2010"，载《法学研究》2011年第1期，第26页、第32页。

〔2〕 孙长永主编：《中国刑事诉讼法制四十年：回顾、反思与展望》，中国政法大学出版社2021年版，第135页。

〔3〕 刘奕君："模式、依据与冲突：人民陪审员参审职权研究"，载《法学杂志》2018年第9期，第130~140页。

〔4〕 魏晓娜："人民陪审员制度改革：框架内外的思考"，载《内蒙古社会科学》2020年第3期，第119~126页；黄河："裁判者的认知与刑事卷宗的利用——直接审理原则的展开"，载《当代法学》2019年第5期，第127~137页。

形成心证，则没有必要严格适用直接言词原则、辩论原则以及集中审理等庭审实质化原则。最后，庭前阅卷使得大合议庭陪审无法发挥淡化职业法官预断的功能。在由3名职业法官和4名人民陪审员组成的大合议庭中，陪审员意见在评议过程和裁判结果的形成中可以起到更大的作用。职业法官虽在庭前阅卷接触案件信息，但内心确信形成于庭审的陪审员则可以通过独立发表意见和表决形成影响，裁判结果的形成不至于完全建立在法官预断的基础上。如果人民陪审员也进行庭前阅卷，则无法通过淡化职业法官预断，从而获得庭审实质化的效果。

综上，人民陪审员不在庭前阅卷并非"陪而不审"的原因，强化庭前阅卷并不能解决人民陪审员制度被整体架空的问题。不仅如此，囿于专业能力和审判经验，陪审员受片面证据不良影响和产生庭前预断的风险比职业法官更大，反而不利于改革所追求的实质参审目标的实现。加之，人民陪审员庭前阅卷妨碍庭审实质化原则和规则的贯彻，与审判中心主义改革扞格不入。因此，鉴于上述问题的存在，有必要对人民陪审员庭前阅卷进行限制。

### 三、域外陪审员庭前阅卷的立法模式比较

#### （一）英美法系陪审团成员的阅卷限制

陪审团是英美法系协作式司法组织典型的制度安排，充分体现了"外行官员""权力平行分配"以及"实质正义"等特征。在适用陪审团审理的刑事案件中，法官的角色更像是会议的主持人，或者是庭审过程之公正性的监督者、审判结果的宣布者和判决效力的保障者，而主要由外行人组成的陪审团才是真正意义上的决策者，他们通过商议最终决定被告人是否有罪。[1] 正

---

〔1〕　参见［美］米尔伊安·R. 达玛什卡：《司法和国家权力的多种面孔：比较视野中的法律程序》，郑戈译，中国政法大学出版社2015年版，第51页。

是由于"外行官员"作为决策者的特点，使得英美证据法则及其案卷移送制度安排之中都蕴含着防止决策者预断的努力，英美证据法核心的可采性规则即为一例证。

相比于由受过专业训练，并有丰富经验的职业法官组成的司法体系，由外行人作为事实裁判者的司法体系更容易担心裁判者可能会错误地评价某种证据，从而影响事实认定的精确性。因而通常的做法是在制度安排上防止陪审团提前知晓案件相关信息和证据材料，并将其中可能导致错误评价的证据在事实裁判者可能接触到之前就尽可能地排除在诉讼程序之外。[1]例如，在陪审团筛选程序中，对案件事实有成见或偏见属于排除候选陪审员的正当理由。[2]美国联邦最高法院在强调警方讯问中律师帮助的重要作用时表达了对被告人侦查阶段有罪供述的"警惕"态度，认为有罪供述有"使得审判沦为对警方讯问的上诉……有罪的结果已经在审前确定"的可能。[3]更何况将这样的有罪供述在开庭前即移交给庭审法官阅览之后，按照联邦最高法院的观点，正式庭审就更加缺乏实质意义了。

英美法系案卷移送的制度安排对外行决策者保持了最大程度的谨慎，也可以说，外行决策的组织形态一定程度上决定了案卷移送的方式。总之，在陪审团审判的案件中，即便控方要提前向法官移送案件相关材料，法官在审前程序中接触到案件信息，作为决策者的陪审团成员也始终与之保持着距离。英美

---

〔1〕 易延友：《证据法的体系与精神——以英美法为特别参照》，北京大学出版社2010年版，第45~46页。

〔2〕 王兆鹏：《美国刑事诉讼法》，北京大学出版社2014年版，第10页。

〔3〕 " The rule sought by the State here, however, would make the trial no more than an appeal from the interrogation, ……for all practical purposes, the conviction is already assured by pretrial examination. " Escobedo v. State of Ill. , 378 U. S. 478, 487, 84 S. Ct. 1758, 1763, 12 L. Ed. 2d 977 (1964).

法系陪审团审判之所以禁止陪审员接触卷证材料，直接原因在于陪审团作为事实问题的裁决者，需遵循对抗式诉讼的"口头主义"和传闻证据规则，仅能以双方当事人在庭上提出并辩论过的证据作为裁判基础，且应当避免受到除此之外的信息材料的影响。[1]但是溯其本源，催生"控制陪审团"的证据规则的正是陪审团成员不具备专业能力而应在信息获取方面受到适当限制的理念。[2]职业法官并不直接参与事实问题的裁判，故而不需受此严格限制。

（二）大陆法系陪审员的阅卷限制

从全案移送主义角度观察大陆法系国家的陪审制度（其性质为参审制），无论是法国的重罪法庭陪审团还是德国的混合庭，都在一定程度上反映出大陆法系案卷移送制度"内外有别"的特征。相比于英美法系将法律问题的判断保留给法官而将事实问题的裁决交由陪审团的严格分工，大陆法系国家通常在陪审员的权力赋予方面一视同仁。在裁判权的配置上，大陆法系的陪审员与职业法官不仅在实体问题上共同分享事实与法律问题的裁决权，在程序方面也同职业法官共同裁决争议问题。[3]不过，唯独在阅卷问题上，大陆法系国家的立法对作为外行人的陪审员与职业法官进行了区分。

具体而言，侦查案卷尽管最终会被移送到审理法院，但法庭成员当中只有职业法官才能在审判之前接触到案卷材料，陪审员则无论是在审判开始前还是在之后，都被限制甚至是被完

---

〔1〕樊传明："证据排除规则的发展动因：制度史解释"，载《中外法学》2018年第3期，第671~700页。

〔2〕Lisa Dufraimont, "Evidence Law and the Jury: A Reassessment", 53 McGill. J., 2008, p.199.

〔3〕Mireille Delmas-Marty and J. R. Spencer, *European Criminal Procedures*, Cambridge University Press, 2002, pp.298, 231.

全禁止接触案卷材料的。德国联邦最高法院在一起案件中认定非职业法官违反了直接言词原则，理由是其只能根据庭审内容作出判决。该起案件的起因是非职业法官在庭审中帮助身体残疾的职业法官翻阅案卷材料，因而对案卷材料进行了仔细阅读。[1]其对陪审员接触案卷限制之严苛可见一斑。不过，这种"内外有别"的传统最近在德国开始有所松动，有德国学者和法院主张放松对非职业法官接触案卷材料的限制。甚至魏根特教授认为，授权非职业法官在庭前研读控方案卷是德国未来立法的趋势。但他同时指出，这种趋势带来的后果就是对非职业法官作用和整个陪审制度在现代刑事诉讼中价值和存在必要性的质疑。[2]

在大陆法系国家的刑事诉讼程序中，虽然职业法官与陪审员共同负责案件的裁判，但是陪审员不享有庭前阅卷的权力，该项权力仅归于职业法官。此种"偏袒"职业法官的制度安排，同样直接反映出职业法官与陪审员在抵御案卷不当影响方面存在能力差别的立法理念。[3]职业法官能够在了解侦查案卷内容之后凭借专业知识和经验对其进行鉴别，在法庭中能够不受影响从而无偏见地进行裁判，而陪审员则被认为不具备这样的专业知识、经验和素养，更容易受到案卷材料的不当影响，错误地评价证据，从而影响对事实认定的精确性。

---

〔1〕 Federal Court of Justice, Judgment of 23 Nov. 1954, in 7 Entscheidungen des Bundesgerichchtshofes in Strafsachen 73，转引自［德］托马斯·魏根特：《德国刑事程序法原理》，江溯等译，中国法制出版社 2021 年版，第 139~140 页。

〔2〕［德］托马斯·魏根特：《德国刑事程序法原理》，江溯等译，中国法制出版社 2021 年版，第 140~146 页。

〔3〕 刘林呐："法国重罪陪审制度的启示与借鉴"，载《政法论丛》2012 年第 2 期，第 93~100 页；黄河："陪审向参审的嬗变——德国刑事司法制度史的考察"，载《清华法学》2019 年第 2 期，第 181~193 页。

综上，通过对分别实行陪审团审判和参审制的国家关于陪审员阅卷的制度比较，可以得知，无论采行何种案卷移送制度和裁判权配置模式，陪审员庭前接触案卷相关材料均受到限制。陪审员的专业能力和审判经验成为限制陪审员庭前接触案件信息的重要原因。固然通过不断的专业化训练，可以提升陪审员的认知能力，从而有理由使陪审员与职业法官一样进行庭前阅卷。但是，职业化培训的陪审员与陪审制度意在引入普通国民参与刑事审判，发挥其社会阅历和理解社情民意优势的初衷是否方枘圆凿值得慎思。如果所谓的陪审员能力培训最终造就的是"职业陪审""编外法官"，将很大程度上消解陪审制度存在的必要性，而这绝非我国人民陪审员制度改革所欲达致的目的。

**四、人民陪审员庭前阅卷限制及其法制因应**

（一）限制人民陪审员庭前阅卷的路径选择

上文分析说明，完善我国人民陪审员参审机制有必要重新构思庭前阅卷的制度安排。关于改进人民陪审员庭前阅卷机制的讨论，大致可以概括为以下三种观点：其一，实行法官与人民陪审员共同参与的会议式阅卷。鉴于人民陪审员庭前阅卷与职业法官庭前阅卷一样利弊兼具，主张建立互相监督机制，使二者在庭前阅卷中共同参与、互相监督。具体而言，由合议庭的法官和人民陪审员在开庭前召开阅卷会议，共同研究庭审焦点、制作庭审提纲以及确定庭审中需要调查的案件事实。通过集中讨论对证据材料和案件事实的矛盾和疑点，以此避免双方先入为主的问题。[1]其二，人民陪审员阅卷仅限于复杂案件。此说渊源德国学界论说，鉴于陪审员研读案卷虽可能损及直接

---

〔1〕肖周录、何旺旺："模式、评议规则与症结：人民陪审员制度改革路径研究"，载《湖南社会科学》2020年第4期，第50~62页。

和言词审理原则，但不一概不允，将造成其与法官在案件信息上的落差，至少在复杂案件中，陪审员可能无法跟上案件审判进度，且不利于其发挥发现真实之法官功能，因而理论上倾向于主张，至少于复杂案件，应保留陪审员的阅卷权限。置于我国刑事诉讼语境，则需要注意在允许陪审员阅卷的情形中，通过设置多方面的程序保障措施减少庭前阅卷对事实认定的影响，如推进多方参与的案卷制作、合理安排阅卷时机以及阅卷范围等。[1]其三，禁止人民陪审员庭前阅卷。理由主要是庭前阅卷无益于陪审员实质参审的改革目的，更不利于以庭审实质化为核心的审判中心主义诉讼格局的建构。具体原因前文已有论及，此处不再赘言。

　　三种观点在认识庭前阅卷缺陷方面并无分歧，不同之处在于前两种观点主张通过阅卷方式和案卷制度的优化来减少阅卷机制的潜在弊端，同时又可以保留庭前阅卷之庭审准备和弥补庭审信息不足的功能。此两种观点虽然出于现实考量，但进一步思考，这些改良措施的实际作用可能极为有限。阅卷会议其实是建立在控方案卷基础上的合议庭评议，只不过是将其提前于庭审之前。至于研读案卷本身，仍然需要在开会集体讨论之前由人民陪审员自行完成。基于阅卷精力和能力的差异，实现陪审员与法官相互监督的难度颇大。而主张在复杂案件中允许陪审员阅卷，忽略了人民陪审员缺乏阅卷能力的现实。所提及的案卷制度方面的改革的确极为必要，不仅是就人民陪审员阅卷而言，对于职业法官也同样如是。至于如何改革仍需要另行专论，但至少不应该只是庭外信息之间的中和。由是，笔者更赞同第三种观点。从长远来看，禁止人民陪审员在庭前接触案

―――――――――――

〔1〕 万旭："论人民陪审员制度改革对全面贯彻证据裁判的影响"，载《新疆大学学报（哲学人文社会科学版）》2017年第4期，第36~43页。

卷材料更符合陪审员的角色作用和功能定位。在现有案卷移送制度得到优化之前，严格限制案卷使用对于推动审判中心主义改革具有重要的现实意义。[1]而人民陪审员角色的独立性以及公众参与司法的功能定位，决定了其更宜于率先同案卷实现分离。由普通国民担任的陪审员，先行摒弃通过阅读笔录形成心证的方法，转而依凭其公众理性和经验认知参与审判活动与案件裁断，依靠直接接触和感知法庭上呈现的证据材料，证人对案情的陈述和庭上表现，控辩双方的发言和辩论，形成对案件直接且清晰的内心确信，并据此作出判断。[2]以人民陪审员庭前阅卷的限制作为整个刑事审判中限制案卷使用的突破口，并最终起到推动案卷移送制度优化和庭审实质化水平提高的作用。

（二）优化庭审信息的呈现

严格限制人民陪审员庭前阅卷有助于提高人民陪审员参审的实质性，但仅此还不能直接实现实质参审的目的。强化庭前阅卷机制的一个主要目的在于以书面的案卷材料为人民陪审员提供支撑心证形成的信息，弥补庭审虚化导致信息不足的缺陷。在禁止人民陪审员阅卷之后，需要转而考虑的问题是如何优化庭审信息的呈现，确保人民陪审员通过庭审更准确、更有效地获知案件事实。其一，发挥庭前会议整理争点和安排庭审的功能。人民陪审员庭前阅卷所要实现的庭审准备工作由法官利用庭前会议完成，法官在庭前会议中对控辩双方争点、争议证据、证据调查和出具方式等作出详细安排，使正式庭审中的法庭调查和法庭辩论更加集中有序地呈现案件信息，避免人民陪审员

---

〔1〕　孙远："全案移送背景下控方卷宗笔录在审判阶段的使用"，载《法学研究》2016年第6期，第155~174页。

〔2〕　参见胡云红："从天津赵春华案谈我国人民陪审员制度中大合议庭陪审机制的构建"，载《河北法学》2017年第5期，第197页。

无法跟进庭审或难以获得有效信息。[1]其二，贯彻直接和言词审理原则。庭审实质化因其实现逻辑在于对抗式诉讼以及相应的证人、鉴定人出庭、证据裁判规则等的完备，故而十分强调法庭信息的呈现。[2]其中，直接审理原则要求裁判者采用最优和最接近事实的证据方法，原则上不允许以单纯宣读笔录的方式代替证人出庭接受质询。[3]而言词原则同样要求任何未经在法庭上以言词方式提出和调查的证据均不得作为裁判的根据。[4]因此，直接和言词审理原则的运用将充实法庭举证、质证活动，使案件信息更为丰富、充分地在法庭上呈现。陪审员进而能够在直接听取庭审中控辩双方就案件事实和相关证据进行的调查和辩论后，基于一般社会民众之认知和忠实履职义务，独立地对案件形成处理意见。其三，完善庭审证据规则体系。作为外行的人民陪审员在面对庭审呈现的信息时比职业法官更容易受到误导，而我国现有证据规则相对比较零散，尤其是现有的证据排除规则还不足以有效过滤不当信息。随着人民陪审员对庭审信息依赖的增强，有必要严密相关的证据排除规则。通过完善传闻证据规则、品格证据规则以及意见证据规则等阻隔那些真实性难以查证或具有误导性的信息，净化陪审员的决策环境。[5]

---

〔1〕 莫湘益："庭前会议：从法理到实证的考察"，载《法学研究》2014 年第 3 期，第 45 页。

〔2〕 胡铭："对抗式诉讼与刑事庭审实质化"，载《法学》2016 年第 8 期，第 100~108 页。

〔3〕 黄河："裁判者的认知与刑事卷宗的利用——直接审理原则的展开"，载《当代法学》2019 年第 5 期，第 127~137 页。

〔4〕 陈瑞华：《刑事证据法》，北京大学出版社 2018 年版，第 66~67 页。

〔5〕 樊传明："陪审员是好的事实认定者吗？——对《人民陪审员法》中职能设定的反思与推进"，载《华东政法大学学报》2018 年第 5 期，第 118~131 页。

（三）细化法官指示制度

无论是在英美陪审制中还是大陆法系参审制中，确保陪审员能够充分了解庭审，独立形成处理意见而又不显然违反实体与程序法律规定，通常都需要依靠职业法官指示制度。一般而言，法官指示制度是指，法官使用通俗易懂的生活语言对案涉的实体规定、程序规范以及证据规则进行释明，以便陪审员在充分知悉相关规定的前提下，基于良心和社会经验作出情理、法理统一的评议结果。[1]为提高人民陪审员基于听审作出判断的精确性，除了优化庭审信息呈现之外，增强我国现有法官指示制度的可操作性，促使法官积极履行指引、指示义务也尤为必要。[2]

最高人民法院颁布的《关于人民陪审员参加审判活动若干问题的规定》第8条规定："合议庭评议案件时，先由承办法官介绍案件涉及的相关法律、审查判断证据的有关规则，后由人民陪审员及合议庭其他成员充分发表意见，审判长最后发表意见并总结合议庭意见。"该规定可以视为我国初步规定了法官指示制度，而且从法条表述来看，其适用范围仅限于合议庭评议阶段。《人民陪审员法》第20条进一步规定了审判长指引、提示的一般义务，明确法官指示不得妨碍人民陪审员对案件的独立判断。[3]就指示内容而言，规定法官向人民陪审员就本案中涉及的事实认定、证据规则、法律规定等事项及应当注意的问题进行必要的解释和说明。从上述规定可以看出，当前我国法

〔1〕刘奕君："模式、依据与冲突：人民陪审员参审职权研究"，载《法学杂志》2018年第9期，第130~140页。

〔2〕胡云红、刘仁琦：《人民陪审员认定事实审判指引》，中国法制出版社2018年版，第113页。

〔3〕张善根："民主嵌入司法：《人民陪审员法》的价值向度"，载《北方法学》2019年第6期，第107~115页。

官指示制度还显得较为粗疏，对于法官指示的时间、方式和内容、指示的效力以及不当指示的制约与救济等尚需更为详细的规定。因此，有必要从以下几个方面进一步细化法官指示制度。首先，法官指示不应仅限于合议庭评议，而应当贯穿整个审判过程，还应该包括庭审开始前和庭审中必要时。一般权利义务告知由法官主动指示，人民陪审员也可以申请法官就相关问题进行指示。[1]其次，法官指示内容包括向陪审员介绍案情、进行诉讼规则和证据规则的告知和指引，提示陪审员注意控辩双方不当行为等。[2]此外，法官指示应当尽量以陪审员容易理解的言词陈述告知，简单案件可以采用口头方式进行，复杂案件可以采用口头和书面清单相结合的方式呈现指示内容。最后，还有必要规范法官指示的效力，赋予陪审员和诉讼双方对于不当指示的异议权，并明确相应的救济途径和程序性后果。[3]

（四）完善合议庭评议规则

根据《人民陪审员》第 21 条和第 22 条规定的评议规则，人民陪审员在合议庭评议中就有权表决的事项进行表决时，均需同法官共同进行。无论是原有的 3 人合议庭，还是新增的 7 人合议庭，都采用此评议规则，区别只在于人民陪审员在 3 人合议庭中同时享有对事实认定和法律适用问题的表决权，在 7 人合议庭中则仅享有对事实认定问题的表决权。这一评议规则实际上存在造成人民陪审员理论和制度运作上的矛盾、冲突问

---

〔1〕 刘梅湘、孙明泽："刑事陪审团指示制度研究——论中国刑事诉讼人民陪审员指示的完善"，载《重庆大学学报（社会科学版）》2019 年第 2 期，第 132~144 页。

〔2〕 羊震："人民陪审员制度的运行障碍及其多维性消解—— 以'陪而不审'为主要研究对象"，载《江苏社会科学》2017 年第 1 期，第 152~158 页。

〔3〕 步洋洋："中国式陪审制度的溯源与重构"，载《中国刑事法杂志》2018 年第 5 期，第 88~99 页。

题。且不论事实认定问题和法律适用问题区分之难，在同属参审制的 3 人合议庭和 7 人合议庭中采用不同模式的裁判权配置本身也缺乏清晰的逻辑和充分的论证。[1]评议规则存在的另一大问题是，7 人合议庭中人民陪审员参与庭审只能享有法官的部分表决权即对事实认定问题的表决，而法官则既有权表决事实认定问题，还单独享有法律适用问题表决权。这无疑在同一审判组织中造成了权力大小之分，进而有可能强化人民陪审员的"矮化"心理。加之，人民陪审员与法官共同表决事实认定问题，这种"矮化"心理将重蹈其在庭审中和合议阶段"依附"法官的覆辙，仍然不利于人民陪审员的实质参审。[2]因此，在人民陪审员参与合议庭评议方面，有必要通过进一步完善评议规则，提高人民陪审员认定案件事实的独立性。

　　首先，就表决顺序而言，虽然法律规定了陪审员首先发言，但并不能解决其在共同评议过程中会受到阅卷法官的影响。在共同表决规则之下，建构分群体、分阶段表决事实认定问题的机制很有必要。可以先行由人民陪审员们单独评议和表决，形成一定比例后，再由法官参与表决，以此减少法官对合议庭评议结果的不当干预。其次，就表决形式而言，仅以口头形式发表意见和表决容易同时导致人民陪审员的依附和从众，严重影响独立判断。可以在一定程度上借鉴问题清单制度，结合分阶段的表决顺序，由陪审员以书面形式就具体事实问题分别作出判断。[3]再次，厘清事实认定问题与法律适用问题的区分，避

---

　　〔1〕　左卫民："七人陪审合议制的反思与建言"，载《法学杂志》2019 年第 4 期，第 108~114 页。

　　〔2〕　张嘉军："人民陪审制度：实证分析与制度重构"，载《法学家》2015 年第 6 期，第 1~14 页。

　　〔3〕　陈学权："刑事陪审中法律问题与事实问题的区分"，载《中国法学》2017 年第 1 期，第 53~70 页。

免因区分不清，造成前述表决顺序和表决机制成为无效规制。[1]
最后，严格法官提请审判委员会解决合议庭重大意见分歧的适
用条件。按照《人民陪审员法》第 23 条的规定，法官可以在合
议庭组成人员意见有重大分歧时，要求合议庭将案件提请院长
决定是否提交审判委员会讨论决定。有必要明确构成"重大分
歧"的具体条件，并且应当将提交审委会的情形限制在法律适
用问题方面，而将事实认定问题保留于参审制审判，避免法官
借由重大分歧架空陪审员实质参审的权力。

## 第五节　小结

全案移送主义制度的研究必须回答如何防止庭审虚化、庭
审"走过场"的"老问题"，否则便可能是缺乏实质意义的。
因为不解决庭审虚化，任何案卷移送制度改革都可能是失败的。
事实上，全案移送主义导致庭审虚化的逻辑推理是不清晰的，
解释力是甚为可疑的。[2]案卷笔录中心主义作为庭审实质化的
障碍，其根源在于"案卷"而非"移送"。在全案移送主义制
度下实现庭审实质化，仍然要回归到控方案卷笔录的使用与限
制问题上。相对于普通审理程序，认罪认罚型简易程序并不属
于庭审实质化的范畴，法官可以在审判中使用案卷，甚至在速
裁程序中可以发展为书面审核的模式。普通审理程序强调庭审
实质化，但案卷笔录的使用也要分庭前程序和庭审程序，庭前
审查和庭前会议的性质和功能决定了案卷应当在庭前程序中发

---

〔1〕　魏晓娜："刑事审判中的事实问题与法律问题　从审判权限分工的视角展
开"，载《中外法学》2019 年第 6 期，第 1578~1597 页。

〔2〕　参见孙远："全案移送背景下控方卷宗笔录在审判阶段的使用"，载《法
学研究》2016 年第 6 期，第 156 页。

挥重要作用。庭审程序是限制案卷笔录使用的核心阶段，案卷笔录的限制首先有赖于直接言词审理原则的确立以及被告人对质权保障的强化。就案卷中证人证言而言，应当借鉴传闻证据规则以及德国直接审理模式对其证据能力进行限制。就被告人庭前供述、自书材料而言，可以从限制庭前供述、自书材料的证明力切入，建构当庭供述与庭前供述、自书材料不一致时的认证规则。此外，从比较法研究中获得的一条经验，即在审判中限制甚至禁止非职业法官接触案卷材料，对我国人民陪审员提前阅卷机制的改革具有重要的反思价值。限制或禁止人民陪审员阅卷才能够与庭审实质化改革相互促进，庭审实质化保障陪审员能够在庭审中接触和感知到形成心证所需的证据和控辩双方的意见，而大合议庭陪审制的结构同时又有利于冲淡阅卷法官可能形成的预断，更有利于获得庭审实质化的效果。

# C▶结语
onclusion

在经过对全案移送主义的严厉批判，对起诉状一本主义理想的呼吁，再到对复印件移送主义的诟病后，全案移送主义的回归使得案卷移送制度问题的研究变得既可能缺乏新意，同时又可能颇为棘手。然而，本书之所以认为案卷移送制度在当前仍具有研究意义和价值的原因主要在于两个方面：一方面，尽管案卷移送制度历经反复改革，但作为最初改革动因的庭审"走过场"问题仍然没有找到解决路径，其依旧是困扰我国庭审改革的顽疾而亟待破解；另一方面，审判中心主义正成为当前诉讼制度改革的重要命题，为案卷移送制度的研究提供了新的理论基础，为制度建构与完善提供了明确的目标，同时审判中心主义命题本身也包括了庭审实质化。因此，在审判中心主义的视野中研究案卷移送制度成为重新审视该问题的可行路径。

在审判中心主义视野下审视案卷移送制度，首先应尽可能地廓清审判中心主义的理论内涵，同时厘清其为案卷移送制度的完善提供理论动力和指导性解释的具体路径。学理话语中的审判中心主义理论与改革话语中的庭审实质化是相契合的，为案卷移送制度的研究提供了两层维度。就庭审实质化的要求而言，消除案卷笔录中心主义仍应当是案卷移送制度重点关注的问题；就刑事诉讼格局而言，案卷移送制度应当能够发挥促进审判中心地位的作用，着力消解侦查中心主义的格局。

域外案卷移送制度对构建和完善我国案卷移送制度具有重

要的参考意义，既有研究虽然不乏对两大法系案卷移送制度的介绍，但存在对相关制度的认识过于模糊和刻板的不足，各国案卷移送制度的新近发展也未能得到及时反映。本书力求澄清英美法系案卷制度的面貌，反驳了一概否定英美法系案卷移送制度的观点。尤其在英国，由于"更好的案件管理"改革不断强化审前程序的功能，审前撤销程序、有罪答辩量刑告知程序等程序中均存在审前移送控方案卷材料的制度。即便是大陆法系，典型的全案移送主义与我国语境中的全案移送主义也存在很大差别。法国全案移送主义制度与其案卷形成由法官主导有关，预审案卷是审判中证据的核心以及作出判决的重要依据。德国全案移送主义则是中间程序的要求，而且德国对法官预断的反思以及全案移送与直接言词审理原则并行的制度安排，为我国审判中心主义下案卷移送制度的完善提供了思路。为两大法系所共同分享的制度理念是对外行陪审员接触案卷的限制或禁止。日本起诉状一本主义导致的诉讼拖延、效率低下的弊端虽然已被认识到，但对日本在审前整理程序方面的不断改革缺乏关注。具有争点整理、证据整理、证据开示以及安排审判计划等功能的审前准备程序为化解法官预断和效率低下的两难问题提供了借鉴。

　　回溯我国案卷移送制度在初创、改革和回归三个不同阶段的规范与实践，可以发现我国全案移送主义具备深厚的实践传统，但其因庭审虚化而受到批判。为解决庭审虚化而设计的复印件移送主义制度随后也同样受到批评，尽管实际情况是该制度在实践中被全案移送主义或庭后移送制度所架空。全案移送主义制度的回归给予了我们重新认真对待和审视该制度的契机。制度改革和既有研究的教训在于，案卷移送制度应当被作为刑事诉讼制度体系的有机组成部分进行考察，脱离整体看待该制度甚至简单地将其视为一种纯粹的技术规范都是不适当的。因此，研究重心应当转向案卷移送制度自身的正当性问题，摆脱片面、孤立的观察视角，探索案卷移送制度与其他诉讼制度的合理嵌套，从而实现案卷移送制度乃至整个刑事诉讼体系的科学化、合理化。

在整个刑事诉讼制度体系中考察与分析案卷移送制度，具体是从构成我国刑事审判流程的三个主要程序中展开的，即庭前审查程序、庭前会议和庭审程序。庭前审查程序连接着起诉与审判，其合理运行有助于形塑健康的控审关系，形成审前与审判阶段的良性互动。然而，当前庭前程序性审查与全案移送主义存在结构功能上的错位，不仅制度间逻辑不一致，同时致使庭前审查因缺乏实质效力而沦为摆设。运用文义解释的方法重塑第 186 条的内涵，全案移送主义制度实际上是法官依托全案材料作出庭前审查的前提和基础。利用庭前审查监督制约公诉权，严格贯彻控审分离原则，递进制约侦查权，进而扭转侦查中心主义的诉讼格局。除了庭前审查程序，新设置的庭前会议作为一项独立的庭前程序，也正在对阅卷式庭前准备模式的转变产生着重大影响。口头性、三方结构和双向度的会议式庭前准备模式为解决法官预断，实现全案移送主义的正当化与合理化提供了可能。同时，裁决型庭前会议中非法证据的移送，虽然以案卷移送的面貌呈现，但其意义不只是一个全案移送主义制度未曾重点关注的重要问题，还关乎非法证据排除规则运行的实际成效。当前应对"移送加说明但不出示"方式存在的弊端，可以从保障程序审查优先原则入手，在形式上移除或单独移送非法证据的案卷材料，在程序安排上适当分离程序裁判与实体裁判。

当然，全案移送主义制度最终要回应庭审实质化的问题，但要注意全案移送主义导致庭审虚化的解释力是可疑的。破除案卷笔录中心主义的关键在于控方案卷笔录的合理使用与限制。认罪认罚型简易程序不属于严格适用庭审实质化的范畴，法官可以使用案卷材料，甚至可以进一步探索书面审核模式。普通审理程序的庭前程序也依托案卷材料发挥实质功能，唯其庭审程序才是限制案卷笔录滥用的主要阶段，包括确立直接言词审理原则、强化被告人对质权的保障以及限制被告人庭前供述的证明力等。另外，受到两大法系排斥外行陪审员接触案卷的制度理念的启发，我国案卷移送制度也不应忽视人民陪审员阅卷的问题。当前，人民陪审员全面阅卷的制度设计可能是与庭审实质化改革相悖的，其在阅卷技术与阅卷后果上的缺陷甚至可能会阻碍庭审实质化。限制或禁止人民陪审员阅卷，以庭审实质化保障陪审员在庭审中接触和感知到形成心证所需的证据和控辩双方的意见，陪审员在庭审中形成的心证又可以在大合议庭陪审制的结构冲淡阅卷法官可能存在的预断，才是更有利于获得庭审实质化效果的选择。因而，在案卷移送制度问题中，我国人民陪审员提前阅卷机制改革值得冷静反思。

　　本书虽然以审判中心主义理论作为新的研究视角和理论基础，同时强调在刑事诉讼制度体系的整体中观察案卷移送制度的研究路径，但在具体研究过程中仍然存在一定的不足：首先，由于对法教义学理论的掌握还不够深刻，方法的运用还不够娴熟，对法律条文的解释还不够充分，说服力有待加强；其次，虽然有英语和日语的一手资料支撑比较研究，但由于语言的障碍，对德国、法国的研究还不够全面、深入；再次，限于论文主题，其中部分具有重要研究价值的议题还未能展开更加深入的分析。此外，互联网、大数据以及人工智能技术正在对当下的法律和司法实践产生着巨大影响，未来案卷移送制度的研究也需要对此给予相当的关注。接续过去对案卷电子化和办公信息化的探讨，案卷审查和使用的智能化以及庭前准备活动的线上化等将成为未来具有广阔前景的研究议题。对于以上不足和展望，笔者将在后续的研究中不断加强研究方法的学习，同时对相关重要议题继续开展深入细致的研究。

# $R$eferences 参考文献

## 一、中文类参考文献

### （一）著作类

［1］［美］爱伦·豪切斯泰勒·斯戴丽、南希·弗兰克：《美国刑事法院诉讼程序》，陈卫东、徐美君译，中国人民大学出版社 2002 年版。

［2］何挺等编译：《外国刑事司法实证研究》，北京大学出版社 2014 年版。

［3］［美］理查德·A. 波斯纳：《超越法律》，苏力译，中国政法大学出版社 2001 年版。

［4］蔡定剑：《历史与变革——新中国法制建设的历程》，中国政法大学出版 1999 年版。

［5］陈光中主编：《刑事诉讼法》，北京大学出版社、高等教育出版社 2012 年版。

［6］陈光中、严端主编：《中华人民共和国刑事诉讼法修改建议稿与论证》，中国方正出版社 1995 年版。

［7］陈朴生：《刑事证据法》，三民书局 1979 年版。

［8］陈瑞华：《刑事诉讼中的问题与主义》，中国人民大学出版社 2013 年版。

［9］陈瑞华：《刑事诉讼的前沿问题》，中国人民大学出版社 2016 年版。

［10］陈瑞华：《刑事诉讼的中国模式》，法律出版社 2010 年版。

［11］陈瑞华：《刑事证据法学》，北京大学出版社 2014 年版。

［12］陈瑞华：《刑事审判原理论》，北京大学出版社 1997 年版。

［13］［美］戴维·J. 博登海默：《公正的审判：美国历史上的刑事被告的权利》，杨明成、赖静译，商务印书馆 2009 年版。

[14]《董必武政治法律文集》,法律出版社 1986 年版。

[15] 樊崇义主编:《刑事诉讼法学》,中国政法大学出版社 1996 年版。

[16] 樊崇义:《刑事诉讼法哲理思维》,中国人民大学出版社 2010 年版。

[17] [美] 弗洛伊德·菲尼、[德] 约阿希姆·赫尔曼、岳礼玲:《一个案例 两种制度——美德刑事司法比较》,郭志媛译,中国法制出版社 2006 年版。

[18] 顾昂然:《新中国的诉讼、仲裁和国家赔偿制度》,法律出版社 1996 年版。

[19] 何勤华主编:《法治建设与法学》,上海人民出版社 2009 年版。

[20] 胡康生、李福成主编:《中华人民共和国刑事诉讼法释义》,法律出版社 1996 年版。

[21] 强世功:《惩罚与法治:当代法治的兴起(1976—1981)》,法律出版社 2009 年版。

[22] [英] 杰奎琳·霍奇森:《法国刑事司法——侦查与起诉的比较研究》,张小玲、汪海燕译,中国政法大学出版社 2012 年版。

[23] 金邦贵主编:《法国司法制度》,法律出版社 2008 年版。

[24] [德] 卡尔·拉伦兹:《法学方法论》,陈爱娥译,商务印书馆 2002 年版。

[25] [德] 克劳思·罗科信:《刑事诉讼法》,吴丽琪译,法律出版社 2003 年版。

[26] 孔祥俊:《法律解释方法与判解研究》,人民法院出版社 2004 年版。

[27] [美] 兰博约:《对抗式刑事审判的起源》,王志强译,复旦大学出版社 2010 年版。

[28] [法] 勒内·达维德:《当代主要法律体系》,漆竹生译,上海译文出版社 1984 年版。

[29] 李长城:《中国刑事卷宗制度研究》,法律出版社 2016 年版。

[30] 梁玉霞:《论刑事诉讼方式的正当性》,中国法制出版社 2002 年版。

[31] 林铁军:《刑事诉讼中法院职权调查问题研究》,法律出版社 2016 年版。

[32] 林钰雄:《刑事诉讼法(上册 总论编)》,中国人民大学出版社 2005

年版。

[33] 林钰雄:《刑事诉讼法(下册 各论编)》,中国人民大学出版社 2005
年版。

[34] 刘计划:《中国控辩式庭审方式研究》,中国方正出版社 2005 年版。

[35] 龙宗智:《刑事庭审制度研究》,中国政法大学出版社 2001 年版。

[36] 罗结珍译:《法国刑事诉讼法典》,中国法制出版社 2006 年版。

[37] [奥] 曼弗雷德·诺瓦克:《〈公民权利和政治权利国际公约〉评
注》,孙世彦、毕小青译,生活·读书·新知三联书店 2008 年版。

[38] [美] 米尔伊安·R·达玛什卡:《司法和国家权力的多种面孔:比
较视野中的法律程序》,郑戈译,中国政法大学出版社 2015 年版。

[39] 全国人大常委会法制工作委员会刑法室编:《〈中华人民共和国刑事
诉讼法〉条文说明、立法理由及相关规定》,北京大学出版社 2008
年版。

[40] 全国人大常委会法制工作委员会刑法室编:《〈关于修改中华人民共
和国刑事诉讼法的决定〉条文说明、立法理由及相关规定》,北京大
学出版社 2012 年版。

[41] 施鹏鹏:《陪审制研究》,中国人民大学出版社 2008 年版。

[42] [日] 松尾浩也:《日本刑事诉讼法》(上下卷),丁相顺译,中国人
民大学出版社 2005 年版。

[43] 宋英辉主编:《刑事诉讼法学研究述评(1978—2008)》,北京师范大
学出版社 2009 年版。

[44] 宋英辉等:《刑事诉讼法修改的历史梳理与阐释》,北京大学出版社
2014 年版。

[45] 孙长永:《探索正当程序——比较刑事诉讼法专论》,中国法制出版
社 2005 年版。

[46] [日] 田口守一:《刑事诉讼法》,张凌、于秀峰译,中国政法大学出
版社 2010 年版。

[47] 汪海燕:《我国刑事诉讼模式的选择》,北京大学出版社 2008 年版。

[48] 王禄生:《刑事诉讼的案件过滤机制:基于中美两国实证材料的考
察》,北京大学出版社 2014 年版。

[49] 王敏远主编:《刑事诉讼法学》(上),知识产权出版社 2013 年版。

[50] [德] 魏德士:《法理学》,丁小春、吴越译,法律出版社 2003 年版。

[51] 武延平、刘根菊等编:《刑事诉讼法学参考资料汇编》(中册),北京大学出版社 2005 年版。

[52] 易延友:《证据法的体系与精神——以英美法为特别参照》,北京大学出版社 2010 年版。

[53] 曾新华:《当代刑事司法制度史》,中国检察出版社 2012 年版。

[54] 张晋藩:《中国法律的传统与近代转型》(第 3 版),法律出版社 2009 年版。

[55] 张军主编:《〈中华人民共和国刑事诉讼法〉适用解答》,人民法院出版社 2012 年版。

[56] 张军、陈卫东主编:《新刑事诉讼法疑难释解》,人民法院出版社 2012 年版。

[57] 张军、陈卫东主编:《刑事诉讼法新制度讲义》,人民法院出版社 2012 年版。

[58] 周欣主编:《外国刑事诉讼特色制度与变革》,中国人民公安大学出版社 2014 年版。

[59] 宗玉琨译注:《德国刑事诉讼法典》,知识产权出版社 2013 年版。

[60] 最高人民法院研究室编著:《新刑事诉讼法及司法解释适用解答》,人民法院出版社 2013 年版。

[61] 最高人民法院研究室编著:《〈最高人民法院关于适用《中华人民共和国刑事诉讼法》的解释〉理解与适用》,中国法制出版社 2013 年版。

[62] 左卫民:《刑事诉讼的中国图景》,生活·读书·新知三联书店 2010 年版。

[63] 左卫民:《理想与现实:关于中国刑事诉讼的思考》,北京大学出版社 2013 年版。

[64] 王进喜:《美国〈联邦证据规则〉(2011 年重塑版)条解》,中国法制出版社 2012 年版。

（二）论文类

［1］白斌："论法教义学：源流、特征及其功能"，载《环球法律评论》2010 年第 3 期。

［2］卞建林、谢澍："'以审判为中心'视野下的诉讼关系"，载《国家检察官学院学报》2016 年第 1 期。

［3］陈春龙："中国司法解释的地位与功能"，载《中国法学》2003 年第 1 期。

［4］陈光中、龙宗智："关于深化司法改革若干问题的思考"，载《中国法学》2013 年第 4 期。

［5］陈国庆："刑事庭审改革试点中若干问题之我见"，载《政法论坛》1996 年第 5 期。

［6］陈金钊："文义解释：法律方法的优位选择"，载《文史哲》2005 年第 6 期。

［7］陈岚："日本起诉状一本主义评介"，载《中央检察官学院学报》1993 年第 Z1 期。

［8］陈岚、高畅："试论我国公诉方式的重构"，载《法学评论》2010 年第 4 期。

［9］陈瑞华："案卷移送制度的演变与反思"，载《政法论坛》2012 年第 5 期。

［10］陈瑞华："从'流水作业'走向'以裁判为中心'——对中国刑事司法改革的一种思考"，载《法学》2000 年第 3 期。

［11］陈瑞华："认罪认罚从宽制度的若干争议问题"，载《中国法学》2017 年第 1 期。

［12］陈瑞华："审判中心主义改革的理论反思"，载《苏州大学学报（哲学社会科学版）》2017 年第 1 期。

［13］陈瑞华："论侦查中心主义"，载《政法论坛》2017 年第 2 期。

［14］陈瑞华："什么是真正的直接和言词原则"，载《证据科学》2016 年第 3 期。

［15］陈运财："起诉审查制度之研究"，载《月旦法学杂志》2002 年第 88 期。

［16］陈卫东："初论我国刑事诉讼中设立中间程序的合理性"，载《当代法学》2004 年第 4 期。

［17］陈卫东："认罪认罚从宽制度研究"，载《中国法学》2016 年第 2 期。

［18］陈卫东、柴煜峰："刑事证据制度修改的亮点与难点"，载《证据科学》2012 年第 2 期。

［19］陈卫东、杜磊："庭前会议制度的规范建构与制度适用——兼评《刑事诉讼法》第 182 条第 2 款之规定"，载《浙江社会科学》2012 年第 11 期，第 39 页。

［20］陈卫东、韩红兴："慎防起诉状一本主义下的陷阱——以日本法为例的考察"，载《河北法学》2007 年第 9 期。

［21］陈卫东、郝银钟："我国公诉方式的结构性缺陷及其矫正"，载《法学研究》2000 年第 4 期。

［22］陈卫东："以审判为中心：解读、实现与展望"，载《当代法学》2016 年第 4 期。

［23］陈永生："论直接言词原则与公诉案卷的移送及庭前审查"，载《法律科学》2001 年第 3 期。

［24］戴长林："庭前会议程序若干疑难问题"，载《人民司法》2013 年第 21 期。

［25］邓思清："对我国案件移送方式的检讨"，载《法学杂志》2002 年第 4 期。

［26］段文波："庭审中心视域下的民事审前准备程序研究"，载《中国法学》2017 年第 6 期。

［27］樊传明："审判中心论的话语体系分歧及其解决"，载《法学研究》2017 年第 5 期。

［28］丰旭泽、王超："案卷移送主义视野下的非法证据排除规则"，载《时代法学》2014 年第 2 期。

［29］付奇艺："认罪认罚从宽程序的体系完善与结构优化——从'以审判为中心'切入"，载《中国政法大学学报》2016 年第 6 期。

［30］葛先园："论我国新行政诉讼法的审判中心主义"，载《学术交流》

2016 年第 5 期。

[31] 顾昂然："关于《中华人民共和国刑事诉讼法修正案（草案）》的说明——1996 年 3 月 12 日在第八届全国人民代表大会第四次会议上"，载《人大工作通讯》1996 年第 7 期。

[32] 郭倍倍："人民陪审员制度的核心问题与改革路径"，载《法学》2016 年第 8 期。

[33] 郭华："我国案卷移送制度功能的重新审视"，载《政法论坛》2013 年第 3 期。

[34] 郭华："刑事庭前会议制度的功能与价值——以审判为中心诉讼制度改革背景下的思考"，载《人民检察》2016 年第 5 期。

[35] 韩红兴："我国刑事公诉审查程序的反思与重构"，载《法学家》2011 年第 2 期。

[36] 何家弘："刑事庭审虚化的实证研究"，载《法学家》2011 年第 6 期。

[37] 洪浩、罗晖："法国刑事预审制度的改革及其启示"，载《法商研究》2014 年第 6 期。

[38] 胡莲芳："卷宗移送主义：对理想的妥协还是对现实的尊重——2012 年刑事诉讼法确立卷宗移送的正当性"，载《西北大学学报（哲学社会科学版）》2013 年第 3 期。

[39] 胡铭："审判中心、庭审实质化与刑事司法改革——基于庭审实录和裁判文书的实证研究"，载《法学家》2016 年第 4 期。

[40] 胡铭："对抗式诉讼与刑事庭审实质化"，载《法学》2016 年第 8 期。

[41] 胡铭："认罪协商程序：模式、问题与底线"，载《法学》2017 年第 1 期。

[42] 胡云红："从天津赵春华案谈我国人民陪审员制度中大合议庭陪审机制的构建"，载《河北法学》2017 年第 5 期。

[43] 黄朝义："起诉卷证并送与法庭权责不明下实施交互诘问之省思"，载《月旦法学杂志》2000 年第 11 期。

[44] 黄道、陈浩铨："刑事证据理论的认识论基础"，载《政法论坛》1994 年第 1 期。

[45] 吉冠浩："论庭前会议功能失范之成因——从庭前会议决定的效力切

入",载《当代法学》2016年第1期。

[46] 冀祥德:"中国刑事辩护的困境与出路",载《政法论坛》2004年第2期。

[47] 贾志强:"从实证到理论:论我国刑事庭前会议的听证模式",载《新疆大学学报(哲学社会科学版)》2015年第4期。

[48] 蒋惠岭、杨小利:"重提民事诉讼中的'庭审中心主义'——兼论20年来民事司法改革之轮回与前途",载《法律适用》2015年第12期。

[49] 李奋飞:"从'复印件主义'走向'起诉状一本主义'——对我国刑事公诉方式改革的一种思考",载《国家检察官学院学报》2003年第2期。

[50] 李国强、李荣楠:"证据移送制度研究——兼驳起诉书一本主义",载《中国刑事法杂志》2007年第2期。

[51] 李敏:"从宪法和行政诉讼的角度看'以审判为中心的诉讼制度改革'访问中国人民大学教授、博士生导师莫于川",载《中国审判》2016年第12期。

[52] 李少平:"以审判为中心的诉讼制度改革:功能定位与路径规划",载《中国审判》2015年第11期。

[53] 林劲松:"我国侦查案卷制度反思",载《中国刑事法杂志》2009年第4期。

[54] 林裕顺:"起诉状一本主义再考——理清'剪不断、理还乱'的审检互动",载《月旦法学杂志》2010年第2期。

[55] 林钰雄:"论中间程序——德国起诉审查制度的目的、运作及立法论",载《月旦法学杂志》2002年第88期。

[56] 林喜芬:"认罪认罚从宽制度的地方样本阐释——L、S、H三个区速裁试点规则的分析",载《东方法学》2017年第4期。

[57] 刘根菊:"刑事审判方式改革与案卷材料的移送",载《中国法学》1997年第3期。

[58] 刘计划:"我国陪审制度的功能及其实现",载《法学家》2008年第6期。

[59] 刘晶:"卷证并送主义下的公诉审查程序之构建——兼评《刑事诉讼

法》第 172 条、第 181 条",载《河北法学》2014 年第 6 期。

[60] 刘磊:"'起诉书一本主义'之省思",载《环球法律评论》2007 年第 2 期。

[61] 刘林呐:"法国重罪陪审制度的启示与借鉴",载《政法论丛》2012 年第 2 期。

[62] 刘译矾:"论对公诉方案卷笔录的法律限制——审判中心主义改革视野下的考察",载《政法论坛》2017 年第 6 期。

[63] 龙宗智:"刑事诉讼庭前审查程序研究",载《法学研究》1999 年第 3 期。

[64] 龙宗智:"'以审判为中心'的改革及其限度",载《中外法学》2015 年第 4 期。

[65] 龙宗智:"徘徊于传统与现代之间——论中国刑事诉讼法的再修改",载《政法论坛》2004 年第 5 期。

[66] 龙宗智:"刑事诉讼中的证据开示制度研究(上)",载《政法论坛》1998 年第 1 期。

[67] 龙宗智:"刑事诉讼中的证据开示制度研究(下)",载《政法论坛》1998 年第 2 期。

[68] 闵春雷:"刑事庭前程序研究",载《中外法学》2007 年第 2 期。

[69] 闵春雷、贾志强:"庭前会议制度适用问题研究",载《法律适用》2013 年第 6 期。

[70] 马永平:"论审判中心主义对重构诉审关系的影响",载《法学论坛》2016 年第 5 期。

[71] 莫丹谊:"试析日本刑事诉讼中的预断排除原则",载《现代法学》1996 年第 4 期。

[72] 莫丹谊:"职权主义诉讼中预断排除质疑",载《政治与法律》2012 年第 4 期。

[73] 莫湘益:"庭前会议:从法理到实证的考察",载《法学研究》2014 年第 3 期。

[74] 牟绿叶:"论非法证据排除规则和印证证明模式的冲突及弥合路径",载《中外法学》2017 年第 4 期。

[75] 彭小龙："人民陪审员制度的复苏与实践：1998—2010"，载《法学研究》2011 年第 1 期。

[76] ［德］乔基姆·赫尔曼："中国刑事审判方式的改革"，载樊崇义主编：《诉讼法学新探》，中国法制出版社 2000 年版。

[78] 秦策："审判中心主义下的‘程序倒逼’机制探析"，载《北方法学》2015 年第 6 期。

[79] 秦明华、周宜俊、俞小海："构筑司法公正与效率之间的平衡——刑事庭前会议运行现状分析与制度构建"，载《上海政法学院学报（法治论丛）》2014 年第 1 期。

[80] 仇晓敏："论我国刑事公诉案件移送方式的弊端与选择"，载《中国刑事法杂志》2006 年第 5 期。

[81] 仇晓敏："刑事公诉方式：复印件移送主义、起诉状一本主义抑或全案移送主义"，载《中国地质大学学报（社会科学版）》2007 年第 3 期。

[82] 施鹏鹏、陈真楠："刑事庭前会议制度之检讨"，载《江苏社会科学》2014 年第 1 期。

[83] 施鹏鹏："法国审前程序的改革及评价——以 2007 年 3 月 5 日的《强化刑事程序平衡法》为中心"，载《中国刑事法杂志》2008 年第 7 期。

[84] 施鹏鹏："不日而亡？——以法国预审法官的权力变迁为主线"，载《中国刑事法杂志》2012 年第 7 期。

[85] 宋英辉、魏晓娜："证据开示制度的法理与构建"，载《中国刑事法杂志》2001 年第 4 期。

[86] 孙长永："日本起诉状一本主义研究"，载《中国法学》1994 年第 1 期。

[87] 孙长永："审判中心主义及其对刑事程序的影响"，载《现代法学》1999 年第 4 期。

[88] 孙远："全案移送背景下控方卷宗笔录在审判阶段的使用"，载《法学研究》2016 年第 6 期。

[89] 孙远："论犯罪地的确定——兼论庭前审查程序的实质化"，载《法

律适用》2016 年第 8 期。

[90] 孙远："卷宗移送制度改革之反思"，载《政法论坛》2009 年第
1 期。

[91] 唐治祥："意大利刑事卷证移送制度及其启示"，载《法商研究》2010
年第 2 期。

[92] 唐治祥："英国刑事卷证移送机制与启示"，载《湘潭大学学报（哲
学社会科学版）》2013 年第 3 期。

[93] 唐治祥、曾中平："比较法视野下的刑事卷证移送过程与类型"，载
《广西社会科学》2012 年第 4 期。

[94] 田力男："论公诉审查程序中法官角色的改革"，载《中国刑事法杂
志》2013 年第 5 期。

[95] 万毅："论无证据能力的证据——兼评我国的证据能力规则"，载
《现代法学》2014 年第 4 期。

[96] 汪海燕："庭前会议制度若干问题研究——以'审判中心'为视角"，
载《中国政法大学学报》2016 年第 5 期。

[97] 汪海燕："论刑事庭审实质化"，载《中国社会科学》2015 年第 2 期。

[98] 汪海燕："法国刑事诉讼模式转型及启示"，载《金陵法律评论》
2003 年第 2 期。

[99] 汪海燕："合理解释：辩护权条款虚化和异化的防线"，载《政法论
坛》2012 年第 6 期。

[100] 汪海燕、殷闻："审判中心视阈下庭前会议功能探析"，载《贵州民
族大学学报（哲学社会科学版）》2016 年第 3 期。

[101] 王洪宇："论公诉案件庭前审查程序"，载《现代法学》1999 年第
5 期。

[102] 汪建成："刑事审判程序的重大变革及其展开"，载《法学家》2012
年第 3 期。

[103] 汪建成："刑事诉讼法再修订过程中面临的几个选择"，载《中国法
学》2006 年第 6 期。

[104] 汪建成、杨雄："比较法视野下的刑事庭前审查程序之改造"，载
《中国刑事法杂志》2002 年第 6 期。

［105］王俊民："抗辩制在我国庭审中的适用"，载《法学》1993年第10期。

［106］王敏远："以审判为中心的诉讼制度改革问题初步研究"，载《法律适用》2015年第6期。

［107］王敏远："认罪认罚从宽制度疑难问题研究"，载《中国法学》2017年第1期。

［108］王敏远："中国陪审制度及其完善"，载《法学研究》1999年第4期。

［109］王强之："论刑事庭审实质化的庭外制度保障"，载《政治与法律》2016年第9期。

［110］王尚新："刑事诉讼法修改的若干问题"，载《法学研究》1994年第5期。

［111］王兆鹏："起诉审查——与美国相关制度之比较"，载《月旦法学》2002年第9期。

［112］魏晓娜："庭前会议制度之功能'缺省'与'溢出'——以审判为中心的考察"，载《苏州大学学报（哲学社会科学版）》2016年第1期。

［113］魏晓娜："以审判为中心的刑事诉讼制度改革"，载《法学研究》2015年第4期。

［114］吴冠霆："论卷证并送制度与预断排除"，载《刑事法杂志》2008年第1期。

［115］吴洪淇："证据排除抑或证据把关：审查起诉阶段非法证据排除的实证研究"，载《法制与社会发展》2016年第5期。

［116］吴宏耀："我国刑事公诉制度的定位与改革——以公诉权与审判权的关系为切入点"，载《法商研究》2004年第5期。

［117］肖念华："我国公诉审查制度之现状及其重构"，载《政法论丛》1998年第3期。

［118］谢澍："刑事诉讼法教义学：学术憧憬抑或理论迷雾"，载《中国法律评论》2016年第1期。

［119］谢澍："论刑事证明标准之实质递进性——'以审判为中心'语境

下的分析"，载《法商研究》2017 年第 3 期。

[120] 谢小剑："公诉审查略式程序研究——省略我国审查起诉程序的思考"，载《法学论坛》2005 年第 2 期。

[121] 熊秋红："刑事庭审实质化与审判方式改革"，载《比较法研究》2016 年第 5 期。

[122] 徐昕、黄艳好、卢荣荣："中国司法改革年度报告（2012）"，载《政法论坛》2013 年第 2 期。

[123] 杨馨馨："陪审员参审职权调整的实践困惑与路径突破——从'同职同权'到'分工合作'"，载《法学论坛》2016 年第 6 期。

[124] 姚莉："论人民检察院卷证材料的移送范围"，载《中国刑事法杂志》1998 年第 5 期。

[125] 姚莉、卞建林："公诉审查制度研究"，载《政法论坛》1998 年第 3 期。

[126] 叶青："以审判为中心的诉讼制度改革之若干思考"，载《法学》2015 年第 7 期。

[127] 叶青："庭前会议中非法证据的处理"，载《国家检察官学院学报》2014 年第 4 期。

[128] 易延友："陪审团移植的成败及其启示——以法国为考察重心"，载《比较法研究》2005 年第 1 期。

[129] 易延友："证人出庭与刑事被告人对质权的保障"，载《中国社会科学》2010 年第 2 期。

[130] 尹伊君："检法冲突与司法制度改革"，载《中外法学》1997 年第 4 期。

[131] 张栋："我国刑事诉讼中'以审判为中心'的基本理念"，载《法律科学（西北政法大学学报）》2016 年第 2 期。

[132] 张吉喜："论以审判为中心的诉讼制度"，载《法律科学（西北政法大学学报）》2015 年第 3 期。

[133] 张嘉军："人民陪审制度：实证分析与制度重构"，载《法学家》2015 年第 6 期。

[134] 张建伟："审判中心主义的实质内涵与实现途径"，载《中外法学》

2015 年第 4 期。

[135] 章礼明："日本起诉书一本主义的利与弊"，载《环球法律评论》
2009 年第 4 期。

[136] 张青："政法传统、制度逻辑与公诉方式之变革"，载《华东政法大
学学报》2015 年第 4 期。

[137] 张旭："公诉审查程序改革的选择"，载《法学研究》1996 年第
2 期。

[138] 张雪樵、李忠强："庭前会议中的检察职能——以审判中心主义诉
讼制度改革为视角"，载《人民检察》2015 年第 6 期。

[139] 张泽涛："我国现行《刑事诉讼法》第 150 条亟需完善"，载《法
商研究（中南财经政法大学学报）》2001 年第 1 期。

[140] 赵恒："论从宽的正当性基础"，载《政治与法律》2017 年第 11 期。

[141] 郑曦："英国被告人认罪制度研究"，载《比较法研究》2016 年第
4 期。

[142] 周翠："德国司法的电子应用方式改革"，载《环球法律评论》2016
年第 1 期。

[143] 周士敏："刑事诉讼法学发展的必由之路——由审判中心说到诉讼
阶段说"，载《中央检察官学院学报》1993 年第 2 期。

[144] 周世勋："论刑事公诉案件的案卷材料移送"，载《中国刑事法杂
志》1998 年第 3 期。

[145] 周世勋："论刑事案卷材料的庭后移送"，载《中央政法管理干部学
院学报》1998 年第 6 期。

[146] 左卫民："审判如何成为中心：误区与正道"，载《法学》2016 年
第 6 期。

[147] 左卫民："未完成的变革——刑事庭前会议实证研究"，载《中外法
学》2015 年第 2 期。

[148] 左卫民："中国刑事案卷制度研究——以证据案卷为重心"，载《法
学研究》2007 年第 6 期。

[149] 左卫民："职权主义：一种谱系性的'知识考古'"，载《比较法研
究》2009 年第 2 期。

[150] 左卫民："信息化与我国司法——基于四川省各级人民法院审判管理创新的解读"，载《清华法学》2011 年第 4 期。

[151] 左卫民："时间都去哪儿了——基层法院刑事法官工作时间实证研究"，载《现代法学》2017 年第 5 期。

[152] 孔祥承："诉讼模式下案卷移送制度研究"，载《当代法学》2018 年第 5 期。

[153] 顾永忠："一场未完成的讨论：关于'以审判为中心'的几个问题"，载《法治研究》2020 年第 1 期。

[154] 李子龙："起诉状一本主义：我国刑事案卷移送制度改革再思考"，载《清华法学》2021 年第 3 期。

[155] 徐昀、李敏："审判中心论——我国刑事司法改革的深层逻辑"，载《上海大学学报（社会科学版）》2021 年第 5 期。

（三）学位论文

唐治祥："刑事卷证移送制度研究——以公诉案件一审普通程序为视角"，西南政法大学 2011 年博士学位论文。

（四）其他类

[1] 侯毅君："1979 年刑诉法从无到有"，载《北京青年报》2012 年 3 月 7 日。

[2] 李琛："刑事法官阅卷如何走向未来——改革轮回之后的实证研究"，载《司法体制改革与民商事法律适用问题研究——全国法院第 26 届学术讨论会获奖论文集》，人民法院出版社 2015 年版。

[3] 李新枝："恢复卷宗移送主义不会影响裁判公正"，载《检察日报》2005 年 10 月 10 日。

[4] 刘玫："中国刑事诉讼法立法和修法的历程"，载 http://www.china.com.cn/policy/txt/2012-03/07/content_24837739.htm，最后访问时间：2017 年 2 月 27 日。

[5] 孟建柱："主动适应形势新变化、坚持以法治为引领、切实提高政法机关服务大局的能力和水平"，载《人民法院报》2015 年 3 月 18 日。

[6] 牟绿叶："移送案卷少点还是多点"，载《法制日报》2012 年 1 月 21 日。

［7］ 吴宏耀、王耀承："出现反复不一定就是倒退"，载《检察日报》2006年3月13日。

［8］ 周强："必须推进建立以审判为中心的诉讼制度"，载《人民日报》2014年11月14日。

［9］ 薛波编：《元照英美法词典》（缩印版），北京大学出版社2013年版。

［10］ 北京政法学院诉讼法教研室编：《刑事诉讼法参考资料（第一辑）》（上册），1980年。

［11］ 西南政法学院诉讼法教研室编：《中华人民共和国刑事诉讼法资料汇编（第三辑）》，1980年。

［12］ 最高人民检察院研究室编：《检察制度参考资料》（第1编），1980年。

［13］ "揭秘'206'：法院未来的人工智能图景——上海刑事案件智能辅助办案系统154天研发实录"，载 http://shfy. chinacourt. org/article/detail/2017/07/id/2921078. shtml，最后访问时间：2023年7月12日。

［14］ "代号'206'，全国首个刑事案件智能辅助办案系统在沪诞生：人工智能将取代法官?"，载 http://www. sohu. com/a/155846697_ 119707，最后访问时间：2023年7月12日。

［15］ 《关于推进以审判为中心的刑事诉讼制度改革的意见》，载 http://www. court. gov. cn/zixun-xiangqing-28011. html，最后访问时间：2023年7月12日。

［16］ 《中华人民共和国最高人民检察院公报》2013年第6期。

［17］ "主审法官谈刘志军案：400多本卷宗，封闭办案一个月"，载 http://legal. people. com. cn/n/2014/0704/c42510-25240127. html，最后访问时间：2017年10月24日。

［18］ "刘志军案3个半小时庭审不是走过场"，载《潇湘晨报》2013年7月2日。

［19］ "刘某军案庭审仅3.5小时引争议，律师否认走过场"，载 http://news. sina. com. cn/c/sd/2013-06-20/134527451893. shtml，最后访问时间：2017年10月24日。

［20］ "律师谢阳'遭遇酷刑'真相调查：酷刑是故事加细节想象出来

的", 载 http://www. thepaper. cn/newsDetail_ forward_ 1630180, 最后访问时间: 2017 年 11 月 2 日。

[21] "审判长详解刘某军案 5 疑问", 载 http://news. 163. com/13/0709/10/93B7IUB700014AED. html#from = relevant#xwwzy_ 35_ bottomnewskwd, 最后访问时间: 2017 年 10 月 24 日。

[22]《谢阳煽动颠覆国家政权和扰乱法庭秩序案一审公开开庭审理直播》, 湖南省长沙市中级人民法院官方微博 "长沙市中级人民法院"。

[23]《海淀法院继续开庭审理快播公司及王欣等人传播淫秽物品牟利案》, 北京市海淀区人民法院官方微博 "北京海淀法院" 庭审直播记录。

[24] 2017 年《中国人权法治化保障的新进展》白皮书, 载 http://www. scio. gov. cn/zfbps/32832/Document/1613514/1613514. htm, 最后访问时间: 2023 年 7 月 12 日。

[25] "西峡: 人民陪审员履职改革无止境", 载《人民日报》2016 年 10 月 11 日。

[26] "'吃瓜群众'越来越少——广西人民陪审员制度改革试点工作调查 (上)", 载《人民法院报》2017 年 6 月 12 日。

[27] "'敢说话会说话, 说了还管用'——江苏法院人民陪审员制度改革试点调查 (上)", 载《人民日报》2016 年 8 月 8 日。

[28] "人民陪审员网上办公办案提质效", 载《法制日报》2016 年 6 月 29 日。

[29] "人民陪审的南京试验", 载 http://www. infzm. com/content/129823, 最后访问日期: 2023 年 7 月 12 日。

## 二、外文类参考文献

### (一) 著作类

[1] Andrew Ashworth & Mike Redmayne, *The Criminal Process*, Oxford University Press, 2010.

[2] David Ormerod, *Blackstone's Criminal Practice 2017*, Oxford University Press, 2017.

[3] Tony Honere, "The Primacy of Oral Evidence"? in Tapper, C (ed).,

Crime, *Proof and Punishment Essays in Memory of Sir Rupert Cross*, Butterworths, 1981.

［4］ J. Jackson & S. Doran, *Judge Without Jury: Diplock Trials in the Adversary System*, Oxford University Press, 1995.

［5］ Mireille Delmas–Marty & J. R. Spencer, *European Criminal Procedures*, Cambridge University Press, 2002.

［6］ Shawn Marie Boyne, "Procedural Economy in Pre-Trial Procedure: Developments in Germany and the United States", in Jacqueline E. Ross and Stephen C. Thaman, *Comparative criminal procedure*, Edward Elgar Publishing Ltd. , 2016.

［7］ Paul Roberts & Adrian Zuckerman, *Criminal Evidence*, second edition, Oxford University Press, 2010.

［8］ William T. Pizzi, "Sentencing in the US: An Inquisitorial Soul in an Adversary Body", in John Jackson, Maximo Langer & Peter Tillers ( eds. ), *Crime, Procedure and Evidence in a Comparative and International Context: Essays in Honor of Professor Mirjan Damaska*, Hart Publishing, 2008.

［9］ 井戸田侃「起訴状一本主義」佐伯千仭編『刑事訴訟法の考え方』（有斐閣、1980 年）。

［10］ 佐伯千仭「起訴状一本主義」日本刑法学会編『刑事訴訟法講座（2）』（有斐閣、1965 年）。

［11］ 酒巻匡『刑事訴訟法』（有斐閣、2016 年）。

［12］ 白取祐司『刑事訴訟法』（日本評論社、2015 年）。

［13］ 鈴木茂嗣『刑事訴訟法（改訂版）』（青林書院、1997 年）。

［14］ 高田卓爾『刑事訴訟法（二訂版）』（青林書院、1984 年）。

［15］ 田宮裕『刑事訴訟法』（有斐閣、2005 年）。

［16］ 寺崎嘉博『刑事訴訟法』（成文堂、2006 年）。

［17］ 庭山英雄、岡部泰昌『刑事訴訟法』（青林書院、2002 年）。

［18］ 福井厚『刑事訴訟法』（有斐閣、1997 年）。

［19］ 藤永幸治編『大コンメンタール刑事訴訟法（第 4 巻）』（青林書院、2003 年）。

[20] 松尾浩也『刑事訴訟法（下）』（弘文堂、1999 年）。

[21] 松代剛枝「起訴状における余事記載」『刑事訴訟法判例百選』（有斐阁、1998 年）。

[22] 三井誠、酒巻匡『入門刑事手続法』（有斐閣、2006 年）。

（二）论文类

[1] Abraham S. Goldsteint & Martin Marcus, "The Myth of Judicial Supervision in Three Inquisitorial Systems: France, Italy, and Germany", 87 Yale L. J., 240 (1977).

[2] Hirano Rūychi, "Diagnosis of the Current Code of Criminal Procedure", 22 Law Japan, 129 (1989).

[3] Issa Kohler-Hausmann, "Managerial Justice and Mass Misdemeanors", 66 Stan. L. Rev., 611 (2014).

[4] Markus Dirk Dubber, "The German Jury and the Metaphysical Volk: From Romantic Idealism to Nazi Ideology", 43 Am. J. Comp. L., 227 (1995).

[5] Marvin E. Frankel, "The Search for Truth: An Umpireal View", 123 U. Pa. L. Rev., 1031 (1975).

[6] Raymond J. Toney, "English Criminal Procedure under Article 6 of the European Convention on Human Rights: Implications for Custodial Interrogation Practices", Hous. J. Int'l L., 411 (2002).

[7] Stephen C. Thaman, "Fruits of the Poisonous Tree in Comparative Law", 16 Sw. J. Int'l L., 333 (2010).

[8] Takeo Ishimatsu, "Are Criminal Defendants in Japan Truly Receiving Trial by Judge?", 22 Univ. of Tokyo: An Annual, 143 (1989).

[9] Valerie P. Hans & Claire M. Germain, "The French Jury at a Crossroads", 86 Chi.-Kent L. Rev., 737 (2011).

[10] 内田一郎「刑事裁判の近代化——明治初期から旧刑訴まで」比較法学 3 巻 2 号（1967 年）。

[11] 渕野貴生「裁判員制度と予断排除原則の本質——裁判員制度の見直しに向けて」立命館法学 5 巻 6 号（2012 年）。

[12] 川出敏裕「外国法の継受という観点から見た日本の刑事訴訟法と

刑事手続」早稲田大学比較法研究所編『日本法の中の外国法』（成文堂、2014 年）。

[13] 川出敏裕「公訴の提出」刑事法ジャーナル2017 年 51 号。

[14]「2016 年改正刑訴法成立に伴う注意点」刑事弁護ビギナーズver. 2（季刊刑事弁護増刊）補遺。

（三）其他类

[1] Delta v. France, Application no. 11444/85（1990）, available at http://hu-doc. echr. coe. int/eng? i＝001−57647（last visited 20 July 2017）.

[2] Hmcpsi and Hmic,"Delivering Justice in a Digital Age：A Joint Inspection of Digital Case Preparation and Presentation in the Criminal Justice System（April 2016）", available at https://www. justiceinspectorates. gov. uk/hmic/wp−content/uploads/delivering−justice−in−a−digital−age. pdf#search＝%27Digital+case+system+in+uk%27（last visited 9 July 2017）, pp. 39−40.

[3] John Baldwin, Michael Mcconville,"Royal Commission on Criminal Proce-dure", Confessions in Crown Court Trials（Research Study No. 5）（1980）.

[4]"Motions to Dismiss：Florida Criminal Procedure", available at http://www. husseinandwebber. com/case−work/criminal−defense−articles/motion−to−dismiss−florida−criminal−cases/（last visited 10 July 2017）.

[5]"National Rollout for Crown Court Digital Case System", available at ht-tps://www. gov. uk/government/news/crime−news−national−rollout−for−crown−court−digital−case−system（last visited 9 July 2017）.

[6]「刑事訴訟事件の種類及び審理期間別未済人員——地方裁判所」『平成 28 年版司法統計年報（刑事編）』、http://www. courts. go. jp/app/files/toukei/617/008617. pdf, 最后访问时间：2017 年 9 月 18 日。

[7]『平成 28 年版犯罪白書』、http://hakusyo1. moj. go. jp/jp/63/nfm/n63_ 2_ 2_ 3_ 2_ 5. html, 最后访问时间：2017 年 9 月 18 日。